これで合格

賃貸管理士

賃貸不動産経営管理士

一問一答問題集

Kenビジネススクール　田中嵩二〔著〕

はじめに

賃貸管理士試験に合格するには？

学習上、試験実施団体である(一社)賃貸管理士協議会が執筆・監修するテキストがありますが、同テキストは賃貸管理士が実務で行うべき職務とその法令・実務の知識を網羅したものなので、初学者が試験勉強する際に使用するものとしてはお勧めできません。

そこで、**同テキストをベースに試験対策用にポイントを整理した参考書「これで合格賃貸管理士　要点整理」および問題集として本書「一問一答問題集」をフル活用することで、メリハリをつけた学習が可能となります**。短期間で合格するには、次の方法を採るとよいでしょう。

①分野別の過去問＆予想問題集で問題演習を十分に行う

出題範囲が広く学ぶべき分量が多いので、本書や予想問題集(アプリ等も併用するとなお効果的)で学習を進めましょう。

②復習の際は、関連する部分を参考書「要点整理」等でも確認する

本書の問題を解いたら、解説文で確認し、参考書「要点整理」で関連する部分も読み込みます。同じ問題でも、記憶に残るように繰り返し説いてみるようにしましょう。

③予想模擬試験を 3 回以上チャレンジする

上記の①②で全範囲を網羅したら是非模擬試験を受験しましょう。記憶が曖昧だった箇所、知らない内容が必ずあるはずです。再度、本書や参考書「要点整理」で確認しましょう。

④予備校等の授業を活用しましょう

法律は専門用語も多く、初学者には難しく感じるものです。理解に苦しんで先に進まない場合は、悩まずに専門のスクールで授業を受けた方が良いでしょう。信頼のおける講師のもとで一気に学習してしまうことをお勧めします。なお、筆者が経営する Ken ビジネススクールでも同資格の講座・予想模擬試験等を実施しております。

本書「一問一答問題集」を活用して短期合格へ！

本書には頻出で重要度の高い過去問や予想問を項目ごとに載せております。それを繰り返し(少なくとも 3 回以上)解きながら、解説をよく読んで復習しましょう。よくわからない箇所は、参考書「要点整理」の該当部分に戻って読み込みましょう。この、要点整理の各編・各章の並びは本書と共通ですので、学習の際に大変便利です。

本書および準拠の参考書「これで合格賃貸管理士　要点整理」で学習した方のすべてが、賃貸住宅管理業界において多くのオーナー様・入居者様・投資家様の笑顔を作れるようになることを期待しております。

令和 6 年 7 月 12 日
田中　嵩二

この本の使い方

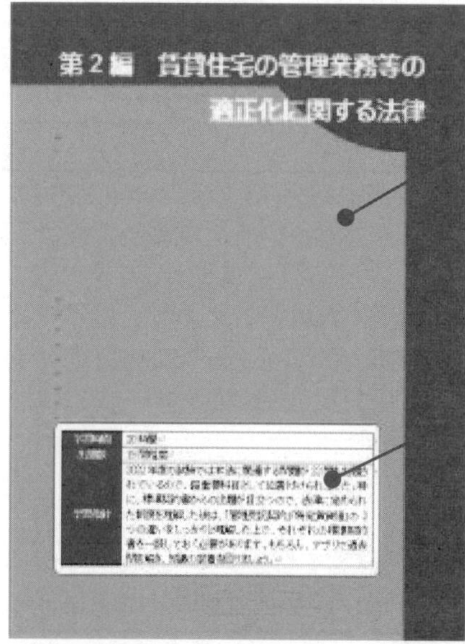

編と章は「これで合格賃貸管理士要点整理」参考書に準拠しています。参考書の項目を読むごとに、本書の問題で知識を確認して学習を進めていきましょう。

この表では学習時間の目安（初学者を想定）、本試験での予想出題数、何に注意して学習すべきかをまとめております。

問題ごとに、解説文を詳細に掲載しています。解答に必要な知識の部分は、赤太字で表示。問題ごとの「一行解説」で、知識の整理をしていきましょう。

章ごとに、その内容の出題傾向・ポイントをまとめています。同じ問題でも最低３回は解いて、問題番号横のマス目にチェック！　「要点整理」の参照ページ付。

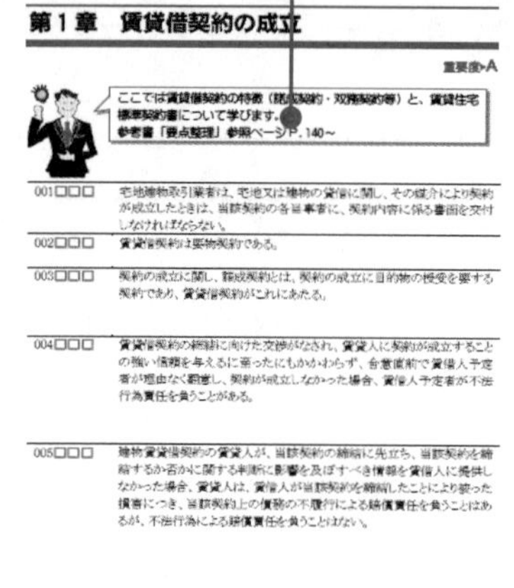

第１章　賃貸借契約の成立

重要度▶A

ここでは賃貸借契約の特徴（諾成契約・双務契約等）と、賃貸住宅標準契約書について学びます。
参考書「要点整理」参照ページP．140～

001□□□	宅地建物取引業者は、宅地又は建物の貸借に関し、その媒介により契約が成立したときは、当該契約の各当事者に、契約内容に係る書面を交付しなければならない。
002□□□	賃貸借契約は要物契約である。
003□□□	契約の成立に関し、諾成契約とは、契約の成立に目的物の授受を要する契約であり、賃貸借契約がこれにあたる。
004□□□	賃貸借契約の締結に向けた交渉がなされ、賃貸人に契約が成立することの強い信頼を与えるに至ったにもかかわらず、合意直前で賃借人予定者が理由なく翻意し、契約が成立しなかった場合、賃借人予定者が不法行為責任を負うことがある。
005□□□	建物賃貸借契約の賃貸人が、当該契約の締結に先立ち、当該契約を締結するか否かに関する判断に影響を及ぼすべき情報を賃借人に提供しなかった場合、賃貸人は、賃借人が当該契約を締結したことにより被った損害につき、当該契約上の債務の不履行による賠償責任を負うことはあるが、不法行為による賠償責任を負うことはない。

118

解答・解説

001	**契約の各当事者に、契約内容に係る書面を交付する。** 宅地建物取引業者は、宅地又は建物の貸借に関し、その媒介により契約が成立したときは当該契約の各当事者に、必要事項を記載した書面を交付しなければなりません（宅建業法37条2項）。	○ 2015
002	**賃貸借契約は諾成契約である。** 賃貸借は、当事者の一方がある物の使用及び収益を相手方にさせることを約し、相手方がこれに対してその賃料を支払うこと及び引渡しを受けた物を契約が終了したときに返還することを約することによって、その効力を生ずる有償の諾成契約です（民法601条）。要物契約ではありません。	×
003	**諾成契約は意思表示の合致だけで契約の成立が認められる契約。** 諾成契約とは、書面を作成しなくても、意思表示の合致だけで契約の成立が認められるものをいいます。契約の成立に目的物の授受を要する契約は要物契約といいます。賃貸借契約は諾成契約です。	× 2020
004	**損害賠償責任が生じる場合がある。** 契約の締結に向けて交渉がされていても、両当事者が合意に至らなければ契約は成立せず、契約に基づく権利義務は生じないのが原則です。しかし、契約に向けた交渉が進むと、その結果、交渉の相手方に対し契約が成立するであろうという強い信頼が生まれます。この信頼は法的保護に値し、それを裏切って交渉を破棄した場合は損害賠償責任が生じます（契約締結上の過失）。	○ 2023
005	**不法行為による賠償責任を負うことがある。** 契約の一方当事者が、当該契約の締結に先立ち、信義則上の説明義務に違反して、当該契約を締結するか否かに関する判断に影響を及ぼすべき情報を相手方に提供しなかった場合には、その一方当事者は、相手方が当該契約を締結したことにより被った損害につき、不法行為による賠償責任を負うことがあるのは格別（ともかく）、当該契約上の債務の不履行による賠償責任を負うことはありません（最判平成23年4月22日）。問題文は説明が逆になっています。	×

第１章　賃貸借契約の成立と標準契約書　119

目　次

【凡 例】

賃貸住宅の管理業務等の適正化に関する法律 ： 管理業法/賃貸住宅管理業法
宅地建物取引業法 ： 宅建業法
最高裁判所判決 ： 最判
最高裁判所決定 ： 最決

賃貸住宅管理業者 ： 管理業者
賃貸不動産経営管理士 ： 賃貸管理士

第1編　賃貸住宅管理総論

学習時間	1時間
出題数	2問程度
学習指針	賃貸住宅管理業を制度として規律するに至る経緯と、その背景にあるわが国が抱える問題まで、解決に向けての方向性が記されている重要な箇所です。 特に賃借人を一般消費者と捉え保護する狙いがある点が重要です。

第１章　賃貸住宅管理の意義

重要度▶B

個人の大家から投資家へ、賃貸人中心から賃借人を含む社会貢献的な役割への変化が出題されやすい点です。
参考書「要点整理」参照ページP.２～

001□□□	不動産ファンドの台頭、不動産の証券化の進展等により、賃貸不動産管理の当事者である賃貸人が、必ずしも実物所有者ではなく、不特定多数の投資家である場合も想定する必要が生じてきた。
002□□□	今日、あらゆる分野において消費者保護の要請が高まっているが、個人である賃借人を消費者と位置づけて、消費者保護の観点から不動産賃貸借をとらえようとする動きは、まだ活発化していない。
003□□□	賃貸住宅は、不動産として、その周辺の環境や街並み形成等に資するものとして、広く公共の福祉にも貢献するものであるので、賃貸人の利益だけでなく、地域社会との関係にも配慮した賃貸住宅管理を行うべきである。
004□□□	資産運営のプロとしての役割を果たすためには、賃貸人の自主管理や一部委託管理といった伝統的な管理体制だけではなく、賃貸人の賃貸住宅経営を総合的に代行する専門家としての体制を備えることが要請される。
005□□□	賃借人保持と快適な環境整備に関しては、昨今の借り手市場のもとでは、できるだけ優良な賃借人に長く借りてもらうことが、管理業者の役割として大切である。

解答・解説

001 **賃貸人が投資家である場合も想定する必要が生じている。** ○ 2017

不動産ファンドの台頭、不動産証券化等の進展により、当事者である賃貸人が、実物所有者ではなく不特定多数の投資家も想定する必要が生じています。

002 **消費者保護の観点から賃貸借をとらえる動きは活発化している。** × 2016

近年、とりわけ不動産賃貸借を中心に、個人である賃借人を消費者と位置づけて、消費者保護の観点から不動産賃貸借関係をとらえようとする動きも活発化してきています。

003 **地域社会との関係に配慮した賃貸住宅の管理を行うべきである。** ○ 2015

賃貸住宅は、不動産として、その周辺の環境や街並み形成等に資するものとして、広く公共の福祉にも貢献するものであるので、賃貸人の利益だけでなく、地域社会との関係にも配慮した賃貸住宅管理を行うべきものとされています。

004 **賃貸人の賃貸住宅経営を総合的に代行する専門家である。** ○ 2018

近時は、伝統的な管理体制に代わり、収益的に安定した賃貸借の仕組みを維持することを目的とした管理が求められるようになっています。

005 **優良な賃借人に長く借りてもらうことが大切である。** ○ 2019

新規入居者からの一時金収入とその際の賃料引き上げに期待する従前の考え方ではなく、できるだけ優良な賃借人に長く借りてもらうことが大切になっています。

006□□□　賃貸住宅の管理のあり方を考える場合、賃貸借契約及びその手続きも含めて捉えることが重要である。

007□□□　貸主と借主との関係は、賃貸借契約を出発点として、その後、退去明渡し等の手続きが終了してはじめて当事者間の関係が終了することから、当事者間の関係が継続して存在する限りは、さまざまな権利義務が存続し、それだけトラブルも多く発生することが予想される。

008□□□　賃貸住宅の管理の専門家への委託は、現在も、賃料の収納業務等に限定された部分を媒介契約の締結の延長として行っている。

009□□□　今日、賃貸住宅の管理は、賃貸人の自主管理で大半は対応できるので、賃料の収納業務に限定して専門家に委託することが望ましい。

010□□□　賃貸市場の現状は、賃借人側に厳しいものとなっており、退去率と新規入居率を向上させつつ賃料改定により家賃収入を向上させることは、業者の役割として最も重要である。

011□□□　定期借地制度や定期建物賃貸借制度の創設等、制度的側面において多様な賃貸借の形態が導入され、賃貸住宅の活用に当たり、いかなる契約形態を選択すべきか、専門的な知見に基づく判断が必要となってきた。

解答・解説

006	**賃貸借契約およびその手続も含めて捉える。** なお、実際の賃貸住宅の管理にあたっては、契約期間中や退去時等に生じ得る問題が発生した後の対応はもちろん、そのような問題が発生しないようにするための対応も重要であり、契約の入口段階でどのような合意形成が図られたかということが大切になっています。	○	
007	**関係が継続する限り、トラブルも予想される。** ゆえに、住宅の賃貸借にあたっては、賃貸借契約およびその手続きの重要性とあいまって、その後の継続的な関係の中で生じ得るさまざまな問題に対処することが必要となってきます。	○	
008	**管理業務全般を専門家に委託するニーズが高まっている。** 以前は記述のような対応がされていました。しかし、賃貸管理を取り巻く環境変化に伴い、賃貸住宅の管理に対しても、賃貸人の賃貸経営そのものへの支援や、投資家の存在を前提にした収益確保のための管理運営が基本的視点として重視され、賃貸住宅の管理業務全般を総合的に専門家の手に委ねるニーズが大きくなっています。	×	
009	**賃料収納業務に限定されない。** 賃貸住宅の管理は、業務全般を総合的に専門家の手に委ねることが重要となっています。	×	
010	**賃貸市場の現状は賃貸人側に厳しい。** 賃貸市場の現状は、賃貸人側に厳しいものとなっていることから、入居率を維持しつつ家賃収入を確保することは、賃貸住宅経営者にとって大きな課題です。	×	
011	**専門的な知見に基づく判断が賃貸住宅経営には必要とされる。** 制度的側面において、多様な賃貸借契約形態が求められ、新制度の創設などが順次行われ、それに伴い、賃貸住宅の活用の場面でも、いかなる契約形態を選択すべきか、専門的な知見に基づく判断が必要となってきました。	○	2017

第２章　管理業者の社会的責務と役割

重要度▶C

管理業者に求められる社会的役割は増しており、その一つとして、「新たな経営手法の研究と提案」があります。
参考書「要点整理」参照ページP.6～

001□□□	投資家を含めた賃貸人の収益安定が最大限求められる時代の中で形成されてきた賃貸住宅管理の概念を踏まえれば、投資家を含めた賃貸人の賃貸住宅経営のためという視点を基本にすえるべきである。
002□□□	もともと賃貸住宅の管理は、賃貸人の賃貸住宅経営のためという視点が強調されてきた経緯があるので、今日においても、賃貸人からの委託に基づき、賃料収納を中心に、もっぱら貸主の利益を確保するために行うべきである。
003□□□	新規物件の大量供給や金融危機等に端を発した経済情勢の変動の中で、既存物件の所有者の賃貸住宅経営の観点からは、借主に短期間で契約を終了してもらうというニーズも大きくなり、貸主の立場を重視した管理のあり方が要請されている。
004□□□	賃貸住宅の管理を行う上で配慮すべき入居者、利用者とは、当該賃貸住宅の賃借人であり、賃貸人との契約関係にある者に限られる。
005□□□	コンプライアンスの観点から見ると、管理業者は、賃貸人や賃借人との関係において、もっぱら契約に明示的に規定された事項を遵守することに努めるべきである。

解答・解説

001	**賃貸人の賃貸住宅経営のためという視点が基本である。** 賃貸人からの委託に基づき賃料収納等を行うことを出発点としつつ、その後の環境変化に伴い、投資家を含めた賃貸人の収益安定が最大限求められる時代の流れの中で形成されてきた賃貸住宅管理の概念を踏まえれば、**賃貸人の賃貸住宅経営のためという視点**をその**基本**にすえるべきでしょう。	○	2015
002	**もっぱら賃貸人の利益確保のために行うべきとまではいえない。** 賃貸住宅管理は、**入居者・利用者の利益やその物件を含めた周辺の環境や街並み形成等広く公共の福祉にも貢献するものでなければ**なりません。したがって、「もっぱら」とまではいえません。	×	2015
003	**賃借人の立場を重視した管理のあり方が要請されている。** 既存物件の所有者の賃貸住宅経営の観点からは、**優良な賃借人に長く契約を継続してもらうというニーズ**が大きくなり、賃貸人ではなく、賃借人の立場を重視した管理のあり方が要請されています。	×	
004	**賃貸人との契約関係にある者には限られない。** 受託方式の場合は、「賃貸人との契約関係にある者」となりますが、**サブリース方式の場合は、賃貸人とは直接の契約関係にない転借人が入居者、利用者となります。**したがって、必ずしも賃貸人との契約関係にある者に限られるわけではありません。	×	2016
005	**契約に明示された事項の遵守に限られない。** 直接の契約違反にはあたりませんが、**契約の趣旨からみて不適切な行為をしないような管理業務の遂行**が望まれています。	×	2016

006□□□ 賃貸借契約前の業務として、管理業者は、募集に関する提案をして募集の準備を行い、媒介業者の募集業務に協力をし、借受希望者の紹介を受けた後は、賃貸人とともに借受希望者の審査をする。

007□□□ 共用部分維持保全等の業務として、共用部分に関する建物維持管理および清掃、防犯、巡回などがあるが、災害対策は共用部分に関する業務の範疇としては認識されていない。

008□□□ 事務所や店舗などの事業を目的とする物件でも、その建物・設備や賃借人の使用の態様そのものは住居と同様であり、賃貸住宅における管理と異なる業務は含まれない。

009□□□ 右肩上がりの経済成長が終焉し、人口減少・成熟型社会を迎え、また、循環型社会への移行が喫緊の課題となっているなかで、単に住宅等の供給量を確保するだけではなく、良質のものを長く使っていくというストック重視の社会を目指すことが求められている。

010□□□ 管理業者が賃貸人から預かり管理する不動産資産は、個人あるいは法人が所有するという伝統的な形態が大半であり、信託方式を活用した不動産証券化については考慮する必要はない。

011□□□ 賃貸住宅管理業者は、建物管理のプロとしての役割を果たす、循環型社会への移行に貢献する、管理業務に関する専門知識の研鑽と人材育成に努める、といった社会的責務を負うが、貸主の賃貸住宅経営を総合的に代行する資産運営の専門家というわけではない。

解答・解説

006	**業務として賃貸人とともに借受希望者の審査を行う。** 契約前業務として、管理業者は、募集に関する提案をして**募集の準備**を行い、媒介業者の募集業務に協力をし、借受希望者の紹介を受けた後は、賃貸人とともに**借受希望者の審査**をします。	○	
007	**災害対策も重要な業務と認識されている。** 雨漏りや電気水道等のライフライン関係のトラブルは、共用部分に起因することも多く、最近では**災害対策も重要な業務**と認識されるに至っています。	×	
008	**事業用物件の管理では、賃貸住宅の場合と異なる業務を含む。** ビル管理等、事務所や店舗などの事業を目的とする物件では、建物・設備や賃借人の使用の態様は住居とは相違しているので、事業用物件の管理にあたっては、**賃貸住宅と異なる業務**が含まれます。	×	
009	**ストック重視の社会を目指すことが求められる。** なお、住宅・ビル等を良質な状態で長く利用するためには、その建物のある環境も重要な要素となることから、管理業者は、街並み景観、まちづくりにも貢献して行く**社会的責務**を負っています。	○	
010	**信託方式を活用した不動産証券化について考慮する必要がある。** 信託方式を活用した不動産証券化により、不特定多数の実質的な所有者（信託受益権者）が存在することも少なくありません。管理業者は、依頼者である貸主や投資家に対し、**透明性の高い説明と報告をする役割**を担っています。	×	
011	**貸主の賃貸住宅経営を総合的に代行する専門家である。** 賃貸住宅管理業者は、建物管理のプロとしての役割を果たす、循環型社会への移行に貢献する、管理業務に関する専門知識の研鑽と人材育成に努める、といった**社会的責務を負いつつ、貸主の賃貸住宅経営を総合的に代行する資産運営の専門家としての役割**が要請されています。	×	2021

012□□□ 新たな経営管理手法の研究と提案は、管理業者の役割というよりも、アセットマネージャーの役割である。

013□□□ 管理業者は、透明性の高い説明と報告に関して、賃貸人だけでなく投資家に対しても行わなければならない場合がある。

014□□□ 募集の準備等の契約前業務、賃料の収納と送金等の契約期間中の業務、期間満了時の契約更新業務、明渡しや原状回復等の契約終了時の業務、建物の維持管理や清掃等の維持保全業務は、いずれも居室部分を対象とする業務である。

015□□□ 貸主が賃貸住宅管理業者に管理業務を委託する管理受託方式の賃貸住宅経営において、賃貸住宅管理業者は、借主の募集、賃料の収受や契約条件の交渉、建物の維持管理の業務を、いずれも貸主の代理として行う。

解答・解説

012	**新たな経営管理手法の研究と提案は管理業者の役割である。** 新たな経営管理手法の研究と提案はアセットマネージャーではなく管理業者の役割です。	×	2019
013	**透明性の高い説明と報告は賃貸人と投資家に対して行う。** 投資家に対して、資産運用等の面で責任を持つアセットマネージャーは、説明・情報開示責任を果たすため、実際の運用資産である不動産の管理状況、収益状況について、**透明性の高い説明と報告**が求められます。そのアセットマネージャーの情報源は管理業者からの報告によるものです。したがって、本問のような役割を担っているわけです。	○	2019
014	**居室部分以外も対象とする。** 賃貸住宅管理業法における管理業務は、賃貸人から委託を受けて行う、賃貸住宅の居室**およびその他の部分**(使用と密接な関係にある住宅のその他の部分である、玄関・通路・階段等の共用部分、居室内外の電気設備・水道設備、エレベーター等の設備等)について、点検、清掃その他の維持を行い、及び必要な修繕を行うこと(賃貸住宅の維持保全)をいいます(賃貸住宅管理業法２条２項、「解釈・運用の考え方」)。	×	2021
015	**代理に限定されるわけではない。** 借主の募集は宅地建物取引業者が代理または**媒介**として関与します(宅地建物取引業の免許が必要)。賃貸住宅管理業者は、賃料の収受や契約条件の交渉を賃貸人の代理人として、また、建物の維持管理の業務は、賃貸人から委託を受けて**自ら**行ったり、賃貸人のために当該業務に係る契約の締結の**媒介、取次ぎまたは代理**したりして行います(賃貸住宅管理業法２条２項２号)。	×	2021

第3章　現在の社会的情勢

重要度▶B

統計情報・最新の政策については、テキストの他、国土交通省のHPでも適宜チェックしておきましょう。
参考書「要点整理」参照ページP.8～

001□□□　空き家問題は最終的には私的自治の原則による解決が望ましく、行政的な介入は極力避けるべきである。

002□□□　老朽化が進む空き家であっても、相続等に伴い権利関係が複雑化して処分したくても処分の意思決定が困難となっていることで撤去が進まない現状がある。

003□□□　住生活基本法に基づき令和3年3月19日に閣議決定された住生活基本計画では、基本的な施策として、子育て世帯等が安心して居住できる賃貸住宅市場の整備が掲げられている。

004□□□　空家等対策の推進に関する特別措置法の適用対象となる特定空家等には、賃貸住宅が含まれないので、管理業者として独自の対応が必要である。

005□□□　空き家を有効活用する場合、賃貸不動産として利用することは有力な選択肢であるが、建物所有者に賃貸住宅経営の経験がないケースが多いこと、修繕義務の所在など契約関係について特別な取り扱いが考慮される場合があること、現在賃貸市場に供給されていない不動産であることなどが阻害要因となる。

解答・解説

001 **空き家問題の解決には行政的な介入・対策も推進されている。** ×

空き家問題は、私的自治の原則のもと、それぞれの所有者の意思に基づき対処することには限界があるため、現在、地方公共団体では、空き家条例を制定し、必要に応じて、一定の手続きを経て強制的な撤去を可能にしたり、空き家対応の相談体制を構築するなどして、行政的な対応を推進しています。

002 **相続等に伴って権利関係が複雑化した空き家も目立っている。** ○

また、建物がなくなることで固定資産税の軽減措置が受けられなくなるという点も撤去が進まない要因の一つとなっています。

003 **子供を産み育てやすい住まいの実現は目標に掲げられている。** ○ 2021

住生活基本法に基づき令和3年3月19日に閣議決定された住生活基本計画の目標3に掲げられています。

004 **賃貸住宅であっても特定空家等に認定される可能性がある。** × 2016

「空家等」とは、原則として、建築物またはこれに附属する工作物であって居住その他の使用がなされていないことが常態であるものおよびその敷地(立木その他の土地に定着する物を含む)をいいます(空家等対策の推進に関する特別措置法2条1項)。賃貸住宅であっても、居住・使用がされていない状態が続いていれば、特定空家等に認定される可能性はあります。

005 **建物所有者に賃貸住宅経営の経験がないこと等が阻害要因となる。** ○ 2023

空き家をそのまま建物として有効活用する場合、有力な選択肢として賃貸物件としての利用が想定されますが、当該空き家については、建物所有者に事業経験がないケースが多いこと、修繕義務の所在など契約関係について特別な取扱いが考慮される場合があること、現在賃貸市場に出ていない物件であることなどから、こちらの対応についても困難な課題があるとされています。

006□□□ 空き家問題への積極的な関与と適切な取組みは、賃貸住宅管理業者のビジネスチャンスとなるとともに、その適切な業務の遂行によって、賃貸不動産の管理が担う社会的使命や公共の福祉の実現にも資するものである。

007□□□ 賃貸不動産経営管理士は、空き家の現状や空き家政策の動向を注視し、空き家オーナーに対する最良のアドバイスができるよう研鑽することが期待される。

008□□□ 賃貸住宅の管理受託方式とサブリース方式の比率は、管理戸数の多少にかかわらず、ほぼ同じである。

009□□□ 賃貸住宅の経営形態として、その経営主体は、個人経営と法人経営の比率がほぼ同じ割合である。

010□□□ 賃貸住宅管理に関し、地価の二極化が進む中で不動産市場が活力を失い、借り手市場となって空室対策に苦しむエリアにおいて、入居率を維持し賃貸収入を確保するためには、借主の入替えに伴う新規入居者からの一時金収入と賃料引上げに期待する考え方を強化することが大切になっている。

011□□□ 賃貸住宅管理に関し、既存の賃貸住宅経営の観点から優良な借主に長く契約を継続してもらうニーズが大きくなり、借主の立場を重視した管理のあり方が要請されているが、借主は借地借家法で保護されていることから、借主を消費者と位置付けて消費者保護の観点から賃貸借関係を捉える必要はない。

012□□□ 引き続き成長産業として期待される不動産業の中・長期ビジョンを示した「不動産業ビジョン 2030～令和時代の『不動産最適活用』に向けて～」(国土交通省平成 31 年 4 月 24 日公表)は、官民共通の目標としてエリア価値の向上を設定し、地域ニーズを掘り起こし、不動産最適活用を通じてエリア価値と不動産価値の相乗的な向上を図るとした。

解答・解説

006	**空き家問題への関与は管理業者の社会的使命でもある。** 賃貸管理士も、その中心的な担い手として期待されています。	○	
007	**賃貸管理士には空き家問題についてのアドバイスも期待される。** 賃貸不動産経営管理士は、賃貸住宅の管理の役割の担い手として、空き家問題への積極的な関与と適切な取組みにおける**中心的な担い手**として期待されています。したがって、最良のアドバイスができるよう研鑽することが期待されています。	○	2016
008	**管理戸数の多少によって比率は変わっている。** **管理戸数が多い方がサブリース率は高く**なっています。	×	2018
009	**民間賃貸住宅の 8 割以上が個人経営である。** 民間賃貸住宅の **8 割以上は個人経営**で、そのうち 6 割が 60 歳以上の高齢者となっています。	×	
010	**一時金収入と賃料引上げに期待するのではない。** 借り手市場のもとで、入居率を維持し賃貸収入を確保するためには、賃借人の入れ替えに伴う新規入居者からの一時金収入や賃料引き上げに期待するのではなく、**できるだけ優良な賃借人に長く住んでもらうことの方が大切**です。	×	2022
011	**消費者保護の観点から賃貸借関係を捉える必要がある。** 借地借家法で保護されていることは事実ですが、借主を消費者と位置付けて**消費者保護の観点**からも賃貸借関係を捉える必要があります。	×	2022
012	**エリア価値と不動産価値の相乗的な向上を図るとしている。** 「不動産業ビジョン 2030」(平成 31 年 4 月国土交通省発表)によれば、官民共通の目標としてエリア価値の向上を設定し、地域ニーズを掘り起こし、不動産最適活用を通じてエリア価値と不動産価値の相乗的な向上を図るとしています。	○	2023

第２編　賃貸住宅の管理業務等の適正化に関する法律

学習時間	20 時間
出題数	20 問程度
学習指針	2023 年度の試験では本法に関連する問題が 20 問も出題されているので、超重要科目として位置付けられます。法律に定められた制度を理解した後は、「管理受託契約」「特定賃貸借」の 2 つの違いをしっかりと理解した上で、それぞれの標準契約書を一読しておく必要があります。もちろん、本書およびアプリで過去問・予想問を解き、知識の定着を図りましょう。

第１章　法律の制定

重要度▶C

この章では、2020 年に成立した「賃貸住宅の管理業務等の適正化に関する法律」がどのような経緯・社会的情勢の中で生まれたのかについて学びましょう。出題頻度は低いです。
参考書「要点整理」参照ページP.16～

001□□□　良好な居住環境を備えた賃貸住宅の安定的な確保を図るため、サブリース業者と入居者との間の賃貸借契約の適正化のための措置を講ずるため「賃貸住宅の管理業務等の適正化に関する法律」(以下「賃貸住宅管理業法」)が成立した。

002□□□　賃貸住宅は、三世帯同居型の増加を背景に、我が国の生活の基盤としての重要性が一層増大しており、また、若年層のオーナー投資家が急増し、その管理を管理業者に委託するケースが増えている。

003□□□　管理業務の実施を巡り、管理業者とオーナーあるいは入居者との間でトラブルが増加しており、特にサブリース業者については、家賃保証等の契約条件の誤認を原因とするトラブルが多発している。

004□□□　近年では、建物所有者自ら賃貸住宅管理業務のすべてを実施する者が増加し、賃貸住宅管理業者に業務を委託する所有者が減少している。

解答・解説

001 **「入居者」ではなく「所有者」である。** ×

良好な居住環境を備えた賃貸住宅の安定的な確保を図るため、**サブリース業者と所有者との間の賃貸借契約**の適正化のための措置を講ずるとともに、賃貸住宅管理業を営む者に係る登録制度を設け、その業務の適正な運営を確保する賃貸住宅管理業法が、2020 年に成立しました。「入居者」ではなく「所有者」です。

002 **オーナーは高齢化している。** ×

賃貸住宅は、**単身世帯の増加等**を背景に、我が国の生活の基盤としての重要性が一層増大しています。また、賃貸住宅の管理については、オーナーの**高齢化等**により、管理業者に委託するケースが増えています。

003 **サブリース業者に関しては、トラブルが多発している。** ○

管理業務の実施を巡り、管理業者とオーナーあるいは入居者との間でトラブルが増加しており、特にサブリース業者については、**家賃保証等の契約条件の誤認を原因とするトラブルが多発し社会問題となっています。**

004 **減少ではなく、増加している。** × 2022

近年では、賃貸住宅管理業者に業務を委託する建物所有者は**増加**しています。

第2章　管理業者の登録制度

重要度▶A

賃貸住宅管理業法における登録制度について学びます。登録要件、変更の手続、登録業者に課せられた義務や監督処分についてなど、テキストなどでも確認して正確に学びましょう。
参考書「要点整理」参照ページP.18～

001□□□　賃貸住宅管理業法の適用対象となる「賃貸住宅」は、人の居住の用に供する家屋をいい、通常事業の用に供されるオフィス又は家屋の部分はこれに該当しない。

002□□□　賃貸人から委託を受けて、マンスリーマンションの維持保全を行う業務については、利用者の滞在時間が長期に及び、生活の本拠として使用される場合には、賃貸住宅管理業法第2条第2項の「賃貸住宅管理業」に該当する。

003□□□　住宅宿泊事業法第3条第1項の規定による届出に係る住宅を同法に基づき住宅宿泊事業の用に供する事業者は、賃貸住宅管理業の登録を受ける必要がある。

004□□□　国家戦略特別区域法第13条第1項の規定による認定に係る施設である住宅のうち、認定事業（同条第5項に規定する認定事業）の用に供されているものであっても、賃貸住宅管理業法における「賃貸住宅」に該当する。

001 **家屋の部分は賃貸住宅に該当する。** ×

賃貸住宅とは、賃貸借契約を締結し賃借することを目的とした、人の居住の用に供する**家屋または家屋の部分**を指します(賃貸住宅管理業法 2 条 1 項)。その利用形態として「人の居住の用に供する」ことを要件としているので、通常事業の用に供されるオフィスや倉庫等はこの要件に該当しません。

002 **賃貸住宅に該当する。** ○ 2022

マンスリーマンションの維持保全を行う業務であっても、利用者の滞在時間が長期に及び、生活の本拠として使用される場合には、「賃貸住宅管理業」に該当します(解釈・運用の考え方)。

003 **住宅宿泊事業の用に供されている住宅は登録の対象外。** ×

賃貸の用に供する住宅であっても、人の生活の本拠として使用する目的以外の目的に供されていると認められるものとして**国土交通省令で定めるものは、登録制度の対象から外れます**(賃貸住宅管理業法 2 条 1 項)。国土交通省令で定めるものの中に、「住宅宿泊事業法 3 条 1 項の規定による届出に係る住宅のうち同法 2 条 3 項に規定する住宅宿泊事業の用に供されているもの」があります(同法施行規則 1 条 3 号)。したがって、賃貸住宅管理業の登録を受ける必要はありません。

004 **賃貸住宅に該当しない。** ×

国土交通省令で定めるものの中に、「国家戦略特別区域法 13 条 1 項の規定による認定に係る施設である住宅のうち、認定事業(同条 5 項に規定する認定事業)の用に供されているもの」があります(賃貸住宅管理業法施行規則 1 条 2 号)。外国人旅客の滞在に適した施設を賃貸借契約に基づき一定期間以上使用させるとともに、外国人旅客の滞在に必要な役務を提供する旅館業法の適用除外となる施設のことです。「**特区民泊**」とも呼ばれています。

005□□□ 賃貸住宅とは、賃貸借契約を締結し、賃借することを目的とした、人の居住の用に供する家屋又は家屋の部分をいう。

006□□□ 建築中の家屋は、竣工後に賃借人を募集する予定で、居住の用に供することが明らかな場合であっても、賃貸住宅に該当しない。

007□□□ 未入居の住宅は、賃貸借契約の締結が予定され、賃借することを目的とする場合、賃借人の募集前であっても、賃貸住宅に該当する。

008□□□ マンションのように通常住居の用に供される一棟の家屋の一室について賃貸借契約を締結し、事務所としてのみ賃借されている場合、その一室は賃貸住宅に該当しない。

009□□□ 賃貸住宅を転貸する者（サブリース業者）が、入居者から受領する建物賃貸住宅に係る家賃の管理を行う業務は、賃貸住宅管理業に該当する。

010□□□ 賃貸住宅管理業法における賃貸住宅管理業に関し、賃貸人から委託を受けて、家賃の集金は行うが、賃貸住宅の居室及び共用部分の点検・清掃・修繕を、業者の手配も含め行っていない場合、賃貸住宅管理業に該当しない。

005	**賃貸住宅の定義については賃貸住宅管理業法２条１項が規定する。** 賃貸住宅とは、賃貸借契約を締結し、賃借することを目的とした、人の居住の用に供する**家屋または家屋の部分**をいいます（賃貸住宅管理業法第２条第１項本文）。	○ 2021
006	**竣工前の家屋でも賃貸住宅に当たることがある。** 建築中の家屋であっても、竣工後に賃借人を募集する予定で、居住の用に供することが明らかなときは、**賃貸住宅に該当します**（賃貸住宅管理業法第２条第１項）。	× 2021
007	**未入居の住宅でも賃貸住宅に当たることがある。** 未入居の住宅は、賃貸借契約の締結が予定され、賃借することを目的とする場合、賃借人の募集前であっても、**賃貸住宅に該当します**（賃貸住宅管理業法第２条第１項）。	○ 2021
008	**事務所としてのみ賃借される家屋の一室は賃貸住宅に当たらない。** マンションのように通常住居の用に供される一棟の家屋の一室について賃貸借契約を締結し、事務所としてのみ賃借されている場合、その一室は**賃貸住宅に該当しません**（賃貸住宅管理業法２条１項、解釈・運用の考え方）。	○ 2021
009	**サブリース業者が受領する家賃は賃貸住宅管理業に該当しない。** サブリース方式において、サブリース業者が入居者から家賃、敷金、共益費等を受領する場合には、これらはサブリース業者が賃貸人の立場として受領するものなので、賃貸住宅管理業法２条２項２号の「家賃、敷金、共益費その他の金銭」には含まれません。したがって、**受領する家賃の管理業務は賃貸住宅管理業に該当しません。**	×
010	**家賃の集金のみでは賃貸住宅管理業に該当しない。** 賃貸住宅管理業とは、賃貸住宅の賃貸人から委託を受けて管理業務（「賃貸住宅の維持保全を行う業務」又は「賃貸住宅の維持保全を行う業務」及び「家賃、敷金、共益費その他の金銭の管理を行う業務」を**併せて実施する業務**）を行う事業のことをいいます（賃貸住宅管理業法２条２項）。したがって、家賃の集金等金銭の管理は行っていても、賃貸住宅の維持保全を、業者の手配も含めて行っていない場合は、賃貸住宅管理業に該当しません。	○ 2023

011□□□ 賃貸人から委託を受けて、賃貸住宅の居室及び共用部分の点検・清掃・修繕を行っているが、入居者のクレーム対応は行わない場合、賃貸住宅管理業に該当しない。

012□□□ 賃貸人から委託を受けて、賃貸住宅の賃貸人のためにその維持保全に係る契約の締結の媒介、取次ぎ又は代理を行う業務は、宅地建物取引業であり、賃貸住宅管理業ではない。

013□□□ 定期清掃業者が、維持又は修繕のいずれか一方のみを行う場合であっても、賃貸住宅管理業の登録が必要となる「賃貸住宅の維持保全」に該当する。

014□□□ エレベーターの保守点検・修繕を行う事業者が、賃貸住宅の部分のみについて維持から修繕までを一貫して行う場合であっても、賃貸住宅管理業の登録が必要となる「賃貸住宅の維持保全」に該当する。

015□□□ 管理業務には、賃貸住宅の居室及びその他の部分について、点検、清掃その他の維持を行い、及び必要な修繕を行うことが含まれる。

011	**苦情対応していなくても維持および修繕をしていれば該当する。** 賃貸住宅管理業とは、賃貸住宅の賃貸人から委託を受けて管理業務（「賃貸住宅の維持保全を行う業務」又は「賃貸住宅の維持保全を行う業務」及び「家賃、敷金、共益費その他の金銭の管理を行う業務」を併せて実施する業務）を行う事業のことをいいます（賃貸住宅管理業法 2 条 2 項）。したがって、**クレーム対応を行っていなくても、賃貸住宅の維持保全を行っていれば、賃貸住宅管理業に該当します。**	× 2023
012	**賃貸住宅管理業に含まれる。** 委託に係る賃貸住宅の維持保全を行う業務とは、居室及び居室の使用と密接な関係にある住宅のその他の部分である、玄関・通路・階段等の共用部分、居室内外の電気設備・水道設備、エレベーター等の設備等について、点検・清掃等の維持を行い、これら点検等の結果を踏まえた必要な修繕を一貫して行うことをいいます。また、**賃貸住宅の賃貸人のためにその維持保全に係る契約の締結の媒介、取次ぎまたは代理を行う業務を含みます**（賃貸住宅管理業法 2 条 2 項 1 号カッコ書き、解釈・運用の考え方）。	×
013	**維持または修繕のいずれか一方のみを行う場合は該当しない。** 賃貸住宅管理業の登録が必要となる「委託に係る賃貸住宅の維持保全を行う業務」に、**定期清掃業者**、警備業者、リフォーム工事業者等が、**維持または修繕の「いずれか一方のみ」を行う場合は含まれていません**（賃貸住宅管理業法 2 条 2 項 1 号）。	×
014	**賃貸住宅の部分のみについて行う場合は該当しない。** 賃貸住宅管理業の登録が必要となる「委託に係る賃貸住宅の維持保全を行う業務」に、エレベーターの保守点検・修繕を行う事業者等が、**賃貸住宅の「部分のみ」について維持から修繕までを一貫して行う場合は含まれていません**（賃貸住宅管理業法 2 条 2 項 1 号）。	×
015	**点検、清掃その他の維持や必要な修繕も管理業務に含まれる。** 管理業務には、賃貸住宅の居室及びその他の部分について、**点検、清掃その他の維持を行い、および必要な修繕を行うことが含まれます**（賃貸住宅管理業法 2 条 2 項 1 号）。	○ 2021

016□□□ 管理業務には、賃貸住宅の維持保全に係る契約の締結の媒介、取次ぎ又は代理を行う業務が含まれるが、当該契約は賃貸人が当事者となるものに限られる。

017□□□ 賃貸住宅に係る維持から修繕までを一貫して行う場合であっても、賃貸住宅の居室以外の部分のみについて行うときは、賃貸住宅の維持保全には該当しない。

018□□□ 管理業務には、賃貸住宅に係る家賃、敷金、共益費その他の金銭の管理を行う業務が含まれるが、維持保全と併せて行うものに限られる。

019□□□ 賃貸住宅管理業を営もうとする者は、管理戸数が 200 戸未満の場合は都道府県知事、200 戸以上の場合は国土交通大臣の登録を受けなければならない。

020□□□ 賃貸住宅管理業の登録はその取消等により抹消されない限り効力を有し続けるが、事務所等に掲示する標識は 5 年ごとに更新しなければならない。

016 **代理の場合、賃貸人は契約当事者ではない。** × 2021

管理業務には、賃貸住宅の維持保全に係る契約の締結の媒介、取次ぎまたは代理を行う業務が含まれます。代理の場合は、当該契約の当事者は管理業者となります。したがって、賃貸人が当事者となるものに限られるわけではありません。

017 **居室以外の部分のみの維持保全は管理業法上の維持保全ではない。** ○ 2021

賃貸住宅の維持保全の業務とは、居室および居室の使用と密接な関係にある住宅のその他の部分である、玄関・通路・階段等の共用部分、居室内外の電気設備・水道設備、エレベーター等の設備等について、点検・清掃等の維持を行い、これら点検等の結果を踏まえた必要な修繕を一貫して行うことをいいます(賃貸住宅管理業法2条2項)。賃貸住宅の居室以外の部分のみについて行うときは、賃貸住宅の維持保全には該当しません。

018 **賃貸住宅の維持保全と併せて行う金銭管理のみが管理業務に当たる。** ○ 2021

管理業務とは、賃貸住宅の賃貸人から委託を受けて、①当該委託に係る賃貸住宅の維持保全を行う業務、及び、②当該賃貸住宅に係る家賃、敷金、共益費その他の金銭の管理を行う業務(①に掲げる業務と併せて行うものに限る)をいいます。したがって、家賃等の金銭の管理を行う業務は含まれますが、維持保全と併せて行うものに限られます。

019 **管理戸数で登録先が変わることはない。** ×

賃貸住宅管理業を営もうとする者は、国土交通大臣の登録を受けなければなりません(賃貸住宅管理業法3条1項)。ただし、その事業の規模が、当該事業に係る賃貸住宅の戸数が200戸未満である場合は、登録義務がありません(同法施行規則3条)。管理戸数によって登録先が変わるわけではありません。

020 **登録は5年ごとに更新が必要である。** ×

賃貸住宅管理業の登録は、5年ごとにその更新を受けなければ、その期間の経過によって、その効力を失います(賃貸住宅管理業法3条2項)。

021□□□ 賃貸住宅管理業者は、営業所又は事務所ごとに掲示しなければならない標識について公衆の見やすい場所を確保できない場合、インターネットのホームページに掲示することができる。

022□□□ 賃貸住宅管理業者の登録の有効期間は5年であり、登録の更新を受けようとする者は、現に受けている登録の有効期間の満了の日の90日前までに更新の申請を行う必要がある。

023□□□ 賃貸住宅管理業の登録を受けようとする者は、事務所又は営業所における政令で定める使用人及び役員の氏名を記載した申請書を国土交通大臣に提出しなければならない。

024□□□ 賃貸住宅管理業者が電話の取次ぎのみを行う施設、賃貸住宅の維持保全業務に必要な物品等の置き場などの施設は、営業所又は事務所には該当しない。

025□□□ 国土交通大臣は、賃貸住宅管理業者登録簿を当該業者の利害関係人から請求があった場合に限り、閲覧に供しなければならない。

021	**インターネット上の掲載は、標識に当たらない。** 賃貸住宅管理業者は、その営業所又は事務所ごとに、公衆の見やすい場所に、国土交通省令で定める様式の標識を掲げなければなりません(賃貸住宅管理業法 19 条)。ホームページに掲載することはこの要件を満たしません。	× 2021
022	**90 日前から 30 日前までの間に申請が必要。** 賃貸住宅管理業の登録の更新を受けようとする者は、その者が現に受けている登録の有効期間の満了の日の 90 日前から 30 日前までの間に国土交通大臣に申請しなければなりません(賃貸住宅管理業法 3 条 2 項、同法施行規則 4 条)。	× 2023
023	**使用人については記載事項となっていない。** 賃貸住宅管理業の登録を受けようとする者は、①商号、名称または氏名及び住所、②法人である場合においてはその役員の氏名、③未成年者である場合においては、その法定代理人の氏名及び住所(法定代理人が法人である場合にあっては、その商号又は名称及び住所並びにその役員の氏名)、④営業所又は事務所の名称及び所在地を記載した申請書を国土交通大臣に提出しなければなりません(賃貸住宅管理業法 4 条 1 項)。使用人については記載はありません。	×
024	**電話の取次ぎ・物品置き場は営業所または事務所に該当しない。** 賃貸住宅登録業者における「営業所又は事務所」とは、管理受託契約の締結、維持保全の手配、または家賃、敷金、共益費その他の金銭の管理の業務(賃貸住宅管理業法 2 条 2 項 2 号に規定する業務を行う場合に限る)が行われ、継続的に賃貸住宅管理業の営業の拠点となる施設として実態を有するものが該当します。したがって、**電話の取次ぎのみを行う施設、維持保全業務に必要な物品等の置き場などの施設は「営業所又は事務所」には該当しません。**	○
025	**利害関係人から請求があった場合に限定されない。** 国土交通大臣は、賃貸住宅管理業者登録簿を一般の閲覧に供しなければなりません(賃貸住宅管理業法 8 条)。利害関係人から請求があった場合に限定されません。	×

026□□□ 登録申請日を含む事業年度の前事業年度において、負債の合計額が資産の合計額を超えていない状態、又は支払不能に陥っていない状態でなければ、賃貸住宅管理業の登録は受けられない。

027□□□ 株式会社の取締役に 3 年前に公職選挙法に違反して禁錮刑に処せられた者がいる場合であっても、その者が非常勤であれば、当該会社は、賃貸住宅管理業の登録を受けることができる。

028□□□ 成年被後見人又は被保佐人は、賃貸住宅管理業の登録を受けることができない。

029□□□ 破産手続開始の決定を受けて復権を得て 5 年間経過していない者は、賃貸住宅管理業の登録を受けることができない。

030□□□ 賃貸住宅管理業者が、1 年以上業務を行っていないことにより登録を取り消された場合、当該業務を行わなくなった日から 5 年を経過しないと、新たに賃貸住宅管理業の登録を受けることができない。

026	**「又は」ではなく「かつ」である。** 財産及び損益の状況が良好でない者は、賃貸住宅管理業の登録を受けることができません(賃貸住宅管理業法6条1項10号、同法施行規則10条)。具体的には、登録申請日を含む事業年度の前事業年度において、負債の合計額が資産の合計額を超えておらず、かつ、支払不能に陥っていない状態を指します。	×
027	**非常勤であっても登録を受けられない。** 法人であって、その**役員**のうちに**禁錮以上の刑に処せられ**、その執行を終わり、または執行を受けることがなくなった日から起算して**5年を経過しない者に該当する者があるもの**は、賃貸住宅管理業の登録を受けることができません(賃貸住宅管理業法6条1項4号・8号)。**非常勤の取締役**であっても「**役員**」に該当します。	×
028	**受けられる可能性はある。** 精神の機能の障害により賃貸住宅管理業を的確に遂行するに当たって必要な認知、判断及び意思疎通を適切に行うことができない者は、賃貸住宅管理業の登録を受けることができません(賃貸住宅管理業法6条1項1号、同法施行規則8条)。**成年被後見人または被保佐人に限定されているわけではありません。**	×
029	**復権を得れば直ちに登録できる。** 破産手続開始の決定を受けて復権を得ない者は、賃貸住宅管理業の登録を受けることができません(賃貸住宅管理業法6条1項2号)。**復権を得れば直ちに登録**できます。5年間待つ必要はありません。	×
030	**取消しの日から5年である。** 賃貸住宅管理業者が登録を受けてから1年以内に業務を開始せず、または引き続き1年以上業務を行っていないことにより登録を取り消され、**その取消しの日から5年を経過しない**者は、新たに賃貸住宅管理業の登録を受けることができません(賃貸住宅管理業法6条1項3号)。	×

031□□□ 法人の役員に暴力団員による不当な行為の防止等に関する法律第2条第6号に規定する暴力団員がいる場合、その者を解任し、5年経過しなければ、当該法人は、賃貸住宅管理業の登録を受けることができない。

032□□□ 賃貸住宅管理業法第23条第1項に基づく業務停止命令に違反し、登録の取消しの処分に係る行政手続法第15条の規定による通知があった日から当該処分をする日又は処分をしないことの決定をする日までの間に、賃貸住宅管理業の廃止の届出をした者は、その理由の如何を問わず、当該届出の日から5年を経過しなければ、新たに登録することができない。

033□□□ 賃貸住宅管理業の登録申請時において、賃貸住宅管理業法第12条の規定による営業所又は事務所ごとに配置すべき業務管理者がいなくても、事業開始時までに配置する予定であれば、登録を受けることができる。

034□□□ 賃貸住宅管理業者である法人は、役員に変更があったときは、その日から3か月以内に、その旨を国土交通大臣に届け出なければならない。

035□□□ 個人である賃貸住宅管理業者が死亡した場合、その相続人は、その日から30日以内に、その旨を国土交通大臣に届け出なければならず、当該相続人は、当該業者が締結した管理受託契約に基づく業務を結了する目的の範囲内において賃貸住宅管理業者とみなされる。

031	**解任すれば直ちに登録を受けることができる。** 役員に、暴力団員による不当な行為の防止等に関する法律2条6号に規定する暴力団員又は暴力団員でなくなった日から5年を経過しない者がいる法人は、賃貸住宅管理業の登録を受けることができません（賃貸住宅管理業法6条1項8号、同項5号）。**解任すれば5年を待つ必要はありません。**	×	
032	**相当の理由があり廃止の届出をした場合は除かれる。** 設問の場合において廃止の届出をした者（**解散または賃貸住宅管理業の廃止について相当の理由のある者を除く**）で当該届出の日から5年を経過しないものは、登録を受けることができません（賃貸住宅管理業法6条1項6号、同法施行規則9条1号）。「理由の如何を問わず」ではありません。	×	
033	**申請時に必要である。** 営業所または事務所ごとに賃貸住宅管理業法12条の規定による業務管理者を確実に選任すると認められない者は、賃貸住宅管理業の登録を受けることができません（賃貸住宅管理業法6条1項11号）。この規定は**登録拒否事由なので、登録申請時にこの要件を満たす必要があります。**	×	
034	**3か月以内ではなく30日以内である。** 法人である賃貸住宅管理業者は、その役員の**氏名**に変更があった場合、その日から**30日以内**に、その旨を国土交通大臣に届け出なければなりません（賃貸住宅管理業法7条1項、同法4条1項2号）。3か月以内ではありません。	×	2022
035	**その日ではなく、その事実を知った日から30日以内である。** なお、死亡により登録が効力を失った場合、その一般承継人（相続人等）は、当該賃貸住宅管理業者が締結した管理受託契約に基づく業務を結了する目的の範囲内においては、なお賃貸住宅管理業者とみなされます（賃貸住宅管理業法27条）。	×	

036□□□　賃貸住宅管理業者である会社が合併により消滅した場合、当該合併により存続する会社の代表役員は、その日から 30 日以内に、その旨を国土交通大臣に届け出なければならない。

037□□□　賃貸住宅管理業者である法人が破産手続開始の決定により解散した場合、当該法人の清算人は、その日から 30 日以内に、その旨を国土交通大臣に届け出なければならない。

038□□□　賃貸住宅管理業者である個人が死亡したときは、その相続人は、死亡を知った日から 30 日以内に国土交通大臣に届け出なければならない。

039□□　賃貸住宅管理業者である法人が合併により消滅したときは、その法人の代表役員であった者が国土交通大臣に届け出なくても、賃貸住宅管理業の登録は効力を失う。

040□□□　賃貸住宅管理業者のA営業所の業務管理者は、B営業所の業務管理者がやむを得ない事情で業務を遂行することができなくなった場合には、B営業所の業務管理者を兼務することができる。

041□□□　賃貸住宅管理業者は、事務所の業務管理者として選任した唯一の者が、破産手続開始の決定を受けて復権を得ない者に該当した場合、新たに業務管理者を選任するまでの間は、当該事務所において管理受託契約を締結してはならない。

036	**消滅した会社の代表役員が届出義務者である。** 賃貸住宅管理業者である法人が合併により消滅した場合、**その法人を代表する役員であった者**は、その日から 30 日以内に、その旨を国土交通大臣に届け出なければなりません（賃貸住宅管理業法 9 条 1 項 2 号）。存続する会社の代表役員ではありません。	×	
037	**清算人ではなく破産管財人である。** 賃貸住宅管理業者である法人が破産手続開始の決定により解散した場合、**その破産管財人**は、その日から 30 日以内に、その旨を国土交通大臣に届け出なければなりません（賃貸住宅管理業法 9 条 1 項 3 号）。清算人ではなく破産管財人が届出義務者です。	×	
038	**相続人による届出期間の起算日は、死亡を知った日である。** 賃貸住宅管理業者である個人が死亡したときは、その相続人は**死亡を知った日から** 30 日以内に国土交通大臣に届けなければなりません（賃貸住宅管理業法第 9 条第 1 項）。死亡日からではなくそれを知った日からです。	○	
039	**合併等により、届出を要せず登録は効力を失う。** 賃貸住宅管理業者である法人が**合併により消滅したときは、その法人の代表役員であった者が国土交通大臣に届け出なくても、賃貸住宅管理業の登録は効力を失います**（賃貸住宅管理業法 9 条 2 項）。	○	
040	**他の営業所または事務所の業務管理者となることはできない。** 賃貸住宅管理業者は、その営業所または事務所ごとに、1 人以上の業務管理者を選任して、その営業所または事務所における業務に関し、管理受託契約の内容の明確性、管理業務として行う賃貸住宅の維持保全の実施方法の妥当性その他の賃貸住宅の入居者の居住の安定及び賃貸住宅の賃貸に係る事業の円滑な実施を確保するため必要な国土交通省令で定める事項についての管理及び監督に関する事務を行わせなければなりません（賃貸住宅管理業法 12 条 1 項）。**業務管理者は、他の営業所または事務所の業務管理者となることができません**（同条 3 項）。	×	2023
041	**新たに業務管理者を選任しなければ契約できない。** 賃貸住宅管理業者は、その営業所もしくは事務所の業務管理者として選任した者の全てが賃貸住宅管理業法 6 条 1 項 1 号から 7 号（登録拒否事由）までのいずれかに該当し、または選任した者の全てが欠けるに至ったときは、新たに業務管理者を選任するまでの間は、その営業所または事務所において管理受託契約を締結してはなりません（賃貸住宅管理業法 12 条 2 項）。**破産も登録拒否事由の 1 つです。**	○	

042□□□ 事務所又は営業所に置かれる業務管理者は、他の営業所又は事務所の業務管理者を兼ねることはできるが、宅地建物取引士として事務所に専任している場合には兼務することができない。

043□□□ 賃貸住宅管理業者は、その営業所又は事務所ごとに、2 人以上の業務管理者を選任して、当該営業所又は事務所における業務に関し、賃貸住宅管理業法第 13 条の規定による書面の交付及び説明に関する事項等についての管理及び監督に関する事務を行わせなければならない。

044□□□ 賃貸住宅管理業者は、管理受託契約を締結しようとするときは、管理業務を委託しようとする賃貸住宅の賃貸人に対し、当該管理受託契約を締結するまでに、管理受託契約の内容及びその履行に関する事項について、業務管理者をして、書面を交付して説明させなければならない。

045□□□ 賃貸住宅管理業法第 13 条に基づき管理受託契約の締結前に交付する書面と、同法第 14 条に基づき管理受託契約の締結時に交付する書面の内容が完全に一致する場合は、一つの書面で両者を兼ねることができる。

046□□□ 賃貸住宅管理業法第 13 条に基づく管理受託契約の重要事項説明書には、管理業務の内容及び実施方法を記載する必要があるが、入居者からの苦情や問い合わせへの対応については、予測困難であり、その内容については記載を避けるべきである。

047□□□ 業務管理者が賃貸住宅管理業法第 13 条に基づき重要事項説明する場合は、それを証明する資格者証を提示しなければならない。

042	**双方の結論が逆になっている。** 業務管理者は、他の営業所又は事務所の業務管理者となることができません（賃貸住宅管理業法 12 条 3 項）。それに対して、業務管理者が専任の宅地建物取引士も兼務することは差し支えありません（解釈・運用）。	×
043	**2 人以上ではなく 1 人以上である。** 賃貸住宅管理業者は、その営業所又は事務所ごとに、1 人以上の業務管理者を選任して、当該営業所又は事務所における業務に関し、管理受託契約の内容の明確性、管理業務として行う賃貸住宅の維持保全の実施方法の妥当性その他の賃貸住宅の入居者の居住の安定及び賃貸住宅の賃貸に係る事業の円滑な実施を確保するため必要な国土交通省令で定める事項についての管理及び監督に関する事務を行わせなければなりません（賃貸住宅管理業法 12 条 1 項）。国土交通省令の中に、賃貸住宅管理業法 13 条の規定による書面の交付及び説明に関する事項が定められています（同法施行規則 31 条 1 号）。	×
044	**業務管理者に担当させる義務はない。** 賃貸住宅管理業者は、管理受託契約を締結しようとするときは、管理業務を委託しようとする賃貸住宅の賃貸人（賃貸住宅管理業者である者その他の管理業務に係る専門的知識及び経験を有すると認められる者として国土交通省令で定めるものを除く。）に対し、当該管理受託契約を締結するまでに、管理受託契約の内容及びその履行に関する事項であって国土交通省令で定めるものについて、書面を交付して説明しなければなりません（賃貸住宅管理業法 13 条 1 項）。**業務管理者に担当させる義務はありません。**	×
045	**別々の書面が必要である。** 管理受託契約の重要事項説明書は、**契約締結に先立って交付する書面**であり、管理受託契約の締結時の書面は交付するタイミングが異なる書面であることから、両書面を一体で交付することはできません。	×
046	**その内容についても可能な限り具体的に記載しなければならない。** 管理受託契約の重要事項説明書には、管理業務の内容及び実施方法を記載する必要があります（賃貸住宅管理業法 13 条 1 項、同法施行規則 31 条 3 号）。また、管理業務と併せて、入居者からの苦情や問い合わせへの対応を行う場合は、その内容についても**可能な限り具体的に記載**しなければなりません。	×
047	**資格者証を提示する必要はない。** 重要事項説明時における資格者証の提示は**義務付けられていません。**	×

048□□□ 賃貸住宅管理業法第 13 条に基づく重要事項説明は、相手方からの承諾があれば、電話やメールによる手段を用いて行うことができる。

049□□□ 賃貸住宅管理業法第 13 条に基づく重要事項説明は、相手方が賃貸住宅管理業者である場合は省略することができるが、宅地建物取引業者の場合は省略できない。

050□□□ 賃貸住宅管理業法第 13 条に基づく重要事項説明書面には、管理業務の内容及び実施方法について記載しなければならないが、その回数や頻度については契約書に記載するので、重要事項説明書面には具体的な内容は記載すべきでない。

051□□□ 賃貸住宅管理業法第 13 条に基づく重要事項説明書面には、管理業務の一部の再委託に関する事項を記載しなければならない。

048	**電話やメールによる手段での重要事項説明は認められない。** 賃貸住宅管理業者は、重要事項説明にテレビ会議等のITを活用することができますが、「説明者及び重要事項の説明を受けようとする者が、図面等の書類及び説明の内容について十分に理解できる程度に**映像を視認**でき、かつ、双方が発する音声を十分に聞き取ることができるとともに、双方向でやりとりできる環境において実施していること」等、一定の事項を満たしている場合に限られます。したがって、電話やメールによる手段での重要事項説明は認められません。なお、重要事項説明は、対面かITの活用による説明が望ましいですが、**変更契約**に関しては、一定の事項を満たしている場合に限り、電話による説明をもって対面による説明と同様に扱われます(「解釈・運用の考え方」)。	×
049	**相手方が宅建業者の場合も省略できる。** 管理受託契約の契約の相手方が賃貸住宅管理業者である者その他の管理受託契約に係る専門的知識及び経験を有すると認められる者である場合、重要事項に係る説明は不要となります(賃貸住宅管理業法13条1項)。具体的には次の者が該当します(同法施行規則30条)。①賃貸住宅管理業者、②特定転貸事業者、③**宅地建物取引業者**、④特定目的会社、⑤組合、⑥賃貸住宅に係る信託の受託者(委託者等が①～④までのいずれかに該当する場合に限る)、⑦独立行政法人都市再生機構、⑧地方住宅供給公社です。	×
050	**回数や頻度についても具体的に記載すべきである。** 賃貸住宅管理業法13条に基づく重要事項説明書面には、「管理業務の内容及び実施方法」を記載する必要があります(賃貸住宅管理業法 13条1項、同法施行規則31条3号)。そして、その管理業務の内容については、回数や頻度を明示して可能な限り具体的に記載しなければなりません(「解釈・運用の考え方」)。	×
051	**管理業務の一部の再委託に関する事項を記載する。** 賃貸住宅管理業法13条に基づく重要事項説明書面には、「**管理業務の一部の再委託に関する事項**」を**記載する**必要があります(賃貸住宅管理業法13条1項、同法施行規則31条6号)。具体的には、賃貸住宅管理業者は、管理業務の一部を第三者に再委託することができることを事前に説明するとともに、再委託することとなる業務の内容、再委託予定者を事前に明らかにすることが必要です(「解釈・運用の考え方」)。	○

052□□□　管理受託契約の締結にあたり、賃貸人に賠償責任保険等への加入を求める場合で、当該保険によって保障される損害については賃貸住宅管理業者が責任を負わないこととするときは、その旨を、賃貸住宅管理業法第 13 条に基づく重要事項説明書面に記載しなければならない。

053□□□　賃貸住宅管理業者は、賃貸人の承諾を得て、管理受託契約重要事項説明書に記載すべき事項を電磁的方法により提供することができるが、当該書面については、事前に印刷したものに記名押印し、賃貸人に郵送しておく必要がある。

054□□□　賃貸住宅管理業法第 13 条に基づき管理受託契約の締結前に行う説明と書面の交付は電磁的方法によることができるが、同法第 14 条に基づき管理受託契約の締結時に交付する書面は電磁的方法によることができない。

055□□□　賃貸住宅管理業法第 14 条に基づき賃貸住宅管理業者が賃貸人に交付する管理受託契約書面には、契約当事者間で定めがなくても管理業務の一部の再委託に関する内容を記載する必要があるが、管理業務の内容について具体的な内容を定めた場合にのみ記載しなければならない。

056□□□　管理受託契約重要事項説明は、管理受託契約の締結とできるだけ近接した時期に行うことが望ましい。

052 **保険等への加入は、重要事項説明書面に記載が必要。** ○
管理受託契約の締結にあたり、賃貸人に賠償責任保険等への加入を求める場合や、当該保険によって保障される損害については賃貸住宅管理業者が責任を負わないこととする場合はその旨は、記載が必要です（賃貸住宅管理業法 13 条 1 項、同法施行規則 31 条 7 号、「解釈・運用の考え方」）。

053 **郵送する必要はない。** ×
賃貸住宅管理業者は、賃貸人の承諾を得て、管理受託契約重要事項説明書に記載すべき事項を電磁的方法により提供することができ、その場合は、①相手方が当該書面を確実に受け取れるように、用いる方法（電子メール、WEB でのダウンロード、CD-ROM 等）やファイルへの記録方法（使用ソフトウェアの形式やバージョン等）を示した上で、電子メール、WEB による方法、CD-ROM 等相手方が承諾したことが記録に残る方法で承諾を得ることと、②**出力して書面を作成でき、改変が行われていないか確認できること**が必要です（賃貸住宅管理業法 13 条 2 項）。相手方で印刷できる状態にしておけばよく、書面を郵送する義務はありません。

054 **どちらも電磁的方法によることができる。** ×
管理受託契約締結前の重要事項説明書面も契約時の書面交付も、**電磁的方法による提供が可能**です。

055 **説明が逆である。** ×
賃貸住宅管理業者は、管理受託契約を締結したときは、管理業務を委託する賃貸住宅の賃貸人に対し、遅滞なく、一定の事項を記載した書面を交付しなければなりません（賃貸住宅管理業法 14 条 1 項）。「管理業務の内容」（同法施行規則 35 条 2 項 2 号）は**契約当事者間の定めがなくても記載**しなければなりませんが、「管理業務の一部の再委託に関する内容」（同 3 号）は**定めがあった場合に記載**する義務が生じます。

056 **1 週間程度の十分な期間をおくことが望ましい。** × 2021
管理受託契約重要事項説明の時期については、貸主になろうとする者が契約内容とリスク事項を十分に理解し、契約意思が安定した状態で締結されるために、重要事項の説明から契約締結までに **1 週間程度の十分な期間をおくことが望ましい**とされています（「解釈・運用の考え方」）。

057□□□ 賃貸住宅管理業法に定める賃貸住宅管理業者が管理受託契約締結前に行う重要事項の説明（管理受託契約重要事項説明）に関しては、業務管理者ではない管理業務の実務経験者が、業務管理者による管理、監督の下で説明することができる。

058□□□ 賃貸住宅管理業者は、賃貸人が管理受託契約重要事項説明の対象となる場合は、その者が管理受託契約について一定の知識や経験があったとしても、書面にて十分な説明をしなければならない。

059□□□ 管理受託契約に定める報酬額を契約期間中に変更する場合は、事前説明をせずに変更契約を締結することができる。

060□□□ 管理受託契約重要事項説明において、管理業務の実施方法に関し、回数や頻度の説明は不要である。

061□□□ 報酬並びにその支払の時期及び方法は、賃貸住宅管理業者が管理受託契約重要事項説明において説明しなければならない事項である。

062□□□ 管理業務の一部の再委託に関する事項は、賃貸住宅管理業者が管理受託契約重要事項説明において説明しなければならない事項である。

解答・解説

057 **必ずしも業務管理者が行う必要はない。** ○ 2023
管理受託契約重要事項説明は、**業務管理者**によって行われることは**必ずしも必要ありません**(賃貸住宅管理業法 13 条)。ただし、業務管理者の管理及び監督の下に行われる必要があります。

058 **賃貸人に一定の知識経験があっても説明する。** ○ 2021
賃貸住宅管理業者は、賃貸人が管理受託契約重要事項説明の対象となる場合は、その者が管理受託契約について**一定の知識や経験があったとしても**、一定の事項を書面に記載し、十分な説明をすることが必要です(賃貸住宅管理業法 13 条)。さらに、説明の相手方の知識、経験、財産の状況、賃貸住宅経営の目的やリスク管理判断能力等に応じた説明を行うことが望ましいとされています。

059 **少なくとも変更のあった事項は書面の交付と説明が必要である。** × 2021
賃貸住宅管理業者は、契約期間中に報酬に関する事項に変更があった場合には、**少なくとも変更のあった事項**について、当初契約の締結前の管理受託契約重要事項説明と同様の方法により、賃貸人に対して**書面の交付等を行った上で説明する必要があります。**

060 **説明しなければならない事項である。** × 2023
管理業務の内容及び実施方法は、賃貸住宅管理業者が管理受託契約重要事項説明において説明しなければならない事項です(賃貸住宅管理業法 13 条 1 項、同法施行規則 31 条 3 号)。**回数や頻度を明示して**可能な限り具体的に記載し、説明しなければなりません。

061 **説明しなければならない事項である。** ○ 2021
報酬並びにその支払の時期及び方法は、賃貸住宅管理業者が管理受託契約重要事項説明において説明しなければならない事項です(賃貸住宅管理業法 13 条 1 項、同法施行規則 31 条 4 号)。

062 **説明しなければならない事項である。** ○ 2021
管理業務の一部の再委託に関する事項は、賃貸住宅管理業者が管理受託契約重要事項説明において説明しなければならない事項です(賃貸住宅管理業法 13 条 1 項、同法施行規則 31 条 6 号)。

063□□□ 管理受託契約の更新及び解除に関する事項は、賃貸住宅管理業者が管理受託契約重要事項説明において説明しなければならない事項である。

064□□□ 管理受託契約重要事項説明書に記載すべき事項を電磁的方法により提供する場合、賃貸住宅の賃貸人の承諾が必要である。

065□□□ 管理受託契約重要事項説明書を電磁的方法で提供する場合、出力して書面を作成できる方法でなければならない。

066□□□ 管理受託契約重要事項説明をテレビ会議等の IT を活用して行う場合、管理受託契約重要事項説明書の送付から一定期間後に説明を実施することが望ましい。

067□□□ 管理受託契約変更契約の重要事項説明を電話で行う場合に関して、賃貸人から電話による方法で重要事項説明を行ってほしいとの依頼があった場合でも、後から対面による説明を希望する旨の申出があった場合は、対面で行わなければならない。

解答・解説

063	**説明しなければならない事項である。** **管理受託契約の更新及び解除に関する事項**は、賃貸住宅管理業者が管理受託契約重要事項説明において説明しなければならない事項です（賃貸住宅管理業法13条1項、同法施行規則31条11号）。	○	2021
064	**IT重説書面には賃貸人の承諾が必要。** 賃貸住宅管理業者は、管理受託契約の締結前の書面の交付に代えて、政令で定めるところにより、管理業務を委託しようとする賃貸住宅の**賃貸人の承諾を得て**、書面に記載すべき事項を電磁的方法（電子情報処理組織を使用する方法その他の情報通信の技術を利用する方法であって国土交通省令で定めるもの）により提供することができます（賃貸住宅管理業法13条2項）。	○	2021
065	**IT重説書面の場合は出力できるようにしておく。** 賃貸住宅管理業者が管理受託契約重要事項説明書面を電磁的方法で提供する場合は、受信者が受信者ファイルへの記録を**出力することにより書面を作成できるものである方法で行われる必要があります**（賃貸住宅管理業法施行規則32条2項1号）。	○	2021
066	**IT重説の場合もあらかじめ重説書面を交付しておく。** 管理受託契約重要事項説明にテレビ会議等のITを活用するにあたっては、一定の事項を満たしている場合に限り、対面による説明と同様に取り扱うものとされています。そして、説明の相手方に事前に管理受託契約重要事項説明書等を読んでおくことを推奨するとともに、**管理受託契約重要事項説明書等の送付から一定期間後**に、ITを活用した管理受託契約重要事項説明を実施することが望ましいとされています（「解釈・運用の考え方」）。	○	2021
067	**後から申出があった場合は対面で行わなければならない。** 管理受託契約変更契約の重要事項説明については、一定の事項を満たしている場合に限り、電話による説明をもって対面による説明と同様に取扱うものとされています。 なお、賃貸人から賃貸住宅管理業者に対し、電話により管理受託契約変更契約の重要事項説明を行ってほしいとの依頼があった場合であっても、賃貸人から、**対面又はITの活用による説明を希望する旨の申出**があったときは、当該方法により説明しなければなりません（「解釈・運用の考え方」）。	○	2023

068□□□ 賃貸住宅管理業者は、管理業務の一部を再委託することができるが、管理業務の適正性を確保するため、再委託先は賃貸住宅管理業者としなければならない。

069□□□ 管理受託契約に管理業務の一部の再委託に関する定めがある場合であっても、管理業務を複数の者に分割して再委託して自ら管理業務を一切行わないことは、違法となる。

070□□□ 賃貸住宅管理業者は、再委託先が賃貸住宅管理業者であれば、管理業務の全部を複数の者に分割して再委託することができる。

071□□□ 賃貸住宅管理業者及び特定転貸事業者(サブリース業者)は、管理受託契約に基づく管理業務又は転貸借契約において受領する家賃、敷金、共益費その他の金銭を、自己の固有財産と分別して管理しなければならない。

072□□□ 賃貸住宅管理業者は、管理受託契約に基づく管理業務において受領する家賃、敷金、共益費その他の金銭を、自己の固有財産及び他の管理受託契約に基づく管理業務において受領する家賃、敷金、共益費その他の金銭と分別して管理しなければならないが、それは帳簿で明確に分別管理する意味であり、実際に銀行口座を分けることまでは求められていない。

068 **再委託先は賃貸住宅管理業者である必要はない。** × 2023

賃貸住宅管理業者は、委託者から委託を受けた管理業務の全部を他の者に対し、再委託してはなりません（賃貸住宅管理業法 15 条）。管理受託契約に管理業務の一部の再委託に関する定めがあるときは、その一部の再委託を行うことができますが、自らで再委託先の指導監督を行わず、全てについて他者に再委託することは禁止されています。**再委託先は賃貸住宅管理業者である必要はありません**が、賃貸住宅の賃貸人と管理受託契約を締結した賃貸住宅管理業者が再委託先の業務の実施について責任を負うこととなるため、登録拒否要件に該当しない事業者に再委託することが望ましく、また、再委託期間中は、賃貸住宅管理業者が責任をもって再委託先の指導監督を行うことが必要です。

069 **管理業務の再委託の禁止の規定に違反する。** ○

管理受託契約に管理業務の一部の再委託に関する定めがある場合は、管理業務を複数の者に分割して再委託して**自ら管理業務を一切行わない**と、賃貸住宅管理業法 15 条の管理業務の**再委託の禁止の規定に違反**します。

070 **管理業務の全部の再委託はすることができない。** × 2021

分割して再委託する場合であっても、**全部の再委託はできません**（賃貸住宅管理業法 15 条）。

071 **特定転貸事業者には、このような義務はない。** ×

賃貸住宅管理業者は、管理受託契約に基づく管理業務において受領する家賃、敷金、共益費その他の金銭を、整然と管理する方法として国土交通省令で定める方法により、自己の固有財産および他の管理受託契約に基づく管理業務において受領する家賃、敷金、共益費その他の金銭と**分別して管理**しなければなりません（賃貸住宅管理業法 16 条）。しかし、**特定転貸事業者（サブリース業者）にこのような義務はありません**。

072 **口座も分ける必要がある。** ×

管理受託契約に基づく管理業務において受領する家賃、敷金、共益費その他の金銭を管理するための**口座を自己の固有財産を管理するための口座と明確に区分し**、かつ、当該金銭がいずれの管理受託契約に基づく管理業務に係るものであるかが自己の帳簿（その作成に代えて電磁的記録の作成がされている場合における当該電磁的記録を含む。）により直ちに判別できる状態で管理する必要があります（賃貸住宅管理業法 16 条、同法施行規則 36 条）。

073□□□ 賃貸住宅管理業者は、管理受託契約に基づく管理業務において受領する家賃、敷金、共益費その他の金銭を、自己の固有財産及び他の管理受託契約に基づく管理業務において受領する家賃、敷金、共益費その他の金銭と分別して管理しなければならない。

074□□□ 賃貸住宅管理業者が従業者証明書を携帯させるべき者には、正規及び非正規を問わず賃貸住宅管理業者と直接の雇用関係にあり、賃貸住宅管理業に従事する者が該当し、賃貸住宅管理業者と直接の雇用関係にある者であっても、内部管理事務に限って従事する者は該当しない。

075□□□ 賃貸住宅管理業者は、単に一時的に業務に従事する従業者であっても、一般の従業者と同様に 2 年以上の有効期間を定めて、その従業者であることを証する証明書を携帯させなければならない。

076□□□ 賃貸住宅管理業者の使用人その他の従業者は、その業務を行うに際し、委託者その他の関係者から請求があったときは、従業者証明書を提示しなければならない。

077□□□ 賃貸住宅管理業者は、使用人その他の従業者に、その従業者であることを証する証明書を携帯させなければならない。

078□□□ 賃貸住宅管理業者は、営業所又は事務所ごとに、業務に関する帳簿を備え付け、委託者ごとに管理受託契約について契約年月日等の事項を記載して保存しなければならない。

073	**管理業者には、家賃等を固有財産と分別管理する義務がある。** 賃貸住宅管理業者は、管理受託契約に基づく管理業務において受領する家賃、敷金、共益費その他の金銭を、**自己の固有財産及び他の管理受託契約に基づく管理業務において受領する家賃、敷金、共益費その他の金銭と分別して管理しなければなりません**(賃貸住宅管理業法16条)。	○	2021
074	**内部管理事務の従事者には携帯させる義務はない。** 従業者証明書を携帯させるべき者の範囲は、賃貸住宅管理業者の責任の下に、当該賃貸住宅管理業者が営む賃貸住宅管理業に従事する者となります(賃貸住宅管理業法 17 条)。ただし、賃貸住宅管理業者と直接の雇用関係にある者であっても、**内部管理事務に限って従事する者は、従業者証明書の携帯の義務はありません。**	○	2023
075	**2年以上の有効期間を定める義務はない。** 賃貸住宅管理業者は、その業務に従事する使用人その他の従業者に、その従業者であることを証する証明書を携帯させなければ、その者をその業務に従事させてはなりません(賃貸住宅管理業法17条)。単に一時的に業務に従事するものに携帯させる証明書の有効期間については、他の者と異なり、**業務に従事する期間に限って発行**することができます。2年以上の有効期間とすべき義務は存在しません。	×	
076	**請求があったときは従業者証明書を提示する。** 賃貸住宅管理業者の使用人その他の従業者は、その業務を行うに際し、委託者その他の関係者から請求があったときは、**従業者証明書を提示しなければなりません**(賃貸住宅管理業法17条2項)。	○	
077	**従業者証明書を携帯させることは管理業者の義務である。** 賃貸住宅管理業者は、使用人その他の従業者に、その従業者であることを証する**証明書を携帯させなければなりません**(賃貸住宅管理業法17条1項)。	○	
078	**営業所または事務所ごとに保存しなければならない。** 賃貸住宅管理業者は、国土交通省令で定めるところにより、**その営業所または事務所ごとに**、その業務に関する帳簿を備え付け、委託者ごとに管理受託契約について契約年月日その他の国土交通省令で定める事項を記載し、これを保存しなければなりません(賃貸住宅管理業法 18条)。なお、「主たる事務所」に一括して保存する義務はありません。	○	

079□□□　賃貸住宅管理業者は、賃貸住宅管理業法第 18 条に規定する帳簿を各事業年度の末日をもって閉鎖し、閉鎖後 10 年間保存しなければならない。

080□□□　賃貸住宅管理業者は、営業所又は事務所ごとに、業務に関する帳簿を備え付け、委託者ごとに管理受託契約について契約年月日等の事項を記載して保存しなければならない。

081□□□　賃貸住宅管理業者がその営業所又は事務所ごとに掲示する標識には、専任の賃貸不動産経営管理士の氏名を記載しなければならない。

082□□□　賃貸住宅管理業者の代理人、使用人その他の従業者は、正当な理由がある場合でなければ、賃貸住宅管理業の業務を補助したことについて知り得た秘密を他に漏らしてはならないが、賃貸住宅管理業者の代理人、使用人その他の従業者でなくなった後においてはそのような制限はない。

083□□□　秘密を守る義務は、管理受託契約が終了した後は賃貸住宅管理業を廃業するまで存続する。

解答・解説

079	**10年ではなく5年である。** 賃貸住宅管理業者は、賃貸住宅管理業法第18条の帳簿(ファイルまたは磁気ディスク等を含む)を各事業年度の末日をもって閉鎖し、**閉鎖後5年間**その帳簿を保存しなければなりません(賃貸住宅管理業法18条、同法施行規則38条3項)。10年ではありません。	×	
080	**管理業者は、帳簿を備え付け、所定事項を記載し保存する。** 賃貸住宅管理業者は、**営業所または事務所ごとに**、業務に関する帳簿を備え付け、**委託者ごとに**管理受託契約について契約年月日等の事項を記載して保存しなければなりません(賃貸住宅管理業法18条)。	○	2021
081	**そのような義務はない。** 賃貸住宅管理業者は、その営業所又は事務所ごとに、公衆の見やすい場所に、国土交通省令で定める様式の標識を掲げなければなりません(賃貸住宅管理業法19条)。その様式には、①登録番号、②登録年月日、③登録の有効期間、④商号、名称又は氏名、⑤主たる営業所又は事務所の所在地を記載する欄があります。**専任の賃貸不動産経営管理士の氏名を記載する欄はありません。**	×	
082	**代理人、使用人でなくなった後も同様の制限がある。** 賃貸住宅管理業者の代理人、使用人その他の従業者は、正当な理由がある場合でなければ、賃貸住宅管理業の業務を補助したことについて知り得た秘密を他に漏らしてはなりません。また、賃貸住宅管理業者の代理人、**使用人その他の従業者でなくなった後においても同様**です(賃貸住宅管理業法21条2項)。	×	
083	**廃業した後も秘密を守る義務を負う。** 賃貸住宅管理業者は、賃貸住宅管理業を廃業した後も秘密を守る義務を負います(賃貸住宅管理業法21条1項後段)。「**廃業するまで**」ではありません。	×	2022

084□□□ 賃貸住宅管理業者の従業者として秘密を守る義務を負う者には、アルバイトも含まれる。

085□□□ 都道府県知事は、賃貸住宅管理業の適正な運営を確保するため必要があると認めるときは、その必要の限度において、賃貸住宅管理業者に対し、必要な指示をすることができる。

086□□□ 国土交通大臣は、賃貸住宅管理業法第 22 条に規定する業務改善命令をしたときは、その旨を公告しなければならない。

087□□□ 標準管理受託契約書（令和３年４月・国土交通省公表）では、管理業者が管理業務を行うために必要な情報を提供することは、委託者の義務とされている。

088□□□ 賃貸住宅標準管理受託契約書（国土交通省不動産・建設経済局令和３年４月 23 日公表。）においては、入居者から代理受領した敷金等は、速やかに賃貸人に引き渡すこととされている。

089□□□ 標準管理受託契約書（令和３年４月・国土交通省公表）では、契約で定めた管理業務を管理業者が第三者に再委託することが認められているが、すべての管理業務を一括して再委託することは禁止されている。

090□□□ 管理業者が管理業務の開始後速やかに授与された代理権の内容を借主に説明することは、標準管理受託契約書（令和 3 年 4 月・国土交通省発表）において定められていない。

解答・解説

084	**アルバイトもこれに含まれる。** 賃貸住宅管理業者の使用人その他の従業者は秘密を守る義務を負うとされているところ(賃貸住宅管理業法 21 条 2 項第前段)、「従業者」とは賃貸住宅管理業者の指揮命令に服しその業務に従事する者をいい(解釈・運用の考え方第 21 条第 2 項関係)、**アルバイトもこれに含まれます**。	○	2022
085	**都道府県知事が指示処分する旨の規定は存在しない。** 国土交通大臣は、賃貸住宅管理業の適正な運営を確保するため必要があると認めるときは、その必要の限度において、賃貸住宅管理業者に対し、業務の方法の変更その他業務の運営の改善に必要な措置をとるべきことを命ずることができます(賃貸住宅管理業法 22 条)。**都道府県知事が指示処分する旨の規定は存在しません**。	×	
086	**業務改善命令は公告の対象とはなっていない。** 国土交通大臣は、賃貸住宅管理業法 23 条 1 項または 2 項の規定による処分(業務停止処分と登録取消処分)をしたときは、国土交通省令で定めるところにより、その旨を公告しなければなりません(賃貸住宅管理業法 25 条)。**業務改善命令は公告の対象とはなっていません**。	×	
087	**必要な情報提供は委託者の義務となっている。** 標準管理受託契約書 16 条 1 項には「甲(委託者)は、乙(賃貸住宅管理業者)が管理業務を行うために必要な情報を提供しなければならない。」と規定されています。	○	2020
088	**速やかに賃貸人に引き渡すこととされている。** 賃貸住宅管理業者は、入居者から代理受領した**敷金等**を、速やかに委託者(賃貸人)に引き渡さなければならないものとされています(賃貸住宅標準管理受託契約書 7 条 1 項)。	○	2022
089	**すべての管理業務を一括再委託することを禁止している。** 標準管理受託契約書 13 条には「賃貸住宅管理業者は、頭書(3)に記載する業務の一部を、頭書(3)に従って、他の者に再委託することができる(第 1 項)。賃貸住宅管理業者は、頭書(3)に記載する業務を、**一括して他の者に委託してはならない**(第 2 項)。」と規定されています。	○	2020
090	**代理権の内容を借主に説明することまでは規定されていない。** 賃貸住宅標準管理受託契約書 14 条に代理権の授与に関する規定があります。しかし、「管理業者が管理業務の開始後速やかに授与された代理権の内容を**借主に説明すること**」までは**規定されていません**。	○	

091□□□ 借主が退去することが確実となった住戸について、管理業者は速やかに賃貸借代理業務を開始することは、標準管理受託契約書（令和３年４月・国土交通省発表）において定められていない。

092□□□ 借主が、暴力団員、暴力団関係企業、総会屋若しくはこれに準ずる者又はその構成員である場合は、無催告で契約を解除することができることは、標準管理受託契約書（令和3年4月・国土交通省発表）において定められていない。

093□□□ 標準管理受託契約書（令和３年４月・国土交通省発表）によれば、賃貸住宅管理業者は、委託者である建物所有者に対し、同契約書で定める予告期間をもって申し入れることにより、管理受託契約を解約することができる。

094□□□ 募集物件の賃貸借条件が地価や物価の変動その他事情の変更によって不適当となったときには、管理業者から、貸主に対して、賃貸借条件の変更について、根拠を示して助言することは、標準管理受託契約書（令和３年４月・国土交通省発表）において定められていない。

095□□□ 管理受託契約は、賃貸住宅標準管理受託契約書（令和３年４月・国土交通省発表）を用いて締結しなければならず、内容の加除や修正をしてはならない。

解答・解説

091	**退去確実の住戸について賃貸借代理業務を開始する規定はない。** 「借主が退去することが確実となった住戸について、管理業者は速やかに賃貸借代理業務を開始すること」は、**賃貸住宅標準管理受託契約書に規定されていません**。	○	
092	**反社会的勢力の排除について規定されている。** 問題文にあるいわゆる**反社会的勢力の排除**の規定は賃貸住宅標準管理受託契約書8条に**規定されています**。	×	
093	**契約両当事者からの解約の申入れについて規定されている。** 標準管理受託契約書21条1項には「甲（委託者）又は乙（賃貸住宅管理業者）は、その相手方に対して、少なくとも○か月前に文書により解約の申入れを行うことにより、この契約を終了させることができる」という定めがあります。**契約両当事者から予告期間を定めて解約できます**。	○	2016
094	**根拠を示して助言することについては規定されていない。** 問題文にある内容について「**根拠を示して助言すること**」は賃貸住宅標準管理委託契約書に**規定されていません**。	○	
095	**標準契約書は任意であり加除・修正も自由。** 管理受託契約は、賃貸住宅管理業法14条1項1号～6号までの事項が記載された契約書であれば足り、**標準管理受託契約書を用いる必要はなく、内容の加除や修正をすることも規制されていません**（賃貸住宅管理業法14条1項、同法施行規則35条2項）。	×	2022

第3章　特定賃貸借契約の適正化のための措置等

重要度▶A

賃貸管理の方法としてサブリース方式を採用する業者は多く、その場合ここで学ぶサブリース規制と登録制度の両方が適用されることもあるので、この章はとても重要です。
参考書「要点整理」参照ページP.60～

001□□□ 個人が賃借した賃貸住宅について、一時的に第三者に転貸するような場合であっても、特定賃貸借契約に該当する。

002□□□ 借主が第三者に転貸する目的で賃貸借契約をする場合、転借人から受領する賃料と賃主に支払う賃料が同額であるときは、特定賃貸借契約に該当しない。

003□□□ 社宅として使用する目的で賃貸住宅を借り上げた会社が、その従業員との間で転貸借契約を締結し、転貸料を徴収して従業員を入居させる場合は、転貸料の多寡を問わず、貸主と当該会社との間の賃貸借契約は特定賃貸借契約に該当する。

004□□□ 特定の事業者の契約内容や条件等に触れずに、一般的なサブリースの仕組みの説明に留まる場合であっても、単に特定転貸事業者（サブリース業者）を紹介する行為は、賃貸住宅管理業法における「勧誘」に該当する。

005□□□ 特定転貸事業者から勧誘の委託を受けて、当該事業者との契約の内容や条件等を前提とした資産運用の企画提案を行ったり、当該契約を締結することを勧めたりする不動産業者及び金融機関は、賃貸住宅管理業法における勧誘者に該当するが、建設会社が勧誘者に該当することはない。

001 **特定賃貸借契約に該当しない。** ×

特定賃貸借契約とは、賃貸住宅の賃貸借契約であって、賃借人がその賃貸住宅を第三者に転貸する事業を営むことを目的として締結されるものをいいます(賃貸住宅管理業法2条4項)。事業を営むとは、営利の意思を持って反復継続的に転貸することをいいます。営利の意思の有無については、客観的に判断します。したがって、**個人が賃借した賃貸住宅について、事情により、一時的に第三者に転貸するような場合は、特定賃貸借契約に該当しません。**

002 **特定賃貸借契約に該当する可能性がある。** × 2022

特定賃貸借契約を根源として運用等で利益が生み出されるような事業スキームである場合等、本問のようなパススルー型において賃料やその他手数料として控除しているものが無かったとしても、その点のみをもって**直ちに営利性がないとはいえません。**したがって、特定賃貸借契約に該当する可能性はあります。

003 **特定賃貸借契約には該当しない。** × 2022

企業と従業員等との間で賃貸借契約が締結されている場合であっても、相場よりも低廉な金額を利用料として徴収する場合には、従業員等への転貸により**利益を上げることを目的とするものではなく、特定賃貸借契約には該当しません。**「転借料の多寡を問わず」ではありません。

004 **管理業法における勧誘ではない。** ×

賃貸住宅管理業法における「勧誘」とは、特定賃貸借契約の相手方となろうとする者の特定賃貸借契約を締結する意思の形成に影響を与える程度の勧め方をいいます。**契約の内容や条件等に触れずに単に事業者を紹介する行為は、これに含まれません。**

005 **建設会社も勧誘者になり得る。** ×

賃貸住宅管理業法における「勧誘者」とは、特定転貸事業者が特定賃貸借契約の締結についての勧誘を行わせる者をいい、特定の特定転貸事業者と特定の関係性を有する者であって、当該特定転貸事業者の特定賃貸借契約の締結に向けた勧誘を行う者をいいます。**建設会社**も含まれます。

006□□□　実際の周辺相場について調査していなかったが、「周辺相場より高い家賃で借り上げ」と表示したことは、特定転貸事業者が特定賃貸借契約の条件について広告をする際に禁止される行為に当たる。

007□□□　大規模修繕積立金として月々の家賃から一定額を差し引く一方、日常修繕の費用負担は賃貸人に求めない予定であったため、「修繕費負担なし」と表示したことは、特定転貸事業者が特定賃貸借契約の条件について広告をする際に禁止される行為に当たる。

008□□□　契約を解除する場合には、月額家賃の数か月分を支払う必要があるにもかかわらず、その旨を記載せずに、「いつでも借り上げ契約は解除できます」と表示したことは、特定転貸事業者が特定賃貸借契約の条件について広告をする際に禁止される行為に当たる。

009□□□　借地借家法上の賃料減額請求が可能であるにもかかわらず、その旨を表示せず、「10 年家賃保証」と表示したことは、特定転貸事業者が特定賃貸借契約の条件について広告をする際に禁止される行為に当たる。

006 **根拠のない「周辺相場より高い家賃」は誇大広告等に該当する。** ○ 2021

特定転貸事業者又は勧誘者は、特定賃貸借契約の条件について広告をするときは、特定賃貸借契約に基づき特定転貸事業者が支払うべき家賃、賃貸住宅の維持保全の実施方法、特定賃貸借契約の解除に関する事項その他の**国土交通省令で定める事項**について、著しく事実に相違する表示をし、又は実際のものよりも著しく優良であり、もしくは有利であると人を誤認させるような表示をしてはなりません（賃貸住宅管理業法 28 条）。根拠のない算出基準で算出した家賃をもとに、「周辺相場よりも当社は高く借り上げます」と表示することは、国土交通省令で定める「特定賃貸借契約の相手方に支払う家賃の額、支払期日及び支払方法等の賃貸の条件並びにその変更に関する事項」に該当し（賃貸住宅管理業法施行規則 43 条 1 号）、誇大広告等に該当します。

007 **「修繕費負担なし」といった表示は誇大広告等に該当する。** ○ 2021

オーナーが支払うべき維持保全の費用について、実際のものよりも著しく低額であるかのように誤解させるような表示については、国土交通省令で定める「賃貸住宅の維持保全に要する費用の分担に関する事項」に該当し（賃貸住宅管理業法施行規則 43 条 3 号）、**誇大広告等に該当**します。

008 **「いつでも借り上げ契約は解除できます」は誇大広告等に該当する。** ○ 2021

実際には、契約を解除する場合は、月額家賃の数か月を支払う必要があるにもかかわらず、その旨を記載せずに「いつでも借り上げ契約は解除できます」との表示は、国土交通省令で定める「特定賃貸借契約の解除に関する事項」に該当し（賃貸住宅管理業法施行規則43条4号）、**誇大広告等に該当**します。

009 **「10 年家賃保証」との表示は誇大広告等に該当する。** ○ 2021

サブリース業者がオーナーに支払う家賃の額、支払期日及び支払方法等の賃貸の条件並びにその変更に関する事項・契約期間内に定期的な家賃の見直しや借地借家法に基づきサブリース業者からの減額請求が可能であるにもかかわらず、その旨を表示せず、「○年家賃保証！」「支払い家賃は契約期間内確実に保証！一切収入が下がりません！」といった表示をして、当該期間家賃収入が保証されているかのように誤解されるような表示は、国土交通省令で定める「特定賃貸借契約の相手方に支払う家賃の額、支払期日及び支払方法等の賃貸の条件並びにその変更に関する事項」に該当し（賃貸住宅管理業法施行規則 43 条 1 号）、**誇大広告等に該当**します。

010□□□ 良好な経営実績が確保されたとの体験談を用いる広告については、「個人の感想です。経営実績を保証するものではありません。」といった打消し表示を明瞭に記載すれば、誇大広告に該当しない。

011□□□ 「家賃保証」との表示は、実際の特定賃貸借契約において定期的な家賃の見直しが予定されていないことを隣接する箇所に表示していれば、禁止される誇大広告等に該当しない。

012□□□ 特定賃貸借契約（マスターリース契約）の締結を勧誘するための訪問のアポイント取得時に一度面談を拒絶された場合であっても、1 か月以上の期間を置いて、再度アポイントを取得するために連絡して勧誘するのであれば違法とはならない。

010 **打消し表示が明瞭に記載されていても違法となり得る。** × 2022

広告に体験談を用いる場合は、賃貸住宅経営は、賃貸住宅の立地等の個別の条件が大きな影響を与えるにも関わらず、体験談を含めた表示全体から、「大多数の人がマスターリース契約を締結することで同じようなメリットを得ることができる」という認識を抱いてしまうことから、体験談とは異なる賃貸住宅経営の実績となっている事例が一定数存在する場合等には、「個人の感想です。経営実績を保証するものではありません」といった打消し表示が明瞭に記載されていたとしても、問題のある表示となるおそれがあるため、体験談を用いることは、**誇大広告になり得ます**（サブリースガイドライン）。

011 **減額されることがある旨の表示がない場合は該当する可能性がある。** × 2023

広告において「家賃保証」「空室保証」など、空室の状況にかかわらず一定期間、一定の家賃を支払うことを約束する旨等の表示を行う場合は、「家賃保証」等の文言に隣接する箇所に、定期的な家賃の見直しがある場合にはその旨及び借地借家法 32 条の規定により減額されることがあることを明確に表示する必要があります。定期的な家賃の見直しが予定されていなくても、**減額されることがある旨の表示がない場合は誇大広告に該当する可能性があります**（サブリースガイドライン）。

012 **違法となり得る。** ×

特定転貸事業者等は、特定賃貸借契約の締結の勧誘をするに際し、またはその解除を妨げるため、特定賃貸借契約の相手方または相手方となろうとする者に対し、当該特定賃貸借契約に関する事項であって特定賃貸借契約の相手方または相手方となろうとする者の判断に影響を及ぼすこととなる重要なものにつき、故意に事実を告げず、又は不実のことを告げる行為をしてはなりません（賃貸住宅管理業法 29 条 1 号）。電話勧誘または訪問勧誘などの勧誘方法、自宅または会社などの勧誘場所の如何にかかわらず、**オーナー等が「契約を締結しない旨の意思」を表示した場合には、意思表示後に再度勧誘する行為は禁止され、一度でも再勧誘行為を行えば本規定に違反します**。1 か月以上の期間を置いても同様です。

013□□□ 特定転貸事業者は、特定賃貸借契約の解除を妨げるため、特定賃貸借契約の相手方又は相手方となろうとする者に対し、当該特定賃貸借契約に関する事項であって特定賃貸借契約の相手方又は相手方となろうとする者の判断に影響を及ぼすこととなる重要なものにつき、故意に事実を告げず、又は不実のことを告げる行為をしてはならないが、実際に特定賃貸借契約の相手方が契約解除を妨げられなかった場合は、刑事罰は科せられない。

014□□□ 契約期間中であっても特定転貸事業者から契約解除の可能性があること、及び借地借家法の規定により賃貸人からの解約には正当事由が必要であることは、民法及び借地借家法に規定されていることであり、賃貸人にあえて伝えなかったとしても、刑事罰が科せられることはない。

015□□□ 特定転貸事業者は、午後9時から午前8時までの時間帯に電話勧誘又は訪問勧誘を行うことは許されず、相手方の承諾を得た場合でも同様である。

016□□□ 賃貸住宅管理業法に定める不当勧誘行為等の禁止に関し、特定転貸事業者が、賃貸人から特定賃貸借契約の解除の申出があったため、翻意を促そうと賃貸人宅を訪れたところ、賃貸人から面会を拒否されたので、「なぜ会わないのか」と声を荒げて面会を強要する行為は、禁止される。

013 **実際に妨げられたか否かは刑事罰の可否に影響しない。** ×

特定転貸事業者等は、特定賃貸借契約の締結の勧誘をするに際し、又はその解除を妨げるため、特定賃貸借契約の相手方又は相手方となろうとする者に対し、当該特定賃貸借契約に関する事項であって特定賃貸借契約の相手方又は相手方となろうとする者の判断に影響を及ぼすこととなる重要なものにつき、故意に事実を告げず、又は不実のことを告げる行為をしてはなりません（賃貸住宅管理業法 29 条 1 号）。**実際に特定賃貸借契約の相手方が契約解除を妨げられたか否かは問いません。**

014 **不当な勧誘等の禁止に該当し、刑事罰が科せられる。** ×

契約期間中であっても特定転貸事業者（サブリース業者）から契約解除の可能性があることや、借地借家法の規定により賃貸人（オーナー）からの解約には正当事由が必要であること等について、あえて伝えず、サブリース事業のメリットのみ伝えるような勧誘行為は、賃貸住宅管理業法29条に定める不当な勧誘等の禁止に該当し、**刑事罰が科せられる対象となります。**

015 **相手方の承諾があれば問題ない。** ×

特定転貸事業者は、特定賃貸借契約の締結または更新について相手方等に迷惑を覚えさせるような時間に電話または訪問により勧誘する行為をしてはなりません（賃貸住宅管理業法 29 条 2 号、同法施行規則 44 条 2 号）。「迷惑を覚えさせるような時間」とは、相手方等の職業や生活習慣等に応じ、個別に判断しますが、一般的には、**相手方等に承諾を得ている場合を除き**、特段の理由がなく午後 9 時から午前 8 時までの時間帯に電話勧誘または訪問勧誘を行うことは、本規定の勧誘に該当します。

016 **面会の強要も不当な勧誘等の禁止規定に違反する可能性がある。** ○ 2023

特定賃貸借契約を締結もしくは更新させ、または特定賃貸借契約の申込みの撤回もしくは解除を妨げるため、特定賃貸借契約の相手方または相手方となろうとする者を威迫する行為は禁止されています（賃貸住宅管理業法 29 条 2 項、同法施行規則 44 条 1 号）。この「威迫する行為」とは、脅迫とは異なり、相手方等に恐怖心を生じさせるまでは要しませんが、相手方等に不安の念を抱かせる行為をいいます。相手方に対して、「なぜ会わないのか」、「契約しないと帰さない」などと声を荒げ、面会を強要したり、拘束するなどして相手方を動揺させるような行為が該当します。

017□□□ 特定転貸事業者から明示的かつ書面により勧誘を委託されたのではなく、口頭で勧誘を依頼されたに過ぎない者は、賃貸住宅管理業法における勧誘者の規制が適用されない。

018□□□ 勧誘者が勧誘行為を第三者に再委託した場合、再委託を受けた第三者も勧誘者に該当する。

019□□□ 特定転貸事業者である親会社との間で特定賃貸借契約を結ぶよう勧める場合の子会社は、勧誘者にあたらない。

017	**勧誘者とは、明示の勧誘の委託を受けた者に限られない。** 「勧誘者」とは、特定転貸事業者が特定賃貸借契約の締結についての勧誘を行わせる者をいい、特定の特定転貸事業者と特定の関係性を有する者であって、当該特定転貸事業者の特定賃貸借契約の締結に向けた勧誘を行う者をいいます（賃貸住宅管理業法 28 条）。「特定の特定転貸事業者と特定の関係性を有する者」とは、特定転貸事業者から委託を受けて勧誘を行う者が該当するほか、明示的に勧誘を委託されてはいないが、特定転貸事業者から勧誘を行うよう依頼をされている者や、勧誘を任されている者は該当し、依頼の形式は問わず、資本関係も問いません。したがって、**口頭で勧誘を依頼されたに過ぎない場合でも勧誘者に該当する可能性があります。**	×	2023
018	**勧誘の再委託を受けた者も勧誘者に当たる。** 「勧誘者」とは、特定転貸事業者が特定賃貸借契約の締結についての勧誘を行わせる者をいい、特定の特定転貸事業者と特定の関係性を有する者であって、当該特定転貸事業者の特定賃貸借契約の締結に向けた勧誘を行う者をいいます（賃貸住宅管理業法28条）。**勧誘者が勧誘行為を第三者に再委託した場合は、その第三者も勧誘者に該当します。**	○	
019	**特定転貸事業者と勧誘者との資本関係は問わない。** 「勧誘者」とは、特定転貸事業者が特定賃貸借契約の締結についての勧誘を行わせる者をいい、特定の特定転貸事業者と特定の関係性を有する者であって、当該特定転貸事業者の特定賃貸借契約の締結に向けた勧誘を行う者をいいます（賃貸住宅管理業法 28 条）。「特定の特定転貸事業者と特定の関係性を有する者」に該当するか否かの判断について**資本関係は考慮しません**。したがって、特定転貸事業者である親会社との間で特定賃貸借契約を結ぶよう勧める場合の子会社であっても、勧誘者にあたります。	×	

020□□□ 勧誘者には不当な勧誘等が禁止されるが、誇大広告等の禁止は適用されない。

021□□□ 特定転貸事業者は、特定賃貸借契約を締結しようとするときは、特定賃貸借契約の相手方となろうとする者に対し、当該特定賃貸借契約を締結するまでに、賃貸不動産経営管理士又は宅地建物取引士をして、特定賃貸借契約の内容及びその履行に関する事項について、書面を交付して説明させなければならない。

022□□□ 特定転貸事業者が特定賃貸借契約を締結したときに賃貸人に対して交付しなければならない書面(特定賃貸借契約締結時書面)は、特定賃貸借契約を締結したときに遅滞なく交付しなければならない。

023□□□ 特定賃貸借契約の重要事項説明書(賃貸住宅管理業法第30条)には、借地借家法その他特定賃貸借契約に係る法令に関する事項の概要までは記載する必要がないが、特定賃貸借契約の締結時書面(同法第31条)には記載しなければならない。

024□□□ 特定転貸事業者が、特定賃貸借契約を締結しようとする際に行う相手方への説明(特定賃貸借契約重要事項説明)に関し、特定賃貸借契約を締結する建物所有者が当該建物を売却し、従前の建物所有者の賃貸人たる地位が同一内容によって新たな賃貸人に移転する場合、新たな賃貸人に特定賃貸借契約の内容が分かる書類を交付することが望ましい。

解答・解説

020 **誇大広告等の禁止も適用される。** ×

特定転貸事業者と共に勧誘者も行為規制の主体とされている規定は賃貸住宅管理業法28条の誇大広告等の禁止と29条の不当な勧誘等の禁止の2か条です。したがって、**勧誘者には不当な勧誘等の禁止も誇大広告等の禁止も適用があります。**

021 **説明担当者は法定されていない。** ×

特定転貸事業者は、特定賃貸借契約を締結しようとするときは、特定賃貸借契約の相手方となろうとする者（特定転貸事業者である者その他の特定賃貸借契約に係る専門的知識及び経験を有すると認められる者として国土交通省令で定めるものを除く。）に対し、当該特定賃貸借契約を締結するまでに、特定賃貸借契約の内容及びその履行に関する事項であって国土交通省令で定めるものについて、書面を交付して説明しなければなりません（賃貸住宅管理業法30条1項）。**説明担当者は、賃貸不動産経営管理士や宅地建物取引士に限定されていません。**

022 **特定賃貸借契約の締結時に遅滞なく交付しなければならない。** ○ 2022

特定転貸事業者は、特定賃貸借契約を締結したときは、当該特定賃貸借契約の相手方に対し、**遅滞なく**、法定の事項を記載した書面を交付しなければなりません（賃貸住宅管理業法31条）。

023 **説明が逆である。** ×

特定賃貸借契約の重要事項説明書（賃貸住宅管理業法30条）には、借地借家法その他特定賃貸借契約に係る法令に関する事項の概要までは記載する必要があります（同法施行規則46条14号）。それに対して、**特定賃貸借契約の締結時書面には記載する必要がありません**（同法31条）。

024 **新たな賃貸人に契約内容が分かる書類を交付することが望ましい。** ○ 2023

「特定賃貸借契約が締結されている家屋等が、契約期間中現賃貸人から売却等されることにより、賃貸人たる地位が新たな賃貸人に移転し、従前と同一内容によって当該特定賃貸借契約が承継される場合、特定転貸事業者は、賃貸人たる地位が移転することを認識した後、遅滞なく、新たな賃貸人に当該特定賃貸借契約の内容が分かる書類を交付することが望ましい。」とされています（「解釈・運用の考え方」）。

025□□□ 特定転貸事業者が地方住宅供給公社から住宅を一括して借り上げて転貸事業を行う場合であっても、賃貸住宅管理業法第 30 条に基づく重要事項説明をしなければならない。

026□□□ 特定賃貸借契約書をもって特定賃貸借契約締結時書面とすることはできるが、特定賃貸借契約書と、特定転貸事業者が賃貸住宅の維持保全について賃貸人から受託する管理受託契約書を兼ねることはできない。

027□□□ 賃貸住宅管理業法第 30 条に規定する特定賃貸借契約の締結前の重要事項説明書面には、契約期間に関する事項を記載しなければならないが、契約の類型(普通借家契約、定期借家契約)までは記載する必要がない。

028□□□ 特定転貸事業者が維持保全を行う設備について、経年劣化の修繕費用を建物所有者の負担とする場合、その旨を特定賃貸借契約重要事項説明書に記載しなければならない。

029□□□ 特定転貸事業者は、賃貸人からの中途解約について、借地借家法第 28 条の正当事由を不要とする取り決めをした場合、特定賃貸借契約の締結時に交付する書面(賃貸住宅管理業法第 31 条)に、その旨を必ず記載しなければならない。

025	**地方住宅供給公社に重要事項説明は不要である。** 特定賃貸借契約（マスターリース契約）の契約の相手方が特定転貸事業者（サブリース業者）である者その他の特定賃貸借契約に係る専門的知識及び経験を有すると認められる者である場合、重要事項に係る説明は不要となります（賃貸住宅管理業法 30 条 1 項）。具体的には、宅地建物取引業者、特定目的会社、組合、賃貸住宅に係る信託の受託者、独立行政法人都市再生機構、**地方住宅供給公社**がこれに該当します（同法施行規則 45 条）。	×	
026	**兼ねることができる。** 特定賃貸借契約と管理受託契約を1つの契約として締結する場合、管理業法第 13 条の規定に基づく書面と法第 30 条の規定に基づく書面を1つにまとめること、および、法第 14 条の規定に基づく書面と法第 31 条の規定に基づく書面を**1つにまとめることは可能**です。	×	2022
027	**契約の類型も記載する必要がある。** 賃貸住宅管理業法第 30 条に規定する特定賃貸借契約の締結前の重要事項説明書面には、契約期間等に関する事項を記載しなければなりません。具体的には、契約の始期、終期、期間および**契約の類型（普通借家契約、定期借家契約）**を記載しなければなりません。	×	
028	**重要事項説明書に記載しなければならない事項である。** 本問にあるとおり、特定転貸事業者が行う維持保全の具体的な内容や設備毎に、賃貸人と特定転貸事業者のどちらが、それぞれの維持や修繕に要する費用を負担するかについて記載し、説明しなければなりません（賃貸住宅管理業法 30 条 1 項、同法施行規則 46 条 5 号）。なお、その際、賃貸人が費用を負担する事項について誤認しないよう、例えば、設備毎に費用負担者が変わる場合や、賃貸人負担となる経年劣化や通常損耗の修繕費用など、どのような費用が賃貸人負担になるかについて具体的に記載し、説明しなければなりません。	○	2023
029	**記載事項となっていない。** 中途解約に関する事項は、特定賃貸借契約の締結時に交付する書面の**記載事項とはなっていません**（賃貸住宅管理業法 31 条）。なお、借地借家法 28 条の正当事由が少なくとも必要である旨を記載し説明するのであれば、賃貸人から賃借人に対して、解約の申入れをすることにより、契約期間中に契約を解約することができる「中途解約条項」を、特定賃貸借契約書面に追記することは可能です。そもそも、正当事由なく賃貸人側から中途解約できる旨の特約は無効となる可能性が高いといえます。	×	

030□□□ 特定転貸事業者は、特定賃貸借契約の相手方又は相手方となろうとする者の求めに応じ、業務状況調書を閲覧させなければならないが、貸借対照表や損益計算書等の経理に関する書類については閲覧義務はない。

031□□□ 国土交通大臣又は都道府県知事は、特定転貸事業者が賃貸住宅管理業法に違反した場合において特定賃貸借契約の適正化を図るため必要があると認めるときは、その特定転貸事業者に対し、当該違反の是正のための措置その他の必要な措置をとるべきことを指示することができる。

032□□□ 国土交通大臣は、特定転貸事業者が賃貸住宅管理業法 33 条に基づく指示処分に従わない場合、業務の全部若しくは一部を停止すべきことを命ずることができ、情状が特に重いときは、その旨を公表することができる。

033□□□ 特定賃貸借契約の当事者その他利害関係人は、特定賃貸借契約の適正化を図るため必要があると認めるときは、国土交通大臣に対し、その旨を申し出て、適当な措置をとるべきことを求めることができるが、利害関係を有しない者であっても弁護士であればすることができる。

034□□□ 特定賃貸借契約の適正化を図るため必要があると認めるときは、国土交通大臣に対し、その旨を申し出て、適当な措置をとるべきことを求めることができ、当該申出に理由がある場合、国土交通大臣は特定賃貸借審査委員会にその解決を命じることができる。

解答・解説

030 **貸借対照表・損益計算書等も閲覧対象である。** ×

特定転貸事業者は、特定転貸事業者の業務及び財産の状況を記載した書類を、特定賃貸借契約に関する業務を行う営業所又は事務所に備え置き、特定賃貸借契約の相手方または相手方となろうとする者の求めに応じ、閲覧させなければなりません(賃貸住宅管理業法 32 条)。「特定転貸事業者の業務及び財産の状況を記載した書類」とは、**業務状況調書、貸借対照表及び損益計算書、またはこれらに代わる書面**をいいます。

031 **都道府県知事にそのような権限はない。** ×

国土交通大臣は、特定転貸事業者が賃貸住宅管理業法 28 条から 32 条までの規定に違反した場合、または勧誘者が同法 28 条もしくは 29 条の規定に違反した場合において特定賃貸借契約の適正化を図るため必要があると認めるときは、その特定転貸事業者等に対し、当該違反の是正のための措置その他の必要な措置をとるべきことを指示することができます(賃貸住宅管理業法 33 条 1 項・2 項)。都道府県知事には指示処分する権限はありません。

032 **業務停止処分をすると必ず公表される。** ×

国土交通大臣は、特定転貸事業者が賃貸住宅管理業法 33 条の規定による指示処分に従わない場合、その特定転貸事業者に対し、1 年以内の期間を限り、特定賃貸借契約の締結について勧誘を行いもしくは勧誘者に勧誘を行わせることを停止し、またはその行う特定賃貸借契約に関する業務の全部もしくは一部を停止すべきことを命ずることができます(賃貸住宅管理業法 34 条 1 項)。国土交通大臣は、この命令をしたときは、その旨を公表しなければなりません(同条 3 項)。国土交通大臣に裁量権はありません。

033 **誰でも申し出ることができる。** ×

何人も、特定賃貸借契約の適正化を図るため必要があると認めるときは、国土交通大臣に対し、その旨を申し出て、適当な措置をとるべきことを求めることができます(賃貸住宅管理業法 35 条)。本規定に基づく申出は、**直接の利害関係者に限らず、また、個人、法人、団体を問わず、誰でも申出ができます**。弁護士に限定する規定はありません。

034 **申出制度は解決を目的とする制度ではない。** ×

申出制度は被害の拡大を防ぐための制度であり、トラブルの解決・あっせんを目的とした制度ではありません。問題文に記した**特定賃貸借審査委員会なる組織は存在しません**。

035□□□ 特定賃貸借標準契約書では、賃貸住宅内の修繕を借主が実施している場合には、転貸借契約終了時の賃貸住宅内の修繕は、貸主と協議をすることなく借主がその内容及び方法を決定することができるとされている。

036□□□ 特定賃貸借標準契約書では、転貸借契約を定期建物賃貸借にするか否かは、借主と転借人との間の合意により自由に決定することができるとされている。

037□□□ 特定賃貸借標準契約書では、転借人が賃貸借の目的物を反社会的勢力の事務所に供していた場合には、借主は、催告をすることなく、転貸借契約を解除することができるとされている。

038□□□ 特定賃貸借標準契約書では、転貸借契約から生じる転借料と転借人から交付された敷金は、借主の固有の財産及び他の貸主の財産と分別したうえで、まとめて管理することができるとされている。

039□□□ 特定賃貸借標準契約書では借主が賃貸住宅の維持保全をするに当たり、特定賃貸借契約締結時に貸主から借主に対し必要な情報の提供がなかったことにより借主に損害が生じた場合には、その損害につき貸主に負担を求めることができるとされている。

040□□□ 特定賃貸借標準契約書では、貸主が賃貸住宅の修繕を行う場合は、貸主はあらかじめ自らその旨を転借人に通知しなければならないとされている。

035	**特定賃貸借標準契約書に問題文のような規定はない。** 特定賃貸借標準契約書には、賃貸住宅内の修繕を賃借人が実施できる場合に、転貸借終了時の賃貸住宅内の修繕の内容及び方法を賃借人が決定できるという規定は存在しません。	×	2021
036	**特定賃貸借標準契約書に問題文のような規定はない。** 特定賃貸借標準契約書において転貸借契約につき定期建物賃貸借契約を賃借人と転借人との合意で自由に決定できるとはされていません(特定賃貸借標準契約書9条)。	×	2021
037	**催告することなく解除することができる。** 特定賃貸借標準契約書では、転借人が賃貸借の目的物を反社会的勢力の事務所に供していた場合には、借主は、催告をすることなく、転貸借契約を解除することができるとされています(特定賃貸借契約標準契約書18条4項)。	○	2021
038	**転借料に関して分別管理を義務付ける規定は存在しない。** 特定転貸事業者は、転貸借契約から生じる転借人の債務の担保として**転借人から交付された敷金について**、頭書(9)に記載するとおり、整然と管理する方法により、自己の固有財産及び他の賃貸人の財産と分別して管理しなければなりません(特定賃貸借標準契約書 9 条 3 項)。**転借料に関して分別管理を義務付ける規定は存在しません。**	×	2021
039	**貸主に負担を求めることはできる。** 特定賃貸借標準契約書 10 条 6 項は、「甲(貸主)が、第 5 項に定める必要な情報(管理業務を行うために必要な情報)を提供せず、又は、前項に定める必要な措置(情報の提供)をとらず、そのために生じた乙(サブリース業者)の損害は、甲が負担するものとする」旨を定めています。これは、貸主が借主であるサブリース業者に適切な情報を提供しなかった場合に、サブリース業者が不要な支出をせざるを得なくなること等を考慮したものです。なお、サブリース業者が維持保全を一切行わない場合は本条は不要です。	○	2021
040	**通知は貸主が自ら行うのではなくサブリース業者を通じて行う。** 特定賃貸借標準契約書 11 条 4 項は、「甲(貸主)が修繕を行う場合は、甲は、あらかじめ乙(サブリース業者)を通じて、その旨を転借人に通知しなければならない。この場合において、甲は、転借人が拒否する正当な理由がある場合をのぞき、当該修繕を行うことができるものとする」旨を定めています。通知は、貸主が自ら行うのではなく、**サブリース業者を通じて行います。**	×	2021

041□□□　特定賃貸借標準契約書では、賃貸住宅の修繕に係る費用については、借主又は転借人の責めに帰すべき事由によって必要となったもの以外であっても貸主に請求できないものがあるとされている。

042□□□　特定賃貸借標準契約書では、借主が行う賃貸住宅の維持保全の内容及び借主の連絡先については、転借人に対し、書面又は電磁的方法による通知をしなければならないとされている。

043□□□　特定転貸事業者は、特定賃貸借標準契約書によれば、貸主との合意に基づき定めた期日において、賃貸住宅の維持保全の実施状況や転貸条件の遵守状況、転借人からの転借料の収納状況について、貸主に対し書面を交付して定期報告を行わなければならない。

044□□□　特定賃貸借標準契約書（国土交通省不動産・建設経済局令和 3 年 4 月 23 日更新）に準拠して特定賃貸借契約を締結した場合に、借主は、建物の維持保全の実施状況について、貸主と合意した頻度で報告の期日を定めた場合は、それ以外の時期に貸主から求められても実施状況について報告する必要はない。

045□□□　特定転貸事業者は、特定賃貸借標準契約書によれば、修繕を必要とする箇所を発見した場合、それが緊急を要する状況ではなかったときには、定期報告において貸主に書面を交付して報告を行うことができる。

041	**貸主に費用を請求できない場合がある。** 特定賃貸借標準契約書 11 条 2 項は、「甲（貸主）は、乙（サブリース業者）が本物件を使用するために必要な修繕を行わなければならない。ただし、頭書(6)で乙が実施するとされている修繕と、乙の責めに帰すべき事由（転借人の責めに帰すべき事由を含む。）によって必要となった修繕はその限りではない」旨を定めています。借主又は転借人の責めに帰すべき事由によって必要となったもの以外でも、**頭書(6)でサブリース業者が実施するとされている修繕は貸主に請求できません。**なお、頭書(6)には、サブリース業者が行う維持保全の実施方法実施について、その箇所・内容・頻度・委託先等を記載する欄があります。	○	2021
042	**転借人に対して通知をしなければならない。** 特定賃貸借標準契約書 12 条は、「乙（サブリース業者）は、頭書(1)の賃貸住宅について自らを転貸人とする転貸借契約を締結したときは、転借人に対し、遅滞なく、頭書(6)に記載する維持保全の内容及び乙の連絡先を記載した書面又は電磁的方法により通知するものとする」旨を定めています。	○	2021
043	**報告を書面ですることまでは定めていない。** 特定賃貸借標準契約書 13 条 1 項は、「乙（サブリース業者）は、甲（貸主）と合意に基づき定めた期日に、甲と合意した頻度に基づき定期に、甲に対し、維持保全の実施状況の報告をするものとする。この場合の報告の対象には、頭書(8)に記載する転貸の条件の遵守状況を含むものとする」旨を定めています。しかし、**その報告の方法を書面に限定する旨の記述はありません。**したがって、書面を交付して定期報告を行わなければならないわけではありません。	×	2021
044	**貸主は必要に応じ維持保全の実施状況の報告を求めることができる。** 特定賃貸借標準契約書 13 条 2 項は、「前項の規定による報告（維持保全の実施状況の報告）のほか、甲（貸主）は、必要があると認めるときは、乙（サブリース業者）に対し、維持保全の実施状況に関して報告を求めることができる」旨を定めています。	×	2023
045	**急を要しない場合でも速やかに通知する義務がある。** 特定賃貸借標準契約書 11 条 5 項は、「乙（サブリース業者）は、修繕が必要な箇所を発見した場合には、その旨を速やかに甲（貸主）に通知し、修繕の必要性を協議するものとする。その通知が遅れて甲に損害が生じたときは、乙はこれを賠償する」旨を定めています。したがって、緊急を要する状況ではなかった場合でも、速やかに通知しなければならず、定期報告で行うことができるものではありません。	×	2021

046□□□ 特定転貸事業者は、特定賃貸借標準契約書によれば、自然災害が発生し緊急に修繕を行う必要が生じたため、貸主の承認を受ける時間的な余裕がなく、承認を受けずに当該業務を実施したときは、貸主への報告をする必要はない。

047□□□ 特定賃貸借契約締結時書面は、特定賃貸借契約と同時に賃貸人に交付する必要はない。

048□□□ 特定転貸事業者が特定賃貸借契約を更新する際、賃貸人に支払う家賃を減額するのみでその他の条件に変更がなければ、特定賃貸借契約締結時書面の交付は不要である。

049□□□ 特定賃貸借契約締結時書面に記載すべき事項を電磁的方法により提供する場合、あらかじめ相手方の承諾を得なければならない。

050□□□ 特定転貸事業者が特定賃貸借契約締結時書面の交付を怠った場合、50 万円以下の罰金に処される場合がある。

046	**速やかに書面で通知しなければならない。** 特定賃貸借標準契約書11条7項は、「サブリース業者は災害または事故等の事由により、緊急に行う必要がある業務で、甲（貸主）の承認を受ける時間的な余裕がないものについては、甲の承認を受けないで実施することができる。この場合において、乙は、**速やかに書面をもって、その業務の内容及びその実施に要した費用の額を甲に通知しなければならない**」旨を定めています。	×	2021
047	**契約後に遅滞なく交付すればよい。** 特定転貸事業者は、特定賃貸借契約を締結したときは、当該特定賃貸借契約の相手方に対し、**遅滞なく**、法定の事項を記載した書面を交付しなければなりません（賃貸住宅管理業法31条1項）。したがって、特定賃貸借契約と同時に交付する必要はありません。	○	2021
048	**家賃に関する事項を変更する場合は書面の交付が必要。** 契約を更新する際に、「特定賃貸借契約の相手方に支払う家賃その他賃貸の条件に関する事項」に変更がある場合、特定賃貸借契約締結時書面の**交付が必要**です（賃貸住宅管理業法31条1項2号）。家賃の減額はこれに該当します。したがって、特定転貸事業者は、特定賃貸借契約締結時書面を更新時に交付しなければなりません。なお、契約の同一性を保ったままで契約期間のみを延長することや、組織運営に変更のない商号又は名称等の変更等、形式的な変更と認められる場合は交付義務はありません。	×	2021
049	**相手方の承諾を得れば、電磁的方法による提供をすることができる。** 特定転貸事業者は、特定賃貸借契約の交付に代えて、**当該特定賃貸借契約の相手方となろうとする者の承諾を得て**、当該書面に記載すべき事項を電磁的方法により提供することができます（賃貸住宅管理業法31条2項）。	○	2021
050	**交付を怠った場合は罰金に処される場合がある。** 特定転貸事業者が特定賃貸借契約締結時書面の交付を怠った場合、50万円以下の罰金に処される場合があります（賃貸住宅管理業法43条）。	○	2021

051□□□　特定賃貸借契約の対象となる賃貸住宅の面積は、特定転貸事業者が特定賃貸借契約を締結しようとするときに契約の相手方になろうとする者に説明しなければならない事項である。

052□□□　特定賃貸借契約の相手方に支払う家賃の設定根拠は、特定転貸事業者が特定賃貸借契約を締結しようとするときに契約の相手方になろうとする者に説明しなければならない事項である。

053□□□　特定賃貸借契約の相手方に支払う敷金がある場合のその額は、特定転貸事業者が特定賃貸借契約を締結しようとするときに契約の相手方になろうとする者に説明しなければならない事項である。

051 **賃貸住宅の面積は説明しなければならない。** ○ 2021

特定転貸事業者は、特定賃貸借契約を締結しようとするときは、特定賃貸借契約の相手方となろうとする者（特定転貸事業者である者その他の特定賃貸借契約に係る専門的知識及び経験を有すると認められる者として国土交通省令で定めるものを除く。）に対し、当該特定賃貸借契約を締結するまでに、特定賃貸借契約の内容及びその履行に関する事項であって国土交通省令で定めるものについて、**書面を交付して説明**しなければなりません（賃貸住宅管理業法 30 条 1 項）。「特定賃貸借契約の対象となる賃貸住宅の面積」は説明する事項に含まれます（賃貸住宅管理業法施行規則 46 条 2 号）。なお、これに関連して、特定賃貸借契約の対象となる賃貸住宅の所在地、物件の名称、構造、面積、住戸部分（部屋番号、住戸内の設備等）、その他の部分（廊下、階段、エントランス等）、建物設備（ガス、上水道、下水道、エレベーター等）、附属設備等（駐車場、自転車置き場等）等について記載し、説明することが求められています。

052 **家賃の設定根拠は説明しなければならない。** ○ 2021

「特定賃貸借契約の相手方に支払う家賃の設定根拠」は説明する事項に含まれます（賃貸住宅管理業法施行規則 46 条 3 号）。なお、家賃の設定根拠については、近傍同種の家賃相場を示すなどして記載の上、説明しなければなりません。

053 **敷金の額は説明しなければならない。** ○ 2021

「特定賃貸借契約の相手方に支払う敷金がある場合はその額」は説明する事項に含まれます（賃貸住宅管理業法施行規則 46 条 3 号）。なお、ガイドラインでは、特定転貸事業者が賃貸人に支払う家賃の額、家賃の設定根拠、支払期限、支払い方法、家賃改定日等について記載し、説明すること（**家賃の他、敷金がある場合も同様とする**）と記述されています。

054□□□ 特定転貸事業者が賃貸住宅の維持保全を行う回数や頻度は、特定転貸事業者が特定賃貸借契約を締結しようとするときに契約の相手方になろうとする者に説明しなければならない事項である。

055□□□ 特定転貸事業者が、特定賃貸借契約を締結しようとする際に行う相手方への説明の前に管理業法第 30 条に規定する特定賃貸借契約重要事項説明書等を送付しておき、送付から一定期間後に説明を実施した上で速やかに契約書を取り交わすことは適切である。

056□□□ 特定転貸事業者が、これから特定賃貸借契約を締結しようとする相手方とは、既に別の賃貸住宅について特定賃貸借契約を締結していたため、その契約と同じ内容については特定賃貸借契約重要事項説明書への記載を省略したことは、適切である。

057□□□ 特定賃貸借契約を締結しようとする際に行う相手方への説明を、賃貸不動産経営管理士の資格を有しない従業者に行わせたことは違法ではない。

058□□□ 賃貸住宅の修繕は、特定転貸事業者が指定した業者に施工させなければならないという条件を契約に盛り込むこととし、その旨を特定賃貸借契約重要事項説明書を交付して説明したことは適切である。

054	**賃貸住宅の維持保全を行う回数や頻度は説明しなければならない。** 「特定転貸事業者が賃貸住宅の維持保全を行う回数や頻度」は説明する事項に含まれます（賃貸住宅管理業法施行規則 46 条 4 号）。なお、特定転貸事業者が行う同法 2 条 2 項の規定の維持保全の内容について、回数や頻度を明示して可能な限り具体的に記載し、説明しなければなりません。	○ 2021
055	**説明から契約締結までに1週間程度の期間をおくことが望ましい。** 重要事項説明については、特定賃貸借契約の相手方となろうとする者が契約内容とリスク事項を十分に理解した上で契約を締結できるよう、説明から契約締結までに 1 週間程度の期間をおくことが望ましいとされています。	○ 2021
056	**相手方に一定の知識があっても省略できない。** 重要事項説明の相手方が特定賃貸借契約について一定の知識や経験があったとしても、法定の事項を書面に記載し、十分な説明をする必要があります。したがって、既に別の賃貸住宅について特定賃貸借契約を締結していた場合でも、特定賃貸借契約重要事項説明書への記載を省略できません。	× 2021
057	**重要事項説明を実際に行う者の資格要件はない。** 重要事項説明は、特定転貸事業者自らが行う必要がありますが、実際に説明を担当する者の資格要件はありません。ただし、一定の実務経験を有する者や賃貸不動産経営管理士等、専門的な知識及び経験を有する者によって行われることが望ましいとはされています。	○ 2021
058	**修繕を指定業者に施工させる条件は重要事項説明の対象である。** 賃貸住宅の修繕は、特定転貸事業者が指定した業者に施工させなければならないという条件を契約に盛り込む場合は、必ずその旨を重要事項説明書に記載し、説明しなければなりません（賃貸住宅管理業法 30 条 1 項、同規則 46 条 5 号）。	○ 2021

第４章　監督処分・罰則等

重要度▶C

監督処分については登録制度と特定賃貸借でそれぞれ異なる内容になっており、その違いを丁寧に暗記する必要があります。
参考書「要点整理」参照ページP. 104～

001□□□　賃貸住宅管理業の登録を受けている業者が、賃貸住宅管理業法第 23 条に基づく業務停止命令に違反して業務を継続し続けた場合、登録の取消処分を受けるだけでなく、6 月以下の懲役又は 50 万円以下の罰金に処せられることもある。

002□□□　国土交通大臣は、賃貸住宅管理業者が登録を受けてから 1 年以内に業務を開始せず、又は引き続き 1 年以上業務を行っていないと認めるときは、その登録を取り消すことができる。

003□□□　賃貸住宅管理業者の従業者が、正当な理由なく、賃貸住宅管理業の業務を補助したことについて知り得た秘密を他に漏らした場合、当該従業者に刑事罰が科せられることはあっても、当該業者が処罰されることはない。

004□□□　勧誘者であるA法人（代表者 B）は特定転貸事業者であるC法人から委託を受けて特定賃貸借契約の勧誘を行っている。勧誘者であるA法人の従業員D が、自己の判断により、特定賃貸借契約の相手方となろうとする者に対し、故意に不実のことを告げるという管理業法第 29 条第 1 号に違反する行為を行った場合、C法人が罰金に処せられることはない。

解答・解説

001 **業務停止処分に違反すると登録取消処分刑事罰になる。** ○
国土交通大臣による業務停止命令に違反すると、登録取消処分になる可能性があるとともに(賃貸住宅管理業法 23 条 1 項 3 号)、6 月以下の懲役または 50 万円以下の罰金に処せられる可能性もあります(同法 42 条 1 号)。

002 **その登録を取り消すことができる。** ○ 2023
国土交通大臣は、賃貸住宅管理業者が登録を受けてから 1 年以内に**業務を開始せず、または引き続き 1 年以上業務を行っていないと認める**ときは、その登録を取り消すことができます(賃貸住宅管理業法 23 条 2 項)。

003 **両者ともに処罰される。** ×
賃貸住宅管理業者の従業者が、正当な理由なく、賃貸住宅管理業の業務を補助したことについて知り得た秘密を他に漏らした場合は、30 万円以下の罰金に処せられます(賃貸住宅管理業法 44 条 7 号)。また、従業者が、勤務する賃貸管理業者の業務に関し、この違反行為をした場合は、**当該業者も同様の刑事罰に処せられます**(同法 45 条)。

004 **C 法人が罰金に処せられる根拠はない。** ○ 2022
勧誘者であるＡ法人の従業員Ｄが違反行為を行った場合は同法 45 条によってＡ法人が罰金に処せられる可能性がありますが、**C 法人が罰金に処せられる根拠はありません。**

005□□□　国土交通大臣は、特定転貸事業者が国土交通大臣の指示に従わない場合でも、特定賃貸借契約に関する業務の全部の停止を命じることはできない。

006□□□　勧誘者が不当な勧誘等の禁止に違反した場合、特定転貸事業者が監督処分を受けることがある。

007□□□　国土交通大臣は、特定転貸事業者が誇大広告等の禁止に違反した場合、違反の是正のための措置をとるべきことを指示できることがある。

008□□□　国土交通大臣は、特定転貸事業者に対し業務停止の命令をしたときは、その旨を公表しなければならない。

005	**全部の停止を命じることができる。** 国土交通大臣は、特定転貸事業者や勧誘者が一定の違反行為をした場合(勧誘者については賃貸住宅管理業法28条の誇大広告等の禁止規定又は 29 条の不当な勧誘等の禁止規定のみ)、特定賃貸借契約の適正化を図るため特に必要があると認めるとき、又は**特定転貸事業者が指示に従わないとき**は、その特定転貸事業者に対し、1 年以内の期間を限り、特定賃貸借契約の締結について勧誘を行いもしくは勧誘者に勧誘を行わせることを停止し、又はその行う特定賃貸借契約に関する業務の**全部**もしくは**一部**を停止すべきことを命ずることができます(賃貸住宅管理業法 34 条 1 項)。したがって、**業務の全部の停止を命じること**もできます。	×	2021
006	**勧誘者による不当勧誘等禁止の違反も監督処分の対象である。** 国土交通大臣は、勧誘者が賃貸住宅管理業法 28 条(誇大広告等の禁止)又は 29 条の規定(不当な勧誘等の禁止)に違反した場合において特定賃貸借契約の適正化を図るため必要があると認めるときは、**その特定転貸事業者に対し**、当該違反の是正のための措置その他の必要な措置をとるべきことを指示したり、1 年以内の期間を限り、特定賃貸借契約の締結について勧誘を行いもしくは勧誘者に勧誘を行わせることを停止し、又はその行う特定賃貸借契約に関する業務の全部もしくは一部を停止すべきことを命ずることができます(賃貸住宅管理業法 33 条 1 項・34 条 1 項)。したがって、特定転貸事業者が監督処分を受けることがあります。	○	2021
007	**特定転貸事業者による誇大広告等禁止の違反は監督処分の対象。** 国土交通大臣は、特定転貸事業者が賃貸住宅管理業法 28 条に定める誇大広告等の禁止規定に違反した場合において、特定賃貸借契約の適正化を図るため必要があると認めるときは、その特定転貸事業者に対し、当該違反の是正のための措置その他の**必要な措置**をとるべきことを指示することができます(賃貸住宅管理業法 33 条 1 項)。	○	2021
008	**業務停止の命令をしたときは、その旨を公表しなければならない。** 国土交通大臣は、特定転貸事業者に対し業務停止の命令をしたときは、その旨を**公表**しなければなりません(賃貸住宅管理業法 34 条 3 項)。	○	2021

第5章　賃貸不動産経営管理士

重要度▶A

賃貸管理士の管理業法上の立ち位置が重要です。また、「倫理憲章」はよく出題されています。必ず一読しておきましょう。
参考書「要点整理」参照ページP.109～

001□□□　賃貸不動産経営管理士は賃貸不動産所有者、居住者、投資家等のステークホルダーおよび賃貸管理業界との間に確かな信頼関係を構築することにより、その社会的使命を全うする役割を担っている。

002□□□　賃貸不動産経営管理士「倫理憲章」において、賃貸不動産経営管理士は、公共的使命を常に自覚し、公正な業務を通して、公共の福祉に貢献しなければならない。

003□□□　法令の遵守と信用保持に関しては、賃貸不動産管理業界全体の社会的信用より自己の所属する管理業者の信用獲得を優先し、自己の所属する管理業者に対する社会的信用を傷つける行為や社会通念上好ましくないと思われる行為を特に慎むべきである。

004□□□　信義誠実の義務に関しては、自己の所属する管理業者の直接の依頼者に対してはもちろんのこと、他の関係者に対しても、同様に、信義に従い、誠実に対応することが必要である。

005□□□　賃貸不動産経営管理士が賃貸不動産経営に関与するに当たっては、依頼者である賃貸不動産の所有者が不動産を売却して利益の確定を図る場合のように、依頼者の一時点での利益の確定及びその最大化を求めなければならない。

解答・解説

001	**その社会的使命を全うする役割を担っている。** 倫理憲章の前文に記されています。なお、倫理憲章は、単なる業務倫理にとどまらず、賃貸不動産経営管理士として相応しくない行為をしたときは、処分の対象になるという強い規範性を有しています。	○
002	**公共の福祉に貢献しなければならない。** 賃貸不動産経営管理士は、特定の私人の利益に資するというだけではなく、広く公共的使命を有し、**公共の福祉に貢献する存在**でなければなりません（倫理憲章１条）。	○ 2018
003	**管理業全体において社会通念上好ましくない行為を慎む。** 賃貸不動産経営管理士は関係する法令とルールを遵守し、賃貸不動産管理業に対する社会的信用を傷つけるような行為、および**社会通念上好ましくないと思われる行為**を厳に慎まなければなりません（倫理憲章２条）。この社会的信用は、文字通り、**自己の所属する管理業者という狭い範囲のものではなく、賃貸不動産管理業全体の信用を意味します。**	× 2019
004	**すべての関係者に対し信義に従い誠実に職務を執行する。** その業務遂行を通じて賃貸不動産をめぐるすべての関係者の満足度を最大化することが求められているので、直接の依頼者に対しては契約関係の当事者として信義誠実の義務を負っていることはもちろんのこと、**その他の関係者に対しても、同様に、信義に従い、誠実に対応すること**が必要です。	○ 2019
005	**長期間にわたり利益の保持と資産価値の維持保全を図る。** 賃貸不動産の経営・管理は、売買等のように、依頼者の一時点での利益の確定およびその最大化が求められるのではなく、その物件が存在する限り、あるいはその後（建替え等）も含めて**長期間にわたり**利益を保持し、資産価値の維持保全を図ることが求められるのが一般的です。	× 2015

006□□□ 賃貸不動産経営管理士は、賃貸不動産管理業務に関する範囲内の法令上の知識の習得に努めれば足り、自らの能力を超える知識の習得に努めることは、管理業務の専門家として相応しくない。

007□□□ 賃貸不動産経営管理士は、業務を引き受ける際には、業務を第三者に再委託することができるかどうかを考える前に、その内容が自らの能力や知識で対応し得るものか否かを十分に精査する必要がある。

008□□□ 秘密を守る義務に関しては、自己の所属する管理業者を退職して、当該賃貸不動産の管理に携わらなくなった後も、引き続き負うべきものである。

009□□□ 賃貸不動産経営管理士試験に合格した場合は自動的に国土交通大臣への登録がされ、賃貸不動産経営管理士証が交付される。

010□□□ 賃貸人に対する管理受託契約時の重要事項説明書の説明と記名押印業務は、賃貸住宅管理業者登録制度において賃貸不動産経営管理士が行うべきものとされている。

011□□ 賃貸借契約の終了に係る業務は、賃貸住宅管理業者登録制度により賃貸住宅管理業者の管理業務を行う場合に、業務管理者に選任された賃貸不動産経営管理士が行うべき業務に含まれない。

006	**賃貸管理士はあらゆる機会を活用して資質の向上を図る。** 賃貸不動産経営管理士はあらゆる機会を活用し、賃貸不動産管理業務に関する広範で高度な知識の習得に努め、不断の研鑽により常に能力、資質の向上を図り、管理業務の専門家として高い専門性を発揮するよう努力しなければなりません（倫理憲章 5 条）。	×	
007	**管理士は業務に関して十分に精査する必要がある。** 賃貸不動産経営管理士は、自らの能力や知識を超える業務の引き受けは避けなければなりません（倫理憲章 6 条）。したがって、業務を引き受ける際には、その内容が自らの能力や知識で対応し得るものかを**十分に精査する必要があります。**	○	2015
008	**賃貸不動産の管理に携わらなくなった後も同様の義務を負う。** 賃貸不動産経営管理士は、職務上知り得た秘密を正当な理由なく他に漏らしてはなりません。その職務に携わらなくなった後も同様です（倫理憲章 7 条）。	○	2019
009	**自動的に登録・管理士証の交付がされるのではない。** 試験合格後に登録の手続をする必要があります。また、**賃貸不動産経営管理士証の交付も申請が必要です。**	×	
010	**賃貸不動産経営管理士が行うべきものとはされていない。** **賃貸住宅管理業者**は、管理受託契約を締結しようとするときは、管理業務を委託しようとする賃貸住宅の賃貸人（賃貸住宅管理業者である者その他の管理業務に係る専門的知識及び経験を有すると認められる者として国土交通省令で定めるものを除く。）に対し、当該管理受託契約を締結するまでに、管理受託契約の内容及びその履行に関する事項であって国土交通省令で定めるものについて、書面を交付して説明しなければなりません（賃貸住宅管理業法 13 条 1 項）。**説明担当者は限定されていません。**また、**記名押印については義務付けられていません。**	×	2017
011	**賃貸不動産経営管理士が行うべきものとはされていない。** 「賃貸借契約の終了に係る業務」は業務管理者に選任された賃貸不動産経営管理士に義務付けられていません。	○	2019

012□□□ 「家賃、敷金等の受領に係る業務」は、賃貸住宅管理業者登録制度において賃貸不動産経営管理士が行うべきものとされている。

013□□□ 家賃、敷金、共益費その他の金銭の管理、帳簿の備え付け、秘密保持に関する事項については、業務管理者に選任された賃貸不動産経営管理士が自ら行うことが賃貸住宅管理業法で義務付けられている。

014□□□ 家賃等の滞納の事実をインターネット上の公開の場で公表することは認められていないが、賃貸不動産経営管理士であれば、自らの氏名と所属を明らかにした上で、当該滞納の事実を公開することは、賃料回収の手段として妥当である。

015□□□ 賃貸借契約の更新に係る業務は、賃貸住宅管理業者登録制度により賃貸住宅管理業者の管理業務を行う場合に、業務管理者に選任された賃貸不動産経営管理士が行うべき業務に含まれない。

016□□□ 賃貸不動産経営管理士が勤務する宅地建物取引業者は、賃貸管理業の登録業者ではなくても、賃貸借契約終了に関する業務を当該賃貸不動産経営管理士に命じなければならない。

017□□□ 賃貸借契約の終了に係る業務に関する賃貸不動産経営管理士の役割については登録制度に根拠規定はないが、専門家として主導的役割を果たすことが期待されている。

012 **賃貸管理士に義務付けられた業務ではない。** × 2017
「家賃、敷金等の受領に係る業務」は、委託に係る賃貸住宅の維持保全を行う業務と併せて行う場合は、賃貸住宅管理業者が行うべき管理業務に該当しますが(賃貸住宅管理業法2条2項)、賃貸不動産経営管理士がその業務を担当すべき旨は法定されていません。

013 **選任された賃貸管理士が自ら行う義務があるわけではない。** × 2023
賃貸住宅管理業者は、業務管理者を選任して、国土交通省令で定める事項についての**管理及び監督**に関する事務を行わせなければなりません(賃貸住宅管理業法12条1項)。この国土交通省令の中には、「管理業務として行う賃貸住宅の維持保全の実施に関する事項及び賃貸住宅に係る家賃、敷金、共益費その他の金銭の管理に関する事項」が定められています(同法施行規則13条3号)。したがって、業務管理者に選任された賃貸管理士であれば管理及び監督する義務を負いますが、自ら**行う義務**があるわけではありません。

014 **滞納の事実の公表は賃料回収の手段として妥当な行為ではない。** ×
公序良俗、プライバシー等の観点から、家賃等の滞納の事実をインターネット上で公表することは、行うべきではありません。**賃貸不動産経営管理士であるからといって許されません。**

015 **業務管理者に選任された賃貸管理士が行うべき業務に含まれない。** ○ 2019
業務管理者に選任された賃貸不動産経営管理士に賃貸借契約の更新手続をさせなければならない旨の規定は存在しません。なお、賃貸役関係の適正化を図るため、賃貸不動産経営管理士が**積極的に関わることが求められています。**

016 **宅建業者が命じて行わせる義務はない。** ×
管理業者が登録業者ではない場合であっても、賃貸不動産経営管理士には登録制度に則った管理業務が期待されています。しかし、**命令する義務はありません。**

017 **賃貸管理士は専門家として役割を果たすことが期待される。** ○
登録制度では、賃貸借契約の終了に係る業務における賃貸不動産経営管理士の役割等は明記されていません。しかし、専門家である賃貸不動産経営管理士が主導的役割を果たすことが**期待されています。**

018□□□　賃貸不動産経営管理士は、管理業者の従業員であったとしても、プロフェッションとしての独立したポジションが求められるから、所属する管理業者が、賃貸不動産経営管理士として取るべきではない管理業務の手法を取ろうとしたときには、コンプライアンスに従った対応を取るように、求めなければならない。

019□□□　賃貸不動産経営管理士は、相手方の利益に資する一方で、委託者の利益に反する行為や反するおそれのある行為等の利益相反行為をしてはならない。

020□□□　賃貸不動産経営管理士は、公共性を有する立場ではあっても私人であることから、その職務について憲法の人権規定が適用されることはなく、勤務する管理業者及び貸主の利益の最大化を図るため、国籍・年齢・障害等により入居者を選別することは許される。

021□□□　賃貸不動産経営管理士は、賃貸不動産の経営管理の専門家として、重要な政策課題や新しい賃貸住宅の活用のあり方につき、所属する管理業者に助言をして制度設計を進め、実際の業務の管理監督や実施を担うなど、当該課題の解決等に向けて積極的に関与することがその役割として期待されている。

022□□□　賃貸不動産経営管理士は、「住宅確保要配慮者に対する賃貸住宅の供給の促進に関する法律」を踏まえ、住宅扶助費の代理納付制度や残置物の取扱いに係る契約上の取扱いなどを貸主に対して説明して理解を求め、住宅確保要配慮者が安心して暮らせる賃貸住宅の提供に役割を果たすことが期待されている。

023□□□　賃貸不動産経営管理士は業務管理者として、管理受託契約重要事項説明書の交付、維持保全の実施、家賃、敷金、共益費その他の金銭の管理、帳簿の備付け、貸主に対する定期報告、入居者からの苦情の処理に関する事項等を自ら実施する役割を担っている。

018	**独立したポジションでのコンプライアンスが求められる。** 賃貸不動産経営管理士としてのコンプライアンス等に基づけば採るべきではない管理業務の手法(明渡しの実現等)につき、賃貸人や所属する管理業者が行おうとした場合には、その非を正確な法令知識等に基づき指摘し、**コンプライアンス等にしたがった対応を実現するよう求めること**が期待されています(倫理憲章2条)。	○	2015
019	**賃貸管理士の利益相反行為は禁止されている。** 管理業者と委託者との利益が相反する場合で、委託者の承諾を得られないときは**無権代理行為とみなされる**ので(民法108条2項)、賃貸管理士も、管理業者の一員として、利益相反行為をしてはなりません。	○	
020	**入居者を国籍・年齢・障害等で差別することは許されない。** 賃貸不動産経営管理士は、日ごろから人権問題に関心を持ち、**在日外国人・高齢者・障害者であることを理由に差別することはしてはなりません**。なお、私人に憲法の人権規定は直接には適用されませんが、民法の不法行為や公序良俗違反として損害賠償責任を負うことはあります。	×	
021	**設問の記述のとおりである。** 賃貸管理士は、賃貸不動産の経営管理の専門家として、重要な政策課題や新しい賃貸住宅の活用のあり方につき、所属する管理業者に助言をして制度設計を進め、実際の業務の管理監督や実施を担うなど、当該課題の解決等に向けて**積極的に関与する役割**を期待されています。	○	2022
022	**設問の記述のとおりである。** 賃貸管理士は、「**住宅確保要配慮者に対する賃貸住宅の供給の促進に関する法律**」を踏まえ、住宅扶助費の代理納付制度や残置物の取扱いに係る契約上の取扱いなどを貸主に対して説明して理解を求め、住宅確保要配慮者が安心して暮らせる賃貸住宅の提供に役割を果たすことを期待されています。	○	2022
023	**法的には自ら実施する役割までは担っていない。** 賃貸不動産経営管理士が業務管理者として、管理受託契約締結前の重要事項説明や契約時の書面交付等の一定の事項についての**管理及び監督に関する事務を行う役割を担います**(賃貸住宅管理業法12条1項)。	×	2021

024□□□ 賃貸不動産経営管理士は、宅地建物取引業者が媒介や代理をしないサブリース方式の転貸借契約において、宅地建物取引業法に準じ、転借人に対して契約締結前の重要事項説明や契約成立時の書面の交付を行うことが期待される。

025□□□ 賃貸不動産経営管理士は、不動産をめぐる新たな政策課題や賃貸不動産の活用方式の普及に積極的に協力して取り組み、不動産政策の推進とそれに伴う国民生活の安定向上に貢献することが求められる。

026□□□ 賃貸不動産経営管理士は、所属する賃貸住宅管理業者の積極的な指示がある場合に限り、重要な政策課題や新しい賃貸住宅の活用のあり方について制度設計を進め、実際の業務の管理及び監督や実施を担う等により、課題解決に関与する。

027□□□ 賃貸不動産経営管理士が有する賃貸借契約や賃貸不動産管理に関する専門性は、住宅宿泊事業で必要となる専門性と親和性があることから、賃貸不動産経営管理士は、住宅宿泊事業における専門家としての役割を担う資質と能力を有している。

024	**直接の規定はないが転借人の利益の保護をも期待される。** 転貸借については、賃貸住宅管理業法も宅地建物取引業法も、登録業者や免許業者が関わらなければならない旨の直接の規定を置いていません。しかし、賃貸住宅管理業法は「賃貸住宅の入居者の居住の安定の確保及び賃貸住宅の賃貸に係る事業の公正かつ円滑な実施を図る」ことを目的としています（第１条）。そこで、賃貸管理士は、宅建業者が媒介や代理をしないサブリース方式の転貸借契約において、転借人に対して契約締結前の重要事項説明や契約成立時の書面の交付を行うことが期待されています。	○ 2021
025	**不動産政策の推進や国民生活の安定向上への貢献を求められる。** 賃貸不動産経営管理士は、不動産をめぐる新たな政策課題（一人暮らし高齢者の増加や住宅セーフティネットの整備等）や賃貸不動産の活用方式（住宅宿泊事業や空き家の賃貸物件化等）の普及に積極的に協力して取り組み、不動産政策の推進とそれに伴う国民生活の安定向上に貢献することが求められています。これは、賃貸不動産管理業の公益性・公共性の観点からも大変重要であるといわれています。	○ 2021
026	**積極的な指示がある場合に限らない。** 賃貸不動産経営管理士には、賃貸不動産経営・管理の専門家として、重要な政策課題や新しい賃貸住宅の活用のあり方等につき、所属する管理業者に助言をし、制度設計を進め、実際の業務の管理及び監督または実施を担う等、当該課題の解決に向けて積極的に関与することが期待されています。所属する賃貸住宅管理業者の積極的な指示がある場合に限られるわけではありません。	× 2021
027	**住宅宿泊事業に関する資質と能力がある。** 賃貸不動産経営管理士が有する賃貸借契約や賃貸不動産管理に関する専門性は、住宅宿泊事業で必要となる専門性と親和性があることから、賃貸不動産経営管理士は、住宅宿泊事業における専門家としての役割を担う資質と能力を有していると考えられています。	○ 2021

028□□□ 賃貸不動産経営管理士は、空き家所有者に対し賃貸借に係る情報、入居者の募集、賃貸住宅の管理の引受けについて助言や提言をすることにより、空き家所有者が安心して賃貸不動産経営に参画できる環境を整備し、空き家問題の解決のために役割を果たすことが期待される。

029□□□ 賃貸不動産経営管理士は、住宅扶助費の代理納付制度や残置物の処理に係る契約上の取扱い等を貸主に説明することを通じ、住宅確保要配慮者が安心して暮らせる賃貸住宅の提供のための役割を果たすことが期待される。

解答・解説

028	**空き家問題の解決の役割が期待される。** 賃貸不動産経営管理士は、空き家所有者に対し賃貸借に係る情報、入居者の募集、賃貸住宅の管理の引受けについて助言や提言をすることにより、空き家所有者が安心して賃貸不動産経営に参画できる環境を整備し、**空き家問題の解決のために役割を果たすことが**期待されています。	○ 2021
029	**住宅確保要配慮者への賃貸住宅提供の役割が期待される。** 賃貸不動産経営管理士は、住宅扶助費の代理納付制度や残置物の処理に係る契約上の取扱い等を貸主に説明することを通じ、**住宅確保要配慮者が安心して暮らせる賃貸住宅の提供のための役割を果たすことが**期待されています。	○ 2021

第３編　契約の基礎知識

学習時間	5 時間
出題数	1 問程度
学習指針	過去の出題を見る限り出題数は少ないですが、出題範囲の変更及び出題数が増えたことから、今後はもっと出題されるものと推測されます。 制限行為能力者や意思表示に関しては民法の基本事項に関わることなので、少し理論的に難しいところですが、深入りせずに結論を覚えましょう。

第1章　契約と意思表示

重要度▶C

契約はその意思表示によって成立（諾成契約の場合）しますが、契約が無効であったり、取り消せる場合等があります。契約の主体となる者についても、押さえましょう。
参考書「要点整理」参照ページP.118～

001□□□	賃貸契約書に「賃借人が契約終了後1か月以内に退去しない場合には、賃貸人は鍵を交換し、室内の家具類を廃棄することができる。」という規定がある場合、賃貸人が実際に室内の家具類を廃棄しても、刑事責任を問われることはない。
002□□□	Aの所有する甲マンションの一室を居住目的でBに賃貸した。媒介業者のCが、Aの弱みを握り、友人である元暴力団で現在無職のBを敷金と礼金なしで入居させるように強迫し、本件賃貸借契約を媒介した場合でも、Bがその事情を過失なく知らないのであれば、Aは当該契約を取り消すことができない。
003□□□	契約の成立および契約書に関して、契約書は、契約当事者の権利・義務に関する記載内容に誤りを生じさせないよう、定型的な書面とすべきである。
004□□□	契約は一方的な意思表示による法的な効果が生ずる法律行為であり、相手方の承諾の意思表示との合致を要件とする法律行為は単独行為という。
005□□□	意思能力を欠いている者が建物を賃借する意思表示を行った場合、その親族が当該意思表示を取り消せば、取消しの時点から将来に向かって無効となる。

解答・解説

001	**当該特約は公序良俗違反で無効となる場合がある。** 本問のような規定が賃貸借契約書にある場合であっても、その規定自体が**公序良俗に反して無効となる可能性が高い**です（民法 90条）。その場合、室内の家具類を破棄する行為は不法行為（民法 709条）、さらには住居侵入罪等（刑法 130 条）に問われる可能性もあります。	×	
002	**B が強迫について過失なく知らない場合は取り消せる。** 相手方に対する意思表示について第三者が詐欺を行った場合においては、相手方がその事実を知り、または知ることができたときに限り、その意思表示を取り消すことができます（民法96条2項）。しかし、強迫については同様の規定がないので、**強迫の場合は相手方が善意無過失であったときでも取消可能**です。	×	
003	**契約書は、契約内容によって個別的・具体的なものとするべき。** 契約の成立には、書面の作成その他の方式を具備することを要しません（民法 522 条 2 項）が、契約書に関しては**契約内容によって個別的・具体的なものとするべき**です。	×	2020
004	**契約は当事者双方の意思表示の合致によるものである。** 契約は、申込みの意思表示と承諾の**意思表示が合致**することにより法的効果が生じる法律行為です。一方、単独行為とは、一方的な意思表示により法的な効果が生じる法律行為をいい、取消し、解除、相殺などが典型例です。本問の記述は逆の説明になっています。	×	
005	**意思無能力者の行為は無効。** 意思無能力者の行為は無効です（民法3条の2）。意思無能力者が締結した契約は、取り消して無効になるのではなく、**当初から無効**です。	×	

006□□□ 建物を賃借する意思表示を法定代理人の同意を得ずに行った未成年者は、その法定代理人の承諾を得なければ、当該意思表示を取り消すことができない。

007□□□ 成年被後見人が成年後見人の事前の同意を得て建物を賃貸する意思表示を行った場合、成年後見人は、当該意思表示を取り消すことができる。

008□□□ 被保佐人が保佐人の同意を得ずに建物を契約期間 2 年間で賃借する意思表示を行った場合、保佐人は、当該意思表示を取り消すことができる。

009□□□ A は所有する甲マンションの一室を居住目的で B に賃貸した。B が複数内見したうちの 1 つである乙マンションを借りるつもりであった場合でも、それが B の重大な過失によるときは、B は錯誤を理由に本件賃貸借契約を取り消すことができない。なお、A に落ち度はなく、甲マンションを賃貸する意思があったものとする。

006	**未成年者が取り消す際に法定代理人の同意は不要。** 未成年者が法律行為(契約等)をするには、原則として、その法定代理人の同意を得なければなりません。同意を得ずに行った法律行為は取り消すことができます(民法5条1項･2項)。そして、行為能力の制限によって取り消すことができる行為は、**制限行為能力者**(他の制限行為能力者の法定代理人としてした行為にあっては、当該他の制限行為能力者を含む。)またはその代理人、承継人もしくは同意をすることができる者に限り、取り消すことができます(民法120条1項)。**未成年者が法律行為を取り消す際に法定代理人の同意は不要**です。	×
007	**成年後見人は当該意思表示を取り消せる。** 成年被後見人がした法律行為(契約などのこと)は、日用品の購入その他日常生活に関する行為を除いて取り消すことができます(民法 9 条)。事前に成年後見人の**同意**を得ていたとしても、成年被後見人本人が単独で契約等を行うのは期待できないためです。このように、成年被後見人の場合は、あらかじめ成年後見人の同意があっても意味がないため、成年後見人には同意権がないとされています。	○
008	**保佐人は当該意思表示を取り消せない。** 被保佐人が、3 **年を超える期間**で建物賃貸借をする場合は、その保佐人の同意を得なければなりません(民法 13 条 1 項 9 項)。本問の建物賃貸借は期間が 2 年間となっており、保佐人の同意が不要です。したがって、保佐人は、当該意思表示を取り消すことができません。	×
009	**錯誤が表意者の重大な過失によるときは、原則取り消せない。** 意思表示は、意思表示に対応する意思を欠く錯誤に基づくものであって、その錯誤が法律行為の目的及び取引上の社会通念に照らして重要なものであるときは、取り消すことができます。しかし、錯誤が**表意者の重大な過失**によるものであった場合には、**一定の場合を除き、取消しをすることができません**(民法 95 条 1 項･3 項)。	○

第 4 編　管理受託契約

学習時間	10 時間
出題数	1～2 問程度
学習指針	ここも過去の出題を見る限り出題数は少ないですが、出題範囲の変更及び出題数が増えたことから、今後はもっと出題されるものと推測されます。 委任契約と請負契約の法的性質については頻出分野なので、比較して整理して覚えましょう。

第1章　委　任

重要度▶A

管理受託契約は、委任の性質を帯びています。その他、準委任、請負契約の性質も有しています。
参考書「要点整理」参照ページP. 130～

001□□□	管理業者は、集金した賃料から利息が発生した場合、この利息も委託者である建物所有者に引き渡さなければならない。
002□□□	法人である管理業者 A 社が B 社に吸収合併された場合、委託者である建物所有者の承諾がなければ B 社は管理業務を承継しない。
003□□□	賃貸不動産の管理受託契約における委託者が死亡した場合、当該契約に特約がなくとも、相続人が管理受託契約の委託者となり、管理受託契約は終了しない。
004□□□	民法上の委任契約は、書面で契約を締結することが義務付けられている。
005□□□	管理業者が破産手続開始の決定を受けた場合、管理受託契約は終了する。
006□□□	賃貸人たる委託者が死亡した場合、特約がない限り、相続人が管理受託契約上の地位を相続する。

解答・解説

001 **利息は建物の所有者に引き渡さなければならない。** ○ 2016

受任者は、委任事務を処理するに当たって受け取った金銭その他の物を委任者に引き渡さなければなりません。また、その収取した果実についても同様です(民法 646 条)。集金した賃料から利息が発生した場合、この利息は果実にあたるため、利息も引き渡さなければなりません。

002 **存続会社は管理業務を承継する。** × 2016

委託者と契約している管理会社が他の会社に吸収合併された場合、従前の管理会社は消滅します(会社法 471 条 4 号)。そして、吸収合併存続会社(存続会社)は、効力発生日に、吸収合併消滅会社(消滅会社)の権利義務を承継します(同法 750 条 1 項)。したがって、委託者と消滅会社との委託契約は、吸収合併の効力発生日をもって、当然に存続会社が引き継ぐこととなります。

003 **委託者の地位を相続人に承継させたい場合は特約が必要。** × 2018

委任契約は、委託者または受託者の死亡または破産手続開始の決定を受けたことによって終了します(民法 653 条)。賃貸管理の受託契約も委任の性質を有するので、委託者が死亡した場合には契約が終了します。委託者の地位を相続人に承継させたい場合は、その旨の特約を設けることが必要です。

004 **書面を作成する義務は定められていない。** × 2021

委託は、当事者の一方が法律行為をすることを相手方に委託し、相手方がこれを承諾することによって、その効力を生じる諾成契約です(民法 643 条)。民法上は書面で契約を締結することが義務付けられていません。

005 **管理業者の破産手続開始の決定で管理受託契約は終了する。** ○

委任契約は、委託者または受託者の死亡または破産手続開始の決定を受けたことによって終了します(民法 653 条)。

006 **委託者の地位を相続人に承継させたい場合は、特約が必要。** × 2019

賃貸管理の受託契約も委任の性質を有するので、委託者が死亡した場合には契約が終了します。委託者の地位を相続人に承継させたい場合は、その旨の特約を設けることが必要です。

第2章　請　負

重要度▶A

管理業務の一環としての修繕業務の取次の際の請負契約については、その性質や契約不適合責任について、押さえておきましょう。
参考書「要点整理」参照ページP.133～

001□□□	AがBに対して建物の建築工事を代金3,000万円で注文し、Bがこれを完成させた。請負契約の目的物たる建物に欠陥がある場合、欠陥の修補が可能であれば、AはBに対して損害賠償請求を行う前に、欠陥の修補を請求しなければならない。
002□□□	AがBに対して建物の建築工事を代金3,000万円で注文し、Bがこれを完成させた。請負契約の目的物たる建物の欠陥について、Bが契約不適合責任を負わない旨の特約をした場合には、Aは当該建物の欠陥についてBの責任を一切追及することができなくなる。
003□□□	請負の報酬は、原則として、仕事の目的物の引渡しと同時に支払わなければならないが、物の引渡を要しない場合は、仕事を開始する前に支払う必要がある。
004□□□	Bが建築した甲建物に重大な欠陥があり、そのために請負契約をした目的を達することができない場合であっても、建物その他の土地の工作物を目的とした契約である以上、注文者のAは、契約の解除をすることができない。
005□□□	管理受託契約の賃貸管理は、そのすべてが仕事の完成を目的とした契約類型であり、民法上の請負契約に分類される。

001 **修補請求と損害賠償請求に優先順位はない。** ×

請負人が種類または品質に関して契約の内容に適合しない仕事の目的物を注文者に引き渡したとき(その引渡しを要しない場合にあっては、仕事が終了した時に仕事の目的物が種類または品質に関して契約の内容に適合しないとき)は、注文者は、履行の追完の請求、報酬の減額の請求、損害賠償の請求及び契約の解除をすることができます(民法559条・562条等)。これら担保責任の追及に**優先順位はありません**。したがって、AはBに対して損害賠償請求を行う前に、欠陥の修補を請求しなければならないわけではありません。

002 **知りながら告げなかった事実は、責任を逃れない。** ×

請負人は、仕事の目的たる目的物の欠陥について、契約不適合責任を負わない旨の特約をしたときであっても、知りながら告げなかった事実については、その**責任を免れることができません**(民法 559 条・572条)。本問の場合、もしBが当該建物の欠陥について知りながら告げていない事実があった場合、B はその責任を免れることができなくなります。したがって、Aは当該建物の欠陥についてBの責任を一切追及することができなくなるわけではありません。

003 **物の引渡しを要しない場合は仕事を終えた後に支払う。** ×

請負の報酬は、原則として、仕事の目的物の引渡と同時に、支払わなければなりませんが、**物の引渡しを要しない場合は仕事を終えた後**に、報酬を支払えばよいことになっています(民法633条)。

004 **契約不適合の場合は債務不履行となり、契約を解除できる。** ×

契約の目的物が契約内容に適合しない場合には債務不履行となり、注文者は契約を解除することができます(民法559条、564条)。請負契約が**建物その他の土地の工作物を目的とした場合**であっても同様です。

005 **すべてが請負契約ということではない。** ×

賃貸住宅管理業法では、修繕が管理業務の内容とされており、同法上は、管理受託契約は委任の性質だけでなく請負の性質を併有することが想定されています。管理受託契約に**請負の要因を含む場合**には、管理受託契約は**委任と請負の混合契約**ということになります。すべての賃貸管理が請負契約に分類されるわけではありません。

006□□□	賃貸住宅管理業者であるAが、賃貸人であるBとの管理受託契約に基づき、管理業務として建物の全体に及ぶ大規模な修繕をしたときに関し、引き渡された建物が契約の内容に適合しないものであるとして、Aに対して報酬の減額を請求したBは、当該契約不適合に関してAに対し損害賠償を請求することができない。
007□□□	賃貸住宅管理業者であるAが、賃貸人であるBとの管理受託契約に基づき、管理業務として建物の全体に及ぶ大規模な修繕をしたときに関し、引き渡された建物が契約の内容に適合しないものである場合、Bがその不適合を知った時から1年以内にその旨をAに通知しないと、Bは、その不適合を理由として、Aに対し担保責任を追及することができない。
008□□□	賃貸住宅管理業者であるAが、賃貸人であるBとの管理受託契約に基づき、管理業務として建物の全体に及ぶ大規模な修繕をしたときに関し、引き渡された建物が契約の内容に適合しないものである場合、Bは、Aに対し、目的物の修補を請求することができる。
009□□□	賃貸住宅管理業者であるAが、賃貸人であるBとの管理受託契約に基づき、管理業務として建物の全体に及ぶ大規模な修繕をしたときに関し、Aに対する修繕の報酬の支払とBに対する建物の引渡しとは、同時履行の関係にあるのが原則である。
010□□□	民法上の請負は、法律行為又は事実行為をすることを目的とする。

006	**損害賠償請求を妨げない。** 賃貸住宅管理業者Aと賃貸人Bとの間において、建物全体に及ぶ大規模修繕契約が締結された場合、Bに報酬減額請求が認められることは、BのAに対する債務不履行に基づく損害賠償請求を妨げません(民法564条、同法559条)。	×	2022
007	**通知しないと不適合を理由として担保責任を追及できない。** 請負人の担保責任には期間制限があります。修繕の請負人が種類または品質に関して契約の内容に適合しない仕事の目的物を注文者に引き渡したときは、注文者がその不適合を知った時から1年以内にその旨を請負人に通知しないときは、注文者は、その不適合を理由として、契約不適合責任を追及することができません(民法637条)。B は、不適合を知った時から1年以内にその旨を A に通知しないと、その不適合を理由としてAに対し担保責任を追及することはできません。	○	2022
008	**追完請求として目的物の修補を請求できる。** 請負契約が締結された場合、引き渡された目的物について、種類、品質または数量に関して契約の内容に適合しないものであるとき、注文者Bは、請負人Aに対し、追完請求として目的物の修補を請求することができます(民法562条1項、同法559条)。	○	2022
009	**同時履行の関係にあるのが原則。** Aに対する修繕の報酬の支払とBに対する建物の引渡しとは、同時履行の関係にあるのが原則とされています(民法533条)。	○	2022
010	**法律行為または事実行為目的は、委任または準委任。** 民法上の請負は、仕事を完成することを約し、相手方がその結果に対してその報酬を支払うことを約することで効力が生じる契約です(民法632条)。法律行為または事実行為をすることを目的とするのは委任又は準委任です(民法643条・656条)。	×	2021

第３章　管理受託契約の性格

重要度▶C

サブリース方式との違いについて注意しながら、管理受託契約の学習を進めましょう。
参考書「要点整理」参照ページP.136～

001□□□　委託者である建物所有者が建物の所有権を第三者に譲渡すると、この第三者が管理受託契約の委託者の地位を承継する。

002□□□　賃貸不動産の管理受託契約は、雇用と異なり、労働基準法は適用されない。

003□□□　管理受託契約は、無償であっても管理業者は委託者に対して善管注意義務を負う。

004□□□　管理受託契約の法的性質は、準委任契約の性質を含むものと考えられている。

005□□□　建物設備の維持保全業務は、民法上の準委任に当たる。

解答・解説

001 **委託者の地位は自動的には承継されない。** × 2016

委任契約の性質を有する管理受託契約は当事者の個性が重視されます。建物の所有権を取得した第三者とあらためて管理受託契約を締結をしない限り、委託者の地位が自動的に承継されることはありません。

002 **雇用の性質はない。** ○ 2018

賃貸不動産の管理受託契約は、委任契約または**準委任**契約及び**請負**契約との**混合契約**と解されます。委任も請負も、雇用契約とは異なり、原則として労働基準法の適用はありません。

003 **無償であっても善管注意義務が課される。** ○ 2016

受託者は**無償**で**管理受託契約**を受けた場合でも、**善管注意義務を免れることはできません**(民法644条)。

004 **準委任契約の性質を含むものであるとされる。** ○

管理受託契約の法的性質は**準委任契約**の性質を含むものと考えられています。準委任契約は、委任者が法律行為でない事務の委託をすることを受任者に委託し、受任者が承諾することによって効力が生じる契約です(民法643条・656条)。

005 **維持保全業務は準委任。** ○ 2021

建物設備の維持保全業務は、**法律行為でない事務の委託を目的とするもの**であり、**準委任契約**に当たります(民法 656 条)。なお、建物設備の維持保全業務とは、居室および居室の使用と密接な関係にある住宅のその他の部分である、玄関・通路・階段等の共用部分、居室内外の電気設備・水道設備、エレベーター等の設備等について、点検・清掃等の維持を行い、これら点検等の結果を踏まえた必要な修繕を一貫して行うことをいいます(賃貸住宅管理業法 2条2項、「解釈・運用の考え方」)。

006□□□ 管理受託契約の賃貸管理は、そのすべてが仕事の完成を目的とした契約類型であり、民法上の請負契約に分類される。

007□□□ 賃貸住宅の管理業務等の適正化に関する法律における管理住宅の管理業務には、管理受託方式の管理、サブリース方式の管理、請負方式の管理の3つがある。

008□□□ 賃貸住宅の管理業務等の適正化に関する法律における管理受託方式の管理は、貸主及び借主双方から委託を受けて行う賃貸住宅の管理に関する事務である。

006	**すべてが請負契約ということではない。** 賃貸住宅管理業法では、修繕が管理業務の内容とされており、同法上は、管理受託契約は委任の性質だけでなく請負の性質を併有することが想定されています。管理受託契約に**請負の要因を含む場合**には、管理受託契約は**委任と請負の混合契約**ということになります。すべての賃貸管理が請負契約に分類されるわけではありません。	×
007	**請負契約による管理業務という方式はない。** 管理住宅の管理業務には、**管理受託方式の管理とサブリース方式の管理の２つ**があります。管理受託方式は法的に委任契約又は準委任契約と解釈されています。請負契約による管理業務という方式は登録制度には定められていません。	×
008	**借主からの委託を受ける必要はない。** 管理受託方式による管理は、貸主から委託を受けて行う賃貸住宅の管理に関する事務をいいます。**借主からの委託を受ける必要はありません。**	×

第5編　賃貸借契約

学習時間	30時間
出題数	9問程度
学習指針	契約の場面では、法律よりも契約書の記載が優先するのが原則です（任意規定）。しかし、借地借家法が適用される場面では、法律が優先します（強行規定）。学習する際は、任意規定なのか強行規定なのかを意識しましょう。この分野は分量も多く、マスターするまでに苦労するところですが、仕事に直結するところでもあるので、正確に理解して暗記しておいて下さい。

第１章　賃貸借契約の成立

重要度▶A

ここでは賃貸借契約の特徴（諾成契約・双務契約等）と、その成立について学びます。
参考書「要点整理」参照ページP. 140～

001□□□　宅地建物取引業者は、宅地又は建物の貸借に関し、その媒介により契約が成立したときは、当該契約の各当事者に、契約内容に係る書面を交付しなければならない。

002□□□　賃貸借契約は要物契約である。

003□□□　契約の成立に関し、諾成契約とは、契約の成立に目的物の授受を要する契約であり、賃貸借契約がこれにあたる。

004□□□　賃貸借契約の締結に向けた交渉がなされ、賃貸人に契約が成立することの強い信頼を与えるに至ったにもかかわらず、合意直前で賃借人予定者が理由なく翻意し、契約が成立しなかった場合、賃借人予定者が不法行為責任を負うことがある。

005□□□　建物賃貸借契約の賃貸人が、当該契約の締結に先立ち、当該契約を締結するか否かに関する判断に影響を及ぼすべき情報を賃借人に提供しなかった場合、賃貸人は、賃借人が当該契約を締結したことにより被った損害につき、当該契約上の債務の不履行による賠償責任を負うことはあるが、不法行為による賠償責任を負うことはない。

解答・解説

001	**契約の各当事者に、契約内容に係る書面を交付する。** 宅地建物取引業者は、宅地又は建物の貸借に関し、その媒介により契約が成立したときは**当該契約の各当事者に、必要事項を記載した書面を交付しなければなりません**(宅建業法 37 条 2 項)。	○ 2015
002	**賃貸借契約は諾成契約である。** 賃貸借は、当事者の一方がある物の使用及び収益を相手方にさせることを約し、相手方がこれに対してその賃料を支払うこと及び引渡しを受けた物を契約が終了したときに返還することを約することによって、その効力を生ずる有償の**諾成契約**です(民法601 条)。要物契約ではありません。	×
003	**諾成契約は意思表示の合致だけで契約の成立が認められる契約。** 諾成契約とは、書面を作成しなくても、意思表示の合致だけで契約の成立が認められるものをいいます。契約の成立に目的物の授受を要する契約は要物契約といいます。**賃貸借契約は諾成契約**です。	× 2020
004	**損害賠償責任が生じる場合がある。** 契約の締結に向けて交渉がされていても、両当事者が合意に至らなければ契約は成立せず、契約に基づく権利義務は生じないのが原則です。しかし、契約に向けた交渉が進むと、その結果、交渉の相手方に対し契約が成立するであろうという強い信頼が生まれます。この信頼は法的保護に値し、それを裏切って交渉を破棄した場合は**損害賠償責任が生じます**(契約締結上の過失)。	○ 2023
005	**不法行為による賠償責任を負うことがある。** 契約の一方当事者が、当該契約の締結に先立ち、信義則上の説明義務に違反して、当該契約を締結するか否かに関する判断に影響を及ぼすべき情報を相手方に提供しなかった場合には、その一方当事者は、相手方が当該契約を締結したことにより被った損害につき、不法行為による賠償責任を負うことがあるのは格別(ともかく)、当該契約上の債務の不履行による賠償責任を負うことはありません(最判平成 23 年 4 月 22 日)。**問題文は説明が逆になっています。**	×

006□□□	契約の成立および契約書に関して、契約書は、契約当事者の権利・義務に関する記載内容に誤りを生じさせないよう、定型的な書面とすべきである。
007□□□	賃貸住宅標準契約書(国土交通省住宅局平成 30 年 3 月公表)では、物件の使用目的を居住に限定し、特約による別の定めも禁止している。
008□□□	振込みにより賃料を支払う場合の振込み手数料を賃貸人負担とする旨の特約は、無効である。
009□□□	賃貸住宅標準契約書(国土交通省住宅局平成 30 年 3 月公表)には、賃料の改定について借地借家法上の借賃増減請求権の要件と同じ記載がある。
010□□□	契約当事者は、第三者に対して、契約内容を説明しなければならないことがあり、その場合、契約書は重要である。
011□□□	賃貸住宅標準契約書(国土交通省住宅局平成 30 年 3 月公表)では、借主についてのみ、反社会的勢力でないことを確約する旨が定められている。

006	**契約書は、契約内容によって個別的具体的なものとするべき。** 契約の成立には、書面の作成その他の方式を具備することを要しません(民法 522 条 2 項)。そして、契約書に関しては契約内容によって個別的具体的なものとするべきです。	×	2020
007	**特約をすることについては禁止されていない。** 賃貸住宅標準契約書 3 条は、「乙は、居住のみを目的として本物件を使用しなければならない。」と定めています。しかし、特約をすれば、居住しつつあわせて居住以外の目的で使用することも可能と解されています。	×	
008	**振込み手数料を賃貸人負担とする旨の特約は有効とされる。** 賃料の支払いを、金融機関を通じて行う方法の場合、賃借人が振込手数料を負担するのが原則です(民法 485 条)。しかし、この規定は任意規定なので、特約により賃貸人が負担する旨を定めることも認められています。したがって、振込み手数料を賃貸人負担とする旨の特約は有効です。	×	2018
009	**賃料増減額請求権の記載が設けられている。** 賃貸住宅標準契約書 4 条 3 項に、借地借家法 32 条 1 項と同様の規定があります。	○	
010	**契約当事者は第三者に対して契約内容を説明することがある。** 契約当事者は、契約内容を第三者に対して説明しなければならないことがあるため、契約書は重要です。	○	2020
011	**賃貸人および賃借人の双方につき、定められている。** 賃貸住宅標準契約書 7 条には反社会的勢力の排除についての条項が定められています。この規定は、貸主と借主の双方が反社会的勢力でないことを確約する旨が定められています。	×	

012□□□ 賃貸住宅標準契約書(国土交通省住宅局平成 30 年 3 月公表)では、貸主から本契約を解除する場合は必ず書面による催告を行う旨が定められている。

013□□□ 契約は、申込みに対して相手方が承諾をしたときに成立し、明示的な承諾の意思表示がない限り成立しない。

014□□□ 賃貸借の期間内に建物が競売により売却され、その所有権が他の者に帰属した場合に賃貸借契約が終了する旨の特約は、無効である。

015□□□ 賃貸住宅標準契約書では、賃貸物件の全部が滅失その他の事由により使用できなくなった場合には、これによって賃貸借契約は終了する旨が定められている。

016□□□ 賃貸住宅標準契約書(国土交通省住宅局平成 30 年 3 月公表)では、建物賃貸借の目的を「居住」と「事務所」に限定している。

017□□□ 賃貸住宅標準契約書(国土交通省住宅局平成 30 年 3 月公表)では、更新料の支払に関する定めはない。

018□□□ 賃貸住宅標準契約書(国土交通省住宅局平成 30 年 3 月公表)では、賃料は、建物の使用対価のみを指し、敷地の使用対価は含まないものとされている。

012 **催告なしで契約解除できる場合についても定められている。** ×

賃貸住宅標準契約書10条3項は、「甲又は乙の一方について、次のいずれかに該当した場合には、その相手方は、何らの催告も要せずして、本契約を解除することができる。」として、**反社会的勢力となった等の一定の要件を満たす場合には、催告することなく解除することができる旨を定めています**。なお、同条4項にも類似の規定を置いています。

013 **承諾は黙示のものでも契約成立する。** × 2020

契約は、契約の内容を示してその締結を申し入れる意思表示(申込み)に対して相手方が承諾をしたときに成立します(民法 522 条 1 項)。承諾は**黙示でも効力を有します**(最判昭和 47 年 10 月 12 日)。

014 **記述にある特約は無効である。** ○ 2018

賃貸借の期間内に建物が競売により売却され、その所有権が他の者に帰属した場合に賃貸借契約が終了する旨の特約は、借地借家法31条1項に反する**賃借人に不利な特約として同法 37 条により無効**となります(最判昭和 41 年 4 月 5 日)。

015 **賃貸借契約が終了する旨が定められている。** ○ 2015

賃貸住宅標準契約書 13 条に同趣旨の規定があります。令和 2 年施行の改正民法 616 条の 2 に同様の規定が追加されたことから、平成30 年 3 月版の**標準契約書にも追加**されました。

016 **居住に限定している。** × 2021

賃貸住宅標準契約書は「**居住のみを目的として本物件を使用しなければならない**」と定め(第 3 条)、建物賃貸借の目的を「住居」と「事務所」に限定しているわけではありません。

017 **更新料の支払に関する定めはない。** ○ 2021

賃貸住宅標準契約書には**更新料に関する定めはありません**。更新料の支払は全国的な慣行とまではいえないからです。

018 **敷地の使用対価も含む。** × 2021

建物賃貸借契約における賃料は、建物だけでなく敷地の使用対価も含まれると解されており、賃貸住宅標準契約書もこの解釈を前提としています。

019□□□	賃貸住宅標準契約書(国土交通省住宅局平成30年3月公表)では、共用部分にかかる水道光熱費等の維持管理費用は、貸主が負担するものとされている。
020□□□	賃貸借の更新について合意が成立しない場合は賃貸借契約が期間満了と同時に当然に終了する旨の特約は、有効である。
021□□□	契約は一方的な意思表示による法的な効果が生ずる法律行為であり、相手方の承諾の意思表示との合致を要件する法律行為は単独行為という。
022□□□	民法上の賃貸借契約は諾成契約であるが、借地借家法上の建物賃貸借はすべて要物契約となっている。
023□□□	賃貸借契約書や管理委託契約書は、当事者の意思表示の合致だけで成立する諾成契約であるが、現実の取引社会では書面により締結される。
024□□□	建物賃貸借では建物の引渡しが契約の成立要件となるが、建物使用貸借は合意のみで契約が成立する。

019	**共用部分の維持管理費は借主が負担する。** 賃貸住宅標準契約書 5 条では、共用部分の維持管理費について借主が支払うこととしています。	×	2021
020	**賃借人に不利な特約は無効である。** 賃貸借の更新について合意が成立しない場合は賃貸借契約が期間満了と同時に当然に終了する旨の特約は、借地借家法 26 条に定める賃貸人の更新拒絶の通知や正当事由を不必要にさせ、建物の賃借人に不利なものといえるので、同法 30 条により無効となります(松山地判昭和 36 年 9 月 14 日)。	×	2018
021	**契約は当事者双方の意思表示の合致によるものである。** 契約は、申込みの意思表示と承諾の意思表示が合致することにより法的効果が生じる法律行為です。一方、単独行為とは、一方的な意思表示により法的な効果が生じる法律行為をいいます。取消し、解除、相殺などが典型例です。本問の記述は逆になっています。	×	
022	**借地借家法上の建物賃貸借も諾成契約である。** 民法上の賃貸借も、借地借家法上の建物賃貸借も諾成契約です。ただし、定期建物賃貸借等はその効力発生の要件として書面作成を義務づけているものがあります。	×	
023	**現実的には書面により締結される。** 契約書の作成には、①契約成立の契約条件の明確性、②業務の拠りどころ(行為準則)、③第三者に対する説明、④法律による要求(定期建物賃貸借等)という特徴があるからです。	○	
024	**両方とも諾成契約である。** 建物賃貸借契約は口頭でも契約が成立する諾成契約であり(民法 601 条)、引渡しは対抗要件です(借地借家法 31 条)。建物使用貸借契約も合意のみで契約が成立する諾成契約です(民法 593 条)。	×	2022

第２章　賃貸人の義務（賃借人の権利）

重要度▶A

賃貸借契約締結後の借主の権利を覚えます。特に必要費の償還請求、有益費の償還請求や、造作買取請求が重要です。
参考書「要点整理」参照ページP.144～

001□□□	賃貸借契約が終了し、賃貸住宅を明け渡してから１年半が経過した時点で、賃借人が必要費を支出していたことを思い出し、賃貸人に対して必要費償還請求権を行使した場合、賃貸人は支払を拒むことができない。
002□□□	賃貸物件の修繕に関して、賃貸物件が借主の責めにより修繕を要することになった場合、貸主は、修繕義務を免れる。
003□□□	貸主の過失によって発生した火災の結果、賃貸建物が全部滅失した場合には、貸主は賃貸建物の修繕義務を負う。
004□□□	賃貸物件の修繕に関して、貸主は、大地震により賃貸物件の一部が破損した場合でも、当該部分の修繕義務を負う。
005□□□	賃貸建物が損傷した場合において、その原因が天変地異等、不可抗力によるものであるときは、貸主は賃貸建物を修繕する義務を負わない。
006□□□	賃貸借の目的物について、破損が著しく物理的に修繕不能な場合には、貸主の修繕義務は生じないが、単に経済的に不可能な場合には生じる。

解答・解説

001	**明け渡しの時から1年以内に請求する。** 借主が支出した費用（必要費）の償還は、貸主が返還を受けた時から1年以内に請求しなければなりません（民法600条1項、622条）。	×	2023
002	**修繕が借主の責めによるなら、貸主は修繕義務なし。** 貸主は、借主の責めに帰すべき事由による場合を除き、賃貸物の使用および収益に必要な修繕義務を負います（民法606条1項）。したがって、借主の責めにより修繕を要することになったのであれば、貸主は、修繕義務を免れます。	○	2020
003	**全部滅失した場合には、貸主は修繕義務を負わない。** 修繕が不可能な場合は修繕義務が生じません（東京地判平成21年9月2日）。したがって、全部滅失した場合は、修繕不能として修繕義務を負わないと解されます。	×	2017
004	**賃貸物件の貸主は修繕義務を負う。** 不可抗力によって賃貸物件の一部が破損した場合でも、貸主は修繕義務を負います（民法606条）。	○	2020
005	**天変地異等、不可抗力によるものでも貸主は修繕義務を負う。** 賃貸不動産の破損等が天変地異等、不可抗力により生じた場合も貸主は修繕義務を負います。	×	2017
006	**天変地異等、不可抗力によるものでも貸主は修繕義務を負う。** 修繕が不可能な場合には修繕義務は生じません（東京地判平成21年9月2日）。なお、修繕可能性の判断は、物理的な不可能のみではなく、経済的な不可能も含まれます（東京地判昭和41年4月8日）。	×	

007□□□ 賃貸建物が全部滅失した場合、当該滅失についての借主の帰責事由の有無にかかわらず、貸主は修繕義務を負わない。

008□□□ 「入居後の大小修繕は賃借人がする」旨の住居用家屋についての契約条項は、賃借人が当該家屋の使用中に生じる一切の汚損、破損箇所を自己の費用で修繕し、賃借当初と同一状態で維持すべき義務を負う趣旨と解すべきである。

009□□□ 賃貸物の修繕費用は、通常、使用収益の対価としての賃料に含まれていると考えられるものの、借主に修繕義務を負わせる旨の特約を設けた場合には、特約の効力は肯定される。

010□□□ 賃貸物件の修繕に関して、借主が修繕の必要性を貸主に通知し、貸主がその旨を知ったにもかかわらず相当期間内に修繕をしない場合、借主は賃貸物件の使用収益ができない範囲で賃料の支払を拒絶することはできるが、自ら修繕することはできない。

011□□□ 貸主が行うべき賃貸物件の雨漏りの修繕を借主の費用負担で行った場合、借主は賃貸借契約の終了時に限り、支出額相当の費用の償還を請求できる。

007	**契約自体が終了し、貸主の修繕義務は発生しない。** 賃借物の全部が滅失その他の事由により使用及び収益をすることができなくなった場合には、賃貸借は、これによって終了します(民法616条の2)。契約が終了するので、当該滅失についての借主の帰責事由の有無にかかわらず、貸主は修繕義務を負いません。	○	2018
008	**設問の内容の趣旨と解すべきではない。** 「入居後の大小修繕は賃借人がする」旨の住居用家屋についての契約条項は、単に賃貸人が民法 606 条 1 項所定の修繕義務を負わないとの趣旨にすぎず、賃借人がその家屋の使用中に生じる一切の汚損、破損箇所を自己の費用で修繕し、その家屋を賃借当初と同一状態で維持すべき義務を負う趣旨と解すべきではありません(最判昭和43 年 1 月 25 日)。	×	
009	**修繕義務を借主が負担する特約は有効である。** 賃貸物の修繕費用は、通常、使用収益の対価としての賃料に含まれているので、貸主に負担させることには合理性があります。しかし、借主に修繕義務を負わせる旨の特約は有効です。	○	
010	**貸主が修繕等をしない場合、借主が自ら修繕できる。** 貸主が必要な修繕等を相当な期間しない場合や急迫な事情がある場合には、借主が自ら修繕することができます(民法 607 条の 2)。	×	
011	**借主は直ちにその償還を請求することができる。** 借主は、賃借物について貸主の負担に属する必要費を支出したときは、貸主に対し、直ちにその償還を請求することができます(民法608条1項)。	×	2019

012□□□ 借主の依頼により、ガラス修理業者が賃貸物件の割れた窓ガラスを交換した場合、当該業者は貸主に対して必要費償還請求権を行使できる。

013□□□ 必要費は、現状を維持するための費用をいい、賃貸不動産を通常の用法に適する状態において保存するために支出した費用も含む概念である。

014□□□ 賃貸物件に係る必要費償還請求権を排除する旨の特約は有効である。

015□□□ 借主が賃貸物件の雨漏りを修繕する費用を負担し、貸主に請求したにもかかわらず、貸主が支払わない場合、借主は賃貸借契約終了後も貸主が支払をするまで建物の明渡しを拒むことができ、明渡しまでの賃料相当損害金を負担する必要もない。

016□□□ 借主が賃貸物件の汲取式トイレを水洗化し、その後賃貸借契約が修了した場合、借主は有益費償還請求権として、水洗化に要した費用と水洗化による賃貸物件の価値増加額のいずれか一方を選択して、貸主に請求することができる。

017□□□ 借主が賃貸物件に空調設備を設置し、賃貸借契約修了時に造作買取請求権を行使した場合、貸主が造作の代金を支払わないときであっても、借主は賃貸物件の明渡しを拒むことができない。

018□□□ 賃貸物件の改良のために借主が支出した費用は、契約終了時に賃貸物件の価格の増加が現存する場合に限り、支出した費用又は増価額の償還を借主が貸主に対して請求できる。

解答・解説

012	**当該業者は貸主に対して必要費償還請求権を行使できない。** 必要費償還請求権は賃貸借契約に基づく修繕義務に対応する権利なので、契約関係にない**修理業者が貸主に対して直接行使することは原則としてできません**(民法 608 条 1 項)。	×	2019
013	**必要費は現状を維持するための費用である。** 賃貸不動産を通常の用法に適する状態において保存するために支出された費用も含む概念です(民法 608 条 1 項)。	○	
014	**必要費償還請求権の規定は任意規定である。** 必要費償還請求権の規定は**任意規定**であり、これを排除する旨の特約は有効です。	○	2021
015	**留置権は主張できるが賃料相当額は支払う。** 建物賃借人が賃借中支出した費用のため留置権を行使し、賃借権消滅後もその費用の償還を受けるまで**当該家屋を使用することにより受ける利益は、家屋の所有者に返還しなければなりません**(大判昭和 10 年 5 月 13 日)。したがって、本問の場合、借主は留置権(民法第 295 条)を主張して明渡しを拒むことができますが、明渡しまでの賃料相当損害金は負担する必要があります。	×	2021
016	**選択権は賃貸人にある。** 有益費の償還範囲は、賃借人が支出した金額または対象物の価値の増加額であり、**賃貸人が**いずれか低い方を選択することができるとされています。賃借人が選択するわけではありません。	×	2021
017	**造作買取請求権で同時履行の抗弁権も留置権も行使できない。** 造作買取請求権を行使した場合であっても、借主は**同時履行の抗弁権及び留置権を主張して建物の明渡しを拒むことはできません**(最判昭和 29 年 7 月 22 日)。造作買取代金債権は、造作に関して生じた債権で、建物に関して生じた債権ではないからです。	○	2021
018	**その支出した金額又は増価額を請求できる。** 借主が賃借物について有益費を支出したときは、借主は、賃貸借の終了の時に、その価格の増加が現存する場合に限り、**貸主の選択に従い**、その支出した金額又は増価額を請求できます(民法 608 条 2 項)。	○	2019

019□□□ 賃借人が物件の改良のために支出した有益費は、契約終了時に価格の増加が現存する場合でなければ、賃貸人にその償還を求めることはできない。

020□□□ 建物の賃貸借契約が賃借人の債務不履行により解除された後に、賃借人が建物に関して有益費を支出した場合、賃借人は、有益費の償還を受けるまで当該建物を留置することができる。

021□□□ 建物の賃借人が有益費を支出した後、建物の所有権の譲渡により賃貸人が交替したときは、原則として、新賃貸人が当該有益費の償還義務を承継する。

022□□□ 建物賃貸借において、造作買取請求権を排除する特約は、借主に不利な特約のため、無効である。

023□□□ 造作買取請求権の対象は、建物の構成部分となったものであり、有益費償還請求権の対象は、建物の構成部分となっていないものをいう。

024□□□ 借主が賃貸物件に給湯設備を設置し、賃貸借契約終了時に貸主に対して買い取るよう請求した場合には、貸主が承諾したときに売買契約が成立する。

025□□□ 期間満了により賃貸借契約が終了する際に賃借人は造作買取請求をすることができない旨の規定は、借地借家法第 38 条に定める定期建物賃貸借では有効であるが、普通建物賃貸借では無効である。

019	**有益費は支出した費用または増価額がその対象となる。** 借主が物件の改良のために支出した有益費についても、必要費と同様に、貸主に対してその費用を請求できます。ただ、必要費とは異なり、この権利は、契約終了時に物件の価値の増加が現存する場合に、支出した費用または増価額の償還を請求できるにすぎません(民法196条2項、同法608条2項)。	○	
020	**解除原因が債務不履行であるため、留置権は行使できない。** 建物の賃借人が、債務不履行により賃貸借契約を解除された後、権原のないことを知りながらその建物を不法に占有する間に有益費を支出しても、その者は、民法295条2項の類推適用により、その費用の償還請求権に基づいて建物に留置権を行使することはできません(最判昭和46年7月16日)。	×	
021	**新しい賃貸人が償還義務を承継する。** 建物の賃借人が有益費を支出した後、建物の所有権の譲渡により賃貸人が交替したときは、特段の事情のない限り、新賃貸人がその有益費の償還義務を承継し、旧賃貸人は償還義務を負いません(最判昭和46年2月19日)。	○	
022	**造作買取請求権を排除する特約は借主に不利でも有効。** 造作買取請求権の規定は任意規定です。したがって、それを排除する特約は、借主に不利な内容であっても有効です。	×	2019
023	**造作買取請求権の対象には建物の構成部分は含まれない。** 説明が逆です。有益費償還請求権の対象となる物と造作買取請求権の対象となる物は、ともに借主の行為により建物に附加されるものですが、両者の区別は、建物の構成部分となったか否かによります。	×	
024	**造作買取請求権は「形成権」であり、貸主の承諾は不要。** 造作買取請求権は、借主が買取請求の意思を表示し、その意思表示が貸主に到達すれば、借主を売主、貸主を買主とする売買契約が成立します。貸主の承諾は不要です。なお、このような権利を形成権といいます。	×	2015
025	**普通建物賃貸借でも記述の特約は有効である。** 造作買取請求権を認めない特約は有効です(借地借家法37条、同33条)。この規定は定期借家契約でも普通借家契約でも有効です。	×	

026□□□	A が B との間で、A 所有の甲建物を B に貸すことについて、期間 3 年、賃料月額 10 万円と定めた賃貸借契約を締結した。AB 間の賃貸借契約が B の賃料不払を理由として解除された場合、B は A に対して、A の同意を得て B が建物に付加した造作の買取りを請求することはできない。
027□□□	建物賃貸人が必要な修繕の前提として保守点検のために賃貸物件に立ち入ろうとした際に、賃借人が立入りを拒否した場合、賃借人が損害賠償責任を負うことはあっても、賃貸人から当該契約が解除されることはない。
028□□□	賃貸借契約書に遅延損害金の規定がない場合であっても、借主が賃料の支払を遅延したとき、貸主は借主に対して年 3%の遅延損害金を請求することができる。

解答・解説

026	**債務不履行による解除では造作買取請求権は行使できない。** 賃貸借が**債務不履行によって解除された場合**には、造作買取り請求の適用がありません(大判昭和13年3月1日、最判昭和31年4月6日)。したがって、Bは造作買取請求権を行使できません。	○	
027	**賃貸人から当該契約が解除される場合もある。** 必要な修繕は賃貸人の義務である一方権利でもあるので、賃借人はそれを受け入れる義務があります。賃借人が正当な理由なく修繕を承諾しない場合で、賃借人の立入り容認義務違反によって賃貸借契約の目的を達することができないときは、賃貸人は契約を解除することができます(横浜地判昭和33年11月27日)。	×	
028	**法定利率により、遅延損害金を請求できる。** 賃貸借契約書に遅延損害金の規定があればそれに従いますが、規定がない場合であっても、賃料の支払いが遅延したときは、履行遅滞となり、損害賠償として年 3%(原則)の法定利率による**遅延損害金**が発生します(民法404条2項)。	○	2018

第 3 章　賃借人の義務

重要度▶A

賃借人の義務としては、賃料支払義務、用法遵守義務、修繕箇所の通知義務、修繕を受け入れる義務等があります。
参考書「要点整理」参照ページP．148～

001□□□	建物の賃貸人が賃貸物の保存に必要な修繕をする場合、貸借人は修繕工事のため使用収益に支障が生じても、これを拒むことはできない。
002□□□	建物の賃貸人が必要な修繕義務を履行しない場合、賃借人は目的物の使用収益に関係なく賃料全額の支払を拒絶することができる。
003□□□	賃貸人ＡがＢに管理を委託しＣに賃貸する管理受託方式と、ＡがＢに賃貸し、Ｂ が Ａ の承諾を得て Ｃ に転貸するサブリース方式の異同に関し、Ｃ の善管注意義務違反により賃貸物件が毀損したときは、管理受託方式の場合、Ｂ は Ａ に対して損害賠償責任を負うが、サブリース方式の場合、ＢはＡに損害賠償責任を負わない。
004□□□	貸主が修繕義務の履行を怠り、借主が目的物を全く使用することができなかった場合でも、借主は、その期間の賃料の一部を支払う必要がある。
005□□□	賃借人は、建物の引渡しを受けていれば、建物賃貸借契約の締結後、まったく物件を使用していないとしても、賃料支払い義務を免れない。

001	**賃借人は、修繕について拒むことはできない。** 賃貸人は、賃貸物の使用および収益に必要な修繕をする義務を負います(民法 606 条 1 項)。そして、賃貸人が賃貸物の保存に必要な行為をしようとするときは、賃借人は、修繕工事により使用収益に支障が生じても、拒むことができません(民法 606 条 2 項)。	○	
002	**一部使用収益不可では賃料全額の支払いまでは拒めない。** 賃料と目的物の使用収益は対価関係にあるので、賃貸人が修繕義務を履行しないことにより目的物の**使用収益が一切不可能な場合には、賃借人は賃料全額の支払を拒絶することができます**(大判大正 10 年 9 月 26 日)が、使用収益が一切不可能とまではいえない場合は、全額の支払いまでは拒絶できません。	×	
003	**サブリース方式は責任を負い、管理受託方式は責任を負わない。** サブリース方式の場合、Bは、Aに対し、賃借人として損害賠償責任を負いますが、管理受託方式の場合は、Bは、Aに対し、受任者としての地位を有するに過ぎないので、C の善管注意義務違反による損害賠償責任は負いません。	×	2020
004	**目的物を全く使用できない期間は賃料全額の支払いを拒める。** 賃料は建物使用の対価であり、貸主が修繕義務の履行を怠り、借主が目的物を全く使用することができなかった場合には、**借主は、その期間の賃料全額の支払いを免れます**(大判大正 4 年 12 月 11 日)。	×	
005	**引渡しを受けているので賃料支払義務が発生する。** 貸主が賃貸物を引き渡し使用できる状態にした以上、借主はまったく物件を使用していなくても、賃料支払い義務を負います。	○	

006□□□ ペット飼育禁止の建物であるにもかかわらず賃借人が故意に猫を飼育したことで病原菌を保有するノミが大量発生し、一定期間その建物を使用することができなくなった場合でも、賃借人は賃貸人に対して当該期間の賃料支払義務を負う。

007□□□ 親族が貸主である賃貸借契約の場合、借主は、賃貸借契約終了後、賃貸物件返還までの間、同物件を自己の財産のためにするのと同一の注意義務をもって保管すれば良い。

008□□□ 貸主が借主の用法遵守義務違反を理由に損害賠償請求をする場合、賃貸物件の返還を受けた時から1年以内に行使しなければならない。

009□□□ 賃貸物件の修繕に関して、賃貸物件につき雨漏りが生じ、貸主が修繕する場合、借主はこれを拒めない。

010□□□ 分譲マンションの借主も、共用部分の管理に関する管理規約のルールに従う必要があるが、専有部分のルールについては区分所有者にのみ適用されるので、借主は従う必要がない。

011□□□ A は所有するマンションの一室を居住目的で B に賃貸している。B が入居する室内で自殺したことが原因で、1 年以上もの間、次の入居者が決まらなかった場合、連帯保証人が責任を負うことはあっても、B の相続人が責任を負うことはない。

012□□□ A は B 所有の建物を賃借している。A が当該建物を第三者に転貸しようとする場合に、その転貸によりBに不利となるおそれがないにもかかわらず、B が承諾を与えないときは、裁判所は、A の申立てにより、B の承諾に代わる許可を与えることができる。

006	**借主の責任によるので、賃料支払義務が発生する。** 使用収益ができないことに関して**借主に帰責性がある場合**、**借主は貸主に対して賃料支払義務を負います**（東京地判平成24年7月20日）。なお、貸主に帰責性がある場合は賃料が発生しません（東京地判平成20年4月11日）。	○	
007	**善良な管理者の注意をもって保管する義務を負う。** 賃貸借契約の借主は、賃貸借契約終了後、賃貸物件返還までの間、契約その他の債権の発生原因及び取引上の社会通念に照らして定まる**善良な管理者の注意をもって保管**する義務を負います（民法400条）。	×	
008	**物件の返還を受けた時から1年以内に行使しなければならない。** 貸主が借主の用法遵守義務違反を理由に損害賠償請求をする場合、貸主が賃貸物件の返還を受けた時から**1年以内**に行使しなければなりません（民法621条・622条）。	○	
009	**賃貸物件を賃貸人が修繕する場合、賃借人は拒めない。** 賃貸人が賃貸物の保存に必要な行為をしようとするときは、賃借人は、これを拒むことができません（民法606条2項）。**修繕は、貸主によって義務であると同時に権利でもある**からです。	○	2020
010	**賃借人も管理規約のルールに従う義務がある。** 分譲マンションの場合、管理対象は専有部分であり、共用部分には及びません。しかし、借主も共用部分の管理等に関する管理規約上のルールにしたがう必要があります。また、専有部分に関する**管理規約のルールは、所有者だけでなく借主も当然に守る義務があります**。	×	
011	**相続人も損害賠償責任を負う。** 賃借人が自殺したことは、善管注意義務違反にあたり、その損害について、当該賃借人の**相続人及び連帯保証人は損害賠償責任を負担します**（東京地判平成19年8月10日）。	×	
012	**建物賃貸借の転貸においては当該規定はない。** 借地権では、賃借人がその建物を他人に譲渡する場合に、賃借権の譲渡または転貸を拒む地主の承諾に代わって裁判所が許可をすることができる（借地借家法19条1項）という制度がありますが、**建物の賃貸借での転貸にはありません**。	×	

013□□□	賃貸物件に対して権利を主張する第三者が存在する場合、借主は貸主がその事実を知っていたときでも、貸主に対して通知する義務を負う。
014□□□	貸主が賃貸物件の保存を超える行為をしようとする場合でも、借主はこれを拒むことができない。
015□□□	賃借人は、賃貸人の承諾を得なければ、その賃借権を譲り渡し、または賃借物を転貸することができず、賃借権の無断譲渡・無断転貸がなされた場合には、事情のいかんを問わず、賃貸人は賃借人に対して、賃貸借契約を解除することができる。

解答・解説

013	**賃貸人が知っている場合を除いて通知する義務がある。** 賃貸不動産が修繕を要するときや、第三者が建物について権利の主張をしてきたときは、**貸主がそれらにつき知っている場合を除いて**、その旨を通知する義務があります(民法 615 条)。貸主の賃貸不動産に対する権利の保護を図ったものです。	×	2019
014	**保存を超える行為をしようとする場合には、拒むことができる。** 賃貸人が賃貸物の保存に必要な行為をしようとするときは、賃借人は、これを拒むことができません(民法 606 条 2 項)。修繕は、貸主によって義務であると同時に権利でもあるからです。しかし、**保存を超える行為をしようとする場合には、拒むことができます。**	×	2019
015	**事情のいかんを問わず契約解除できるということではない。** **背信的行為と認めるに足りない特段の事情がある場合**は、解除することができません(最判昭和 28 年 9 月 25 日)。	×	

5 賃貸借契約

第4章　サブリース契約（転貸借）

重要度▶A

サブリースはサブリース業者と入居者との転貸借契約をいい、マスターリースはオーナーと転貸事業者との特定賃貸借契約をいいます。マスターリースが終了した場合のサブリースの効果が重要です。参考書「要点整理」参照ページP.151～

001□□□　サブリース方式による賃貸管理は、管理業者が貸主(所有者)から賃貸不動産を借り受け、貸主(所有者)の承諾を得て、管理業者自ら転貸人となって不動産を第三者に転貸する事業形態である。

002□□□　管理業者は、原賃貸借契約の貸主の商業使用人として管理を行い、転貸借契約の契約には宅地建物取引業法の適用がある。

003□□□　賃貸人AがBに管理を委託しCに賃貸する管理受託方式と、AがBに賃貸し、BがAの承諾を得てCに転貸するサブリース方式の異同に関し、AB間の契約について、管理受託方式の場合は借地借家法の適用はなく、サブリース方式の場合は借地借家法の適用がある。

004□□□　特定賃貸借標準契約書では、転借人から受領した賃料について、自己の固有財産及び他の賃貸人の財産と分別管理することも借主(管理業者)の義務とされている。

005□□□　A所有のマンションの一室を、管理業者であるBがAから賃借し、Cに転貸している。AB間の賃貸借契約を合意解除する場合、AはCに対して事前に通知することで解除と同時に退去を求めることができる。

001	**サブリース方式は管理業者自らが転貸人になる形式である。** なお、転借人と貸主(所有者)との間には**直接の契約関係は生じません**。	○	
002	**商業使用人とはならず、宅建業法の適用もない。** 商業使用人とは、雇用契約により特定の商人(営業主)に従属し、その商人の営業について補助する者をいいます。管理業者は、依頼主の貸主から管理業務を委託され、独立して自己の名で業務を行います。したがって商業使用人ではありません。また、**転貸借契約は宅建業法の適用のない行為**です。	×	
003	**サブリース方式の場合、借地借家法の適用がある。** 管理受託方式の場合、AB間の契約は委任契約であるため借地借家法の適用はありませんが、サブリース方式の場合、AB間の契約は建物の賃貸借契約であるため、**借地借家法の適用があります**。	○	2020
004	**サブリース業者の義務とはされていない。** なお、サブリース業者は、転貸借契約から生じる転借人の債務の担保として転借人から交付された**敷金**について、頭書(9)に記載するとおり、整然と管理する方法により、自己の固有財産及び他の賃貸人の財産と分別して管理しなければならないとする規定はあります(特定賃貸借標準契約書9条3項)。	×	2020
005	**合意解除について転借人には対抗できない。** 原賃貸人と賃借人とが原賃貸借契約を合意解除しても、この解除を**転借人に対抗できません**(民法613条3項、最判昭和37年2月1日)。設問のように通知して退去を求めることはできません。	×	

006□□□	賃貸人ＡがＢに管理を委託しＣに賃貸する管理受託方式と、ＡがＢに賃貸し、ＢがＡの承諾を得てＣに転貸するサブリース方式の異同に関し、Ｃが賃借する契約が終了し、Ｃに対して建物明渡請求訴訟を提起する場合は、管理受託方式の場合はＡが原告となり、サブリース方式の場合はＢが原告となる。
007□□□	サブリース方式による賃貸住宅管理業務に関し、所有者が転貸借を承諾しており、その転貸借契約が終了した場合、所有者は転借人（入居者）に対して敷金返還義務を負わない。
008□□□	サブリース方式による賃貸管理における管理業者は、自ら原告として未払賃料請求訴訟を提起することができるが、敷金返還請求訴訟では所有者（原賃貸人）が被告として訴訟の提起を受けなければならない。

009□□□	Ａ所有のマンションの一室を、管理業者であるＢがＡから賃借し、Ｃに転貸している。Ａ及びＢはＣに対して賃料の支払いを請求することができるが、Ａが請求した場合は、Ｂは請求することはできず、ＣがＡに支払った場合はＢの請求権は消滅する。
010□□□	サブリース方式による賃貸住宅管理業務に関し、所有者が転貸借を承諾している場合、所有者と転借人（入居者）の間に契約関係が生じる。

011□□□	賃貸人ＡがＢに賃貸し、ＢがＡの承諾を得てＣに転貸する建物についてのAB間の原賃貸借契約の終了に関し、ＡがＢの賃料滞納を理由として有効に原賃貸借契約を解除したとしても、ＡがＣに対して催告をしていなかった場合は、ＡはＣに対して建物の明渡しを請求することはできない。
012□□□	Ａ所有のマンションの一室を、管理業者であるＢがＡから賃借し、Ｃに転貸している。Ｃの過失はＢの過失と同視され、Ｃの過失により賃貸物件を毀損した場合、Ａとの関係ではＢが責任を負うが、Ｃが故意に賃貸物件を毀損した場合は、Ｃのみが不法行為責任を負う。

解答・解説

006 **管理受託方式とサブリース方式では原告が異なる。** ○ 2020
管理受託方式の場合、Aは、Cに対して賃貸人(所有者)として建物明渡しを請求できます。それに対して、サブリース方式の場合、Bが、賃貸人としてCに対して建物明渡しを請求することができます。

007 **所有者は敷金返還義務を負わない。** ○ 2019
管理業者(転貸人)が転借人に対して敷金返還義務を負います。所有者ではありません。所有者(原賃貸人)と転借人との間には直接の契約関係がないからです。

008 **サブリース業者が請求訴訟の被告となる。** ×
管理業者は、自ら原告として未払賃料請求訴訟や建物明渡訴訟を提起することができ、一方、敷金返還請求訴訟では転借人から被告として訴訟の提起を受けることになります。

009 **B の請求権は消滅しない。** ×
A が請求した場合であっても、C が A に支払う前であれば、B も請求することができます。

010 **所有者と転借人の間に直接の契約関係は生じない。** × 2019
所有者(原賃貸人)が転貸借を承諾している場合であっても、所有者と転借人(入居者)の間に契約関係が生じるわけではありません。

011 **Aは、Cに催告していなくても建物の明渡しを請求できる。** × 2020
賃借人Bの債務不履行により、賃貸人Aが賃貸借契約を解除した場合、Aは、Cに対し、催告していなくても建物の明渡しを請求することができます。

012 **転貸人である管理業者が責任を負う。** ×
転借人の故意・過失は管理業者の故意・過失と同視され、転借人が過失に基づき賃貸物件を毀損した場合、原賃貸人との関係では管理業者が責任を負います。故意責任の場合も同様です(民法 415 条・416 条、大判昭和 4 年 3 月 30 日)。

013□□□ サブリース方式による賃貸住宅管理業務に関し、所有者が転賃借を承諾しており、賃貸借契約の月額賃料が 10 万円、転貸借契約における月額賃料が 12 万円の場合、所有者が転借人(入居者)に対して 12 万円の支払を請求したときは、転借人(入居者)は 12 万円の支払義務を負う。

014□□□ B が A 所有の甲アパート 101 号室を A から賃借し、C に転貸している。C が B に対して賃料の前払いをしている場合、B が A に対して賃料を支払わないことを理由に A から賃料の支払い請求を受けても、C は A からの請求を拒絶することができる。

015□□□ 賃貸人 A が B に賃貸し、B が A の承諾を得て C に転貸する建物についての AB 間の原賃貸借契約の終了に関し、A が B との間で原賃貸借契約を合意解除した場合、その当時、A が B の賃料滞納を理由とする原賃貸借契約の解除権を有していたとしても、A は C に対して建物の明渡しを請求することはできない。

016□□□ サブリース方式による賃貸管理における所有者は、管理業者との間の原賃貸借契約を合意解除したときは、転借人(入居者)に対して明渡しを請求することができる。

017□□□ サブリース方式による賃貸管理における所有者は、管理業者との間の原賃貸借契約を管理業者の賃料不払いを理由に解除する場合、あらかじめ転借人(入居者)に対して催告をしなければならない。

013	**転借人の賃貸人に対する支払い義務は 10 万円でよい。** 転借人は、賃貸人と賃借人との間の賃貸借に基づく**賃借人の債務の範囲を限度として**、賃貸人に対して転貸借に基づく債務を直接履行する義務を負います(民法 613 条 1 項)。ただし、賃借料より転借料が高くても、賃借料の額だけしか請求できないので、本問の場合、転借人は 12 万円ではなく、10 万円の支払義務を負います。	×	2019
014	**転借人 C は賃貸人 A からの請求を拒絶できない。** 賃借人が適法に賃借物を転貸したときは、転借人は、賃貸人と賃借人との間の賃貸借に基づく賃借人の債務の範囲を限度として、賃貸人に対して転貸借に基づく債務を直接履行する義務を負います。この場合、**賃料の前払をもって賃貸人に対抗することができません**(民法 613 条 1 項)。したがって、C は A からの請求を拒絶することができません。	×	
015	**AはCに対して建物の明渡しを請求することができる。** 原賃貸借契約が合意解除されたとしても、**それが賃料不払等による法定解除権の行使が許されるときにされたものである等の事情のない限り**、賃貸人は合意解除の効果を転借人に対抗することができません(民法 613 条 3 項、最判昭和 62 年 3 月 24 日)。この判例は土地の無断転貸の事例ですが、本問のように適法な転貸であっても、原賃貸借契約が賃料不払い等(賃料滞納)による解除権を有する場合は、原賃貸借契約が合意解除の形式をとったとしても、転借人に建物の明渡しを請求することができると解釈できます。したがって、A は C に対して建物の明渡しを請求することはできます。	×	2020
016	**所有者は、転借人に対して明渡しを請求することができない。** 所有者(原賃貸人)は、管理業者との間の原賃貸借契約を**合意解除**しても、原則として、**この解除を転借人に対抗することはできません**(民法 613 条 3 項、最判昭和 37 年 2 月 1 日)。したがって、所有者は、転借人に対して明渡しを請求することができません。	×	2019
017	**転借人に対して催告することは要件になっていない。** 原賃貸借契約を管理業者(賃借人)の賃料不払いを理由に解除するには、管理業者に対して催告すれば足り、転借人(入居者)に対して**催告することまでは要件となっていません**(最判昭和 49 年 5 月 30 日)。	×	2019

018□□□	AはBに対し甲建物を月 20 万円で賃貸し、Bは、Aの承諾を得た上で、甲建物の一部をCに対し月 10 万円で転貸している。賃貸人AがAB間の賃貸借契約を、賃料不払いを理由に解除する場合は、転借人 C に通知等をして賃料をBに代わって支払う機会を与えなければならない。
019□□□	AがBに甲建物を月額 10 万円で賃貸し、BがAの承諾を得て甲建物をCに適法に月額 15 万円で転貸している。AがBの債務不履行を理由に甲建物の賃貸借契約を解除した場合であっても、CのBに対する賃料の不払いがない以上、A は C に対して、甲建物の明渡しを求めることができない。

018 **転借人に支払いの機会を与える必要はない。** ×

賃貸人Ａは賃借人Ｂに催告するだけで足り、転借人Ｃに支払いの機会を与える必要はありません（最判平成9年2月25日）。

019 **賃借人の債務不履行は転貸借の終了原因となる。** ×

ＣはＡに対し甲建物を占有する権原を失うことから、ＡはＣに対して甲建物の明渡しを請求することができます。

第５章　契約期間と更新

重要度▶A

中途解約に関するルールは頻出です。解除権の留保のある場合とない場合や、普通建物賃貸借と定期建物賃貸借との違いなどが重要です。
参考書「要点整理」参照ページP.154～

001□□□	普通建物賃貸借契約（定期建物賃貸借契約ではない建物賃貸借契約）について１年未満の契約期間を定めても、期間の定めのない契約とみなされる。
002□□□	借地借家法が適用される建物賃貸借契約の契約期間の上限は20年である。
003□□□	普通建物賃貸借契約の貸主による更新拒絶通知に正当事由がある場合であっても、期間満了後に借主が建物を継続して使用し、貸主がそれに対して遅滞なく異議を述べなかった場合には、契約は更新されたものとみなされる。
004□□□	賃貸借契約の借主が、期間満了後に建物の使用を継続する場合において、貸主が遅滞なく異議を述べなかったとしても、貸主が期間満了の１年前から６か月前までの間に借主に対して更新をしない旨の通知をしていた場合には、更新拒絶に正当事由が認められる限り、賃貸借契約は期間満了により終了する。
005□□□	期間の定めのある建物賃貸借契約が法定更新された場合、更新前の契約と更新後の契約は、契約期間も含め別個独立の同一性のない契約である。

解答・解説

001	**普通建物賃貸借契約では期間の定めのない契約となる。** 定期建物賃貸借ではない普通建物賃貸借契約について、1 年未満の期間を定めた場合は期間の定めのない賃貸借契約とみなされます(借地借家法 29 条 1 項)。なお、借地借家法が適用されない賃貸借契約の場合は、新民法では上限が 50 年となっている一方で最短期間については何も定めていません。	○	
002	**借地借家法上の借家の場合は契約期間に上限はない。** 借地借家法上の借家の場合は、契約期間に上限はありません。なお、民法が適用される賃貸借の場合は 50 年が上限となります(民法 604 条 1 項)。	×	
003	**異議を述べなければ契約は更新したものとみなされる。** 通知期間内に正当事由ある更新拒絶の通知をしても、期間満了後の使用継続に異議を述べなかったときは、従前の契約と同一の条件で契約を更新したものとみなされます(借地借家法 26 条 2 項)。	○	2018
004	**異議を述べなければ契約は更新される。** 期間満了後の使用継続に異議を述べなかったときは、従前の契約と同一の条件で契約を更新したものとみなされます(借地借家法 26 条 2 項)。この場合、貸主は再び正当事由のある解約申入れを行えば、その日から 6 か月を経過することによって賃貸借契約は終了します(借地借家法 27 条)。	×	2017
005	**契約期間を除き、契約の同一性が維持される。** 更新についての合意が成立しない場合、建物賃貸借契約は法定更新されます。契約期間を除いて契約の同一性が維持されます。契約期間は、期間の定めのない賃貸借契約になります(借地借家法 26 条 1 項)。契約期間も含め別個独立の同一性のない契約となるわけではありません。	×	2018

006□□□ 期間の定めのある建物賃貸借において、賃貸人が更新拒絶の通知をしなかったときは期間満了によって終了する旨の特約は有効である。

007□□□ 賃貸借契約の合意更新は、書面で行わなくとも効力が生じる。

008□□□ 普通建物賃貸借契約の更新に関し、期間の定めのある建物賃貸借契約において、貸主と借主が賃貸借契約の終期から1年以上前の時点で、同契約を更新することにつき合意することはできない。

009□□□ 建物賃貸借契約では、賃貸借契約更新の際には、法律上当然に更新料支払義務が発生する。

010□□□ 賃貸借契約において、契約書が定期建物賃貸借契約という表題となっている場合には、定期建物賃貸借契約としての要件を満たさないとしても、定期建物賃貸借契約として取り扱われる。

011□□□ 定期建物賃貸借契約に関し、契約期間が 1 年未満の定期建物賃貸借契約は、無効である。

012□□□ 事業用ではなく居住の用に供する建物の賃貸借においては、借地借家法 38 条に定める定期建物賃貸借とすることはできない。

006	**特約は無効となり、契約は更新される。** 建物の賃貸借について期間の定めがある場合において、当事者が期間の満了の1年前から6月前までの間に相手方に対して更新をしない旨の通知をしなかったときは、従前の契約と同一の条件で契約を更新したものとみなされます(借地借家法 26 条 1 項)。これに反する特約で建物の賃借人に不利なものは無効となります(同法 30 条)。本問の特約は、上記に反する特約となります。	×	
007	**書面で行わなくとも効力が生じる。** 契約書に特別の定めがない限り、契約期間満了までの間に当事者間で協議し、契約条件を定めて合意することができます。書面で行う必要はありません。	○	2019
008	**貸主と借主の合意によって契約を更新できる。** 期間の定めのある建物賃貸借契約において、契約終期から1年以上前であっても貸主と借主の合意によって契約を更新することができます(民法 521 条、借地借家法 26 条)。	×	2020
009	**法律上当然に発生する義務ではない。** 更新料の支払義務は、法令上何ら根拠がなく、当事者間の合意に基づき発生します。法律上当然に発生するわけではありません。	×	
010	**定期建物賃貸借契約としての要件を満たす必要がある。** 定期建物賃貸借契約として扱うためには、表題のみならず、借地借家法 38 条に定める諸要件を満たす必要があります。もし、更新がない旨を説明しないで締結したような場合は更新がない旨の特約は無効となり、普通建物賃貸借として扱われます。	×	
011	**定期建物賃貸借契約においては契約期間が 1 年未満でも有効。** 定期建物賃貸借契約においては、契約期間が1年未満であっても有効です(借地借家法 38 条)。なお、普通建物賃貸借であっても契約期間が 1 年未満のものが無効となるわけではなく、期間の定めのない賃貸借になるだけです。定期建物賃貸借の場合は、1 年未満であってもその期間内の賃貸借となります。	×	2020
012	**居住用の建物でも、定期建物賃貸借とすることができる。** 事業用でなければ定期借家が締結できないという要件はありません(借地借家法 38 条)。	×	

013□□□　定期建物賃貸借契約に関し、平成 12 年 3 月 1 日より前に締結された居住用建物の賃貸借契約については、契約当事者がこれを合意解約して、新たに定期建物賃貸契約を締結することは認められていない。

014□□□　定期建物賃貸借契約に関し、借主が死亡したときに契約が終了する旨の定めは、有効である。

015□□□　契約期間が 1 年未満の場合、定期建物賃貸借契約も普通建物賃貸借契約も、いずれも期間の定めのない賃貸借契約となる。

016□□□　AはBと、B所有の甲建物につき、居住を目的として、期間 3 年、賃料月額 20 万円と定めて賃貸借契約を締結した。本件契約が借地借家法第 38 条の定期建物賃貸借で、契約の更新がない旨を定めた場合でも、BはAに対し、同条所定の通知期間内に、期間満了により本件契約が終了する旨の通知をしなければ、期間 3 年での終了をAに対抗することができない。

017□□□　契約期間を2年とする定期建物賃貸借契約において、貸主が、期間の満了の1年前から6か月前までの間に借主に対して期間満了により定期建物賃貸借契約が終了する旨の通知をしなかったとしても、貸主が上記期間経過後に借主に対して終了通知をした場合には、通知日から6か月を経過した後は、契約の終了を借主に主張することができる。

018□□□　借地借家法第 38 条に基づく定期建物賃貸借契約は、当初存続期間の終了時であれば、貸主と借主が合意することにより、契約を更新することができる。

013	**平 12.3.1 以前の普通建物賃貸借は定期建物賃貸借とならない。** 平成 12 年 3 月 1 日より前に締結された居住用建物の賃貸借契約については、契約当事者がこれを合意解約しても、これを終了させ、新たに定期建物賃貸契約を締結することはできません(借地借家法附則 3 条)。なお、事業用建物の賃貸借契約にはこのような制限がありません。	○	2020
014	**借主が死亡したときに契約が終了する旨の定めは無効。** 定期建物賃貸借は「期間の定めがあること」が要件となっています(借地借家法 38 条 1 項)。賃借人の死亡は不確定期限であり、また、借家権は財産権として相続の対象となるから、死亡を期限とする定期建物賃貸借は認められません。	×	2020
015	**期間の定めのない賃貸借契約となるのは普通建物賃貸借契約。** 定期建物賃貸借契約の場合、契約期間が 1 年未満の場合でも有効ですが、普通建物賃貸借契約の場合は、契約期間が 1 年未満の場合は期間の定めのない賃貸借契約となります。	×	2019
016	**契約終了の通知をしなければ、賃借人に対抗できない。** 定期建物賃貸借の期間が 1 年以上である場合には、建物の賃貸人は、期間の満了の 1 年前から 6 月前までの間に建物の賃借人に対し期間の満了により建物の賃貸借が終了する旨の通知をしなければ、その終了を建物の賃借人に対抗することができません(借地借家法 38 条 6 項)。	○	
017	**終了通知をすれば貸主は契約終了を借主に主張できる。** もしこの期間に通知をしなかった場合でも、その後、賃貸人が賃借人に対し終了通知をしたときは、その通知日から 6 か月経つと契約は終了します(借地借家法 38 条 6 項)。したがって、貸主は契約の終了を借主に主張できます。	○	2016
018	**契約の「更新」はできない。** 定期建物賃貸借契約は、契約期間の満了とともに契約が終了する賃貸借契約です。当初存続期間満了時で合意した場合は、更新ではなく再契約となります。	×	

019□□□　定期建物賃貸借契約の保証人は、定期建物賃貸借契約が期間満了後に再契約された場合には、新たに保証契約を締結することなく、当然に再契約後の債務について保証債務を負う。

020□□□　宅地建物取引業者が定期建物賃貸借契約の再契約について貸主を代理して締結する場合には、宅地建物取引業法の定めるところにより、あらためて重要事項説明をしなければならない。

021□□□　期間 10 年の建物賃貸借契約は有効だが、期間 10 年の建物使用貸借契約は無効である。

019	**新たに保証契約を締結しなければ再契約後の債務を負わない。** 再契約は新たな契約なので、再契約後の賃貸借において賃借人の債務を保証するためには新たに保証契約を締結する必要があります。したがって、保証契約を締結することなく当然に再契約後の債務について保証債務を負うわけではありません。	×	2016
020	**あらためて重要事項の説明を行う必要がある。** 定期建物賃貸借契約の場合は期間の満了により契約は終了するため、さらに同一の借主が物件を賃借する場合再契約を締結することになります。再契約は新たな契約となりその契約の代理を業として行う場合は宅建業法の適用があるので重要事項説明が必要となります。	○	2015
021	**10 年を期間とする建物使用貸借契約は無効ではない。** 建物使用貸借について 10 年を期間とする契約が無効となることはありません。	×	2022

第６章　定期建物賃貸借

重要度▶A

定期建物賃貸借の成立要件と、これを中途解約する場合の条件や手続を、正確に暗記しておきましょう。
参考書「要点整理」参照ページP.157～

001□□□　定期建物賃貸借契約に関し、貸主が死亡したときに賃貸借契約が終了する旨の特約は、有効である。

002□□□　期間 50 年を超える定期建物賃貸借契約は、有効である。

003□□□　定期建物賃貸借契約に特約を設けることで、借主の賃料減額請求権を排除することが可能である。

004□□□　定期建物賃貸借契約において、契約期間の定めを契約書に明記すれば、更新がなく期間満了により当該建物の賃貸借が終了する旨（更新否定条項）を明記したと認められる。

005□□□　定期建物賃貸借契約も普通建物賃貸借契約も書面により締結しなければ、有効な契約とならない。

006□□□　定期建物賃貸借契約に関し、床面積 300 ㎡未満の居住用建物については、借主が転勤、療養、親族の介護等やむを得ない事情により、建物を生活の本拠として使用することが困難となった場合には、中途解約特約がなくとも、借主は中途解約を申入れることができる。

解答・解説

001	**賃借人に不利益な内容として無効となる。** 貸主が死亡したときは賃貸借契約上の賃貸人の地位が相続人に承継されて賃貸借契約は継続します(民法 896 条)。定期建物賃貸借契約に関して、貸主が死亡した場合に賃貸借契約が終了する旨の特約は、賃借人に不利益な内容として**無効**となります(借地借家法 38 条 8 項)。	×	2022
002	**50 年を超える期間を設定することも有効。** 定期建物賃貸借契約において 50 年を超える期間を設定することも有効です(借地借家法 29 条 2 項)。	○	2022
003	**定期建物賃貸借契約においてはそのような特約も有効。** 普通建物賃貸借契約では借主の賃料減額請求権を排除する特約は無効ですが、定期建物賃貸借契約においてはそのような特約も**有効**とされています(借地借家法 38 条 9 項)。	○	2022
004	**契約を更新しない旨の定め(更新否定条項)を明記する。** 定期建物賃貸借契約は、契約期間の定めを明記するだけでなく契約を更新しない旨の定め(更新否定条項)を**明記**しなければなりません(借地借家法 38 条 1 項・3 項)。	×	2022
005	**有効な契約とならないのは定期建物賃貸借契約。** 定期建物賃貸借契約は書面により締結しなければ有効な契約となりませんが、**普通建物賃貸借契約は書面で締結しなくとも契約が成立**します。	×	2019
006	**床面積 200 ㎡未満の居住用建物の場合である。** 一定の事情が認められる場合に中途解約特約がなくても借主が中途解約の申し入れができるのは、**床面積 200 ㎡未満の居住用建物**です(借地借家法 38 条 7 項)。	×	2020

007□□□ 中途解約特約のある定期建物賃貸借契約において、貸主は契約期間中であっても、正当事由を具備することなく契約を解約することができる。

008□□□ 定期建物賃貸借契約書は、同契約を締結する際に義務付けられる事前説明の書面を兼ねることができる。

009□□□ 賃貸借の媒介業者が宅地建物取引業法第 35 条に定める重要事項説明を行う場合、定期建物賃貸借契約であることの事前説明の書面は不要である。

010□□□ 定期建物賃貸借契約は、書面のほか、電磁的記録により締結することができる。

011□□□ 定期建物賃貸借契約の案文が借主に事前に送付されていれば、これとは別に定期建物賃貸借契約であることについての事前説明書を作成せずとも、定期建物賃貸借契約締結のための事前説明書を交付したことになる。

007	**貸主は契約期間中に定期建物賃貸借を解約できない。** 定期建物賃貸借契約において、**賃貸人に中途解約権の留保を認める旨の特約を付してもその特約は無効**です（東京地判平成25年8月20日）。したがって、貸主は契約期間中に同契約を解約することはできません。なお、学説には、中途解約権の留保を認める特約を有効と解して、その行使に正当事由と6か月間の猶予期間を求める見解もあります。仮にこの見解に立った場合でも、正当事由なくとする本問は誤りと解釈できます。	×	2021
008	**事前説明書面は契約書とは別個独立の書面であることが必要。** 定期建物賃貸借をしようとする場合、建物の賃貸人は、あらかじめ、建物の賃借人に対し、更新がなく期間の満了により賃貸借は終了する旨を記載した書面を交付して説明しなければなりません（借地借家法38条3項）。**事前説明の書面は定期賃貸借契約書とは別個の独立した書面であることが必要**とされます（最判平成24年9月13日）。	×	2021
009	**事前説明書面は必要である。** 媒介業者が重要事項説明を行ってもそれだけでは事前説明を行ったことにはならず、借地借家法で定められた要件を満たす事前説明書面が必要です（借地借家法38条）。「重要事項説明」（宅建業法35条）は**仲介者としての宅建業者が行うもの**ですが、これに対して、「定期建物賃貸借契約を結ぶ前に書面を交付して行う説明」（借地借家法38条）は**賃貸人自らが行うもの**であり、**それぞれ説明すべき主体が異なります**。	×	2021
010	**電磁的記録により締結することができる。** 期間の定めがある建物の賃貸借（定期建物賃貸借）をする場合においては、公正証書による等書面によって契約をするときに限り、契約の更新がないこととする旨を定めることができます。この規定による建物の賃貸借の契約がその内容を記録した電磁的記録によってされたときは、その契約は、書面によってされたものとみなされます（借地借家法38条1項・2項）。	○	2023
011	**契約書とは別に説明書面が必要とされている。** 定期建物賃貸借契約の貸主は、あらかじめ、建物の借主に対し、建物の賃貸借は契約の更新がなく、期間の満了により当該建物の賃貸借は終了することについて、その旨を記載した書面を交付して説明しなければなりません（借地借家法38条3項）。また、この書面は、**契約書とは別個独立の書面でなければなりません**（最判平成24年9月13日）。	×	

第７章　賃貸借契約の終了

重要度▶A

賃貸借契約は通常は期間満了で終了しますが、賃貸人から終了させるためには借地借家法により正当事由が必要になります。
参考書「要点整理」参照ページP.159～

001□□□　AはＢ所有の建物を賃借している。当該建物がＣの借地上にあり、Ｂの借地権の存続期間の満了によりＡが土地を明け渡すべきときは、Ａが期間満了をその１年前までに知らなかった場合に限り、Ａは、裁判所に対し土地の明渡しの猶予を請求することができる。

002□□□　期間の定めのある建物賃貸借において、賃貸人が、期間満了の１年前から６月前までの間に、更新しない旨の通知を出すのを失念した場合でも、賃貸人に借地借家法第28条に定める正当事由があるときは、契約は期間満了により終了する。

003□□□　建物にはあたらない駐車場施設の利用契約について貸主が更新拒絶するためには、貸主に施設の使用を必要とする事情のほか、立退料の支払により正当事由が認められなければならない。

004□□□　法令により一定の期間を経過した後に建物を取り壊すべきことが明らかな場合で、この建物を目的物とする賃貸借契約を書面により締結するときに、建物取壊時に賃貸借契約が終了する旨の特約を定めても、定期建物賃貸借契約の要件を満たしていない限り、その特約は無効である。

005□□□　普通建物賃貸借契約の終了に関し、期間の定めのない建物賃貸借契約において、貸主が解約を申し入れた場合、正当事由を具備することで、解約申入日から３か月の経過により契約が終了する。

001 **土地の明渡しの猶予を請求できる。** ○

建物の賃借人が借地権の存続期間が満了することをその 1 年前までに知らなかった場合は、裁判所に請求することにより、このことを知った日から 1 年を超えない範囲内で、土地の明渡しについて相当の期限をつけて猶予してもらうことができます（借地借家法 35 条 1 項）。

002 **正当事由があっても、契約は更新されることとなる。** ×

建物の賃貸借について期間の定めがある場合において、当事者が期間の満了の 1 年前から 6 か月前までの間に相手方に対して更新をしない旨の通知をしなかったときは、従前の契約と同一の条件で契約を更新したものとみなされます（借地借家法 26 条 1 項）。正当事由があったとしても、更新されます。

003 **駐車場施設の利用契約に正当事由は必要とされない。** × 2015

駐車場施設の利用契約に借地借家法は適用されず、民法の適用となります。したがって、正当事由という要件もありません。

004 **定期建物賃貸借の要件を満たしていなくても有効となる。** × 2016

法令または契約により一定の期間を経過した後に取り壊すことが明らかな建物については、その建物を取り壊すこととなる時に賃貸借が終了する旨を記載した書面によって契約を締結することで有効となります（借地借家法 39 条）。

005 **解約申入日から「6 か月」の経過により契約は終了する。** × 2020

期間の定めのない建物賃貸借契約において、貸主が解約を申し入れた場合、正当事由を具備することで解約申入日から 6 か月の経過により契約は終了します（借地借家法 27 条 1 項）。

006□□□	普通建物賃貸借契約の終了に関し、期間の定めのある建物賃貸借契約において、借主は１か月前に予告することで解約することができるとの特約を定めても無効であり、期間が満了するまでは契約は終了しない。
007□□□	普通建物賃貸借契約における貸主からの期間内解約条項がある場合には、貸主からの解約申入れに正当事由は不要である。
008□□□	普通建物賃貸借契約の終了に関し、期間の定めのある建物賃貸借契約において、貸主は３か月前に予告することで解約することができるとの特約を定めた場合であっても、正当事由のない解約申入れは無効である。
009□□□	賃貸借契約書に借主からの期間内解約を認める規定があるものの、予告期間の定めがない場合、解約申入れから３か月を経過することで契約は終了する。
010□□□	期間の定めのない建物賃貸借において、賃貸人が解約の申入れをしたときは、解約の申入れの日から１月を経過することによって終了する旨の特約は有効である。
011□□□	貸主が、借主の賃料不払を理由として建物賃貸借契約を解除する場合（問題文に記載のない事実及び特約はないものとする）に関し、借主に対して解除を通知した上で建物明渡請求訴訟を提起した貸主は、賃料の不払につき借主に故意過失があったことについては立証する必要はない。

006	**期間の定めのある建物賃貸借契約では特約は有効。** 期間の定めのある建物賃貸借契約において、契約当事者が期間内解約の特約を設けた場合、この特約は有効です（民法618条）。	×	2020
007	**貸主には正当事由が必要である。** 貸主からの期間内解約条項を契約書に定めても、その効力自体に争いがあります。仮に有効と判断したとしても、貸主からの期間内解約の申入れには正当事由が必要です。	×	2018
008	**特約を定めても正当事由が必要。** 貸主に期間内解約権を留保することの有効性には争いがありますが、仮に有効であるとしても、貸主からの解約申入れには正当事由が必要です（借地借家法28条）。	○	2020
009	**借主の場合、3か月後に契約が終了となる。** 期間の定めのある建物賃貸借契約において期間内解約条項がある場合で、借主が期間内解約の申入れをした場合に、予告期間に関する特約がなければ、申入れ時から3か月を経過することで契約は終了します（民法618条、同法617条1項2号）。	○	2018
010	**当該特約は無効とされる。** 建物の賃貸人が賃貸借の解約の申入れをした場合においては、建物の賃貸借は、解約の申入れの日から6か月を経過することによって終了します（借地借家法27条）。これに反する特約で建物の賃借人に不利なものは無効となります（同法30条）。本問の特約は、これに反する特約となります。	×	
011	**貸主は借主の賃料不払いにつき故意過失の立証はいらない。** 借主の賃料不払いについて、貸主に借主の故意・過失を立証する必要はありません。	○	2020

012□□□ 法令又は契約により一定の期間を経過した後に建物を取り壊すべきことが明らかな場合において、建物を取り壊すこととなる時に賃貸借が終了する旨を定める賃貸借契約の締結は、公正証書によって行わなければ効力が生じない。

013□□□ 債務不履行の要件が備わっていれば建物賃貸借契約を解除することができ、その際、当事者間の信頼関係を破壊するおそれがあるかどうかという抽象的な基準は考慮してはいけない。

014□□□ A は所有するマンションの一室を居住目的で B に賃貸している。B が管理規約に違反して居室を店舗として利用した場合、A は常に催告することなく当該賃貸借契約を解除することができる。

015□□□ 貸主が、借主の賃料不払を理由として建物賃貸借契約を解除する場合(問題文に記載のない事実及び特約はないものとする)に関し、賃料の支払を 1 か月でも滞納すれば貸主が催告を経ずに賃貸借契約を解除できるという特約を定めた場合、11 月分までの賃料に滞納はなかったが、11 月末日が支払期限である 12 月分の賃料が支払われなかったときは、12 月 1 日に貸主が行った解除通知は有効である。

016□□□ 居住用賃貸借契約に定める約定として、賃借人が支払を怠った賃料の合計額が賃料 3 か月分以上に達したとき、賃貸人は無催告にて賃貸借契約を解除し、賃借人の残置物がある場合はこれを任意に処分することができる旨の特約は、有効である。

解答・解説

012	**公正証書に限らず、書面であれば効力が生じる。** 本問の場合、建物を取り壊す時に賃貸借が終了する旨を定めることができます。この特約は、建物を取り壊すべき事由を記載した書面によってしなければなりません(借地借家法39条)。しかし、**公正証書によることまでは要件となっていません。**	×	
013	**信頼関係について、判断の基準とされる。** 最高裁は、賃貸借契約を解除する際の要件を検討する場合、**契約当事者の信頼関係を破壊するおそれがあると認めるに足りない点を考慮しています**(最判昭和39年7月28日)。	×	
014	**常に催告なしで契約解除できるとはされていない。** 信頼関係の破壊が著しく、借主に改善の見込みが皆無である等の事情がなければ、**無催告解除が常に認められるとまではいえません。**	×	
015	**軽微であり、解除通知が有効であるとはいえない。** 1か月分の賃料の遅滞を理由に催告なしで契約を解除することができる旨を定めた特約条項は、賃料の遅滞を理由に当該契約を解除するにあたり、催告をしなくても不合理とは認められない事情が存する場合には、催告なしで解除権を行使することが許される旨を定めた約定として有効と解されます(最判昭和43年11月21日)。したがって、本問の特約自体は有効です。しかし、契約期間を経過した時における債務の不履行がその契約及び取引上の社会通念に照らして**軽微であるときは解除できません**(民法541条)。本問の場合、支払期日をわずか1日過ぎただけであり、社会通念に照らして軽微であるといえます。したがって、賃貸人が行った解除通知は有効とはいえないと解されます。	×	
016	**設問の場合、原則として催告を要する。** 債務不履行に基づく解除を行うためには、債務者に**債務不履行状態を是正する機会を与える**べく、原則として解除権行使に先立ち、催告をしなければなりません(民法 541 条、542 条)。したがって、**当該特約は有効とはなりません。**なお、催告期間は、一般的に、短いもので5日程度、長いもので14日程度です。また、「賃借人の残置物がある場合はこれを任意に処分することができる」の旨も、不法行為に当たる可能性があります。	×	2023

017□□□ 賃貸借契約を解除するために行う催告は、内容証明郵便でしなければ効力を生じない。

018□□□ 令和3年4月1日に締結された賃貸借契約の終了に関し、家賃債務保証業者が連帯保証人となっている場合において、当該業者が賃借人による賃料不払に関して保証債務を履行していても、信頼関係が破壊されたとして、賃貸人による賃貸借契約の解除が認められる場合がある。

019□□□ AがB所有の建物について賃貸借契約を締結し、引渡しを受けた。この場合、AがBの承諾なく当該建物をCに転貸しても、この転貸がBに対する背信的行為と認めるに足りない特段の事情があるときは、BはAの無断転貸を理由に賃貸借契約を解除することはできない。

020□□□ 個人の借主が、同居している子に対して賃貸物件を貸主の承諾を得ることなく転貸した場合、貸主は無断転貸を理由として賃貸借契約を解除することができる。

021□□□ 借主が貸主の承諾を得ずに建物賃借権を第三者に譲渡または転貸した場合、原則として、貸主は当該賃貸借契約を解除することができる。

022□□□ 賃貸人AがBに賃貸し、BがAの承諾を得てCに転貸する建物についてのAB間の原賃貸借契約の終了に関し、AB間の原賃貸借契約が定期建物賃貸借契約で期間満了により終了する場合、AがCに対して原賃貸借契約が終了する旨を通知した時から6か月を経過したときは、AはCに対して建物の明渡しを請求することができる。

017	**解除の意思表示は口頭で行うこともできる。** 解除の意思表示は口頭で行うこともできます。ただし、一般的には、配達証明付内容証明郵便による方法が採られています。	×	2019
018	**賃貸人は賃貸借契約の解除ができる。** 保証会社の支払いは代位弁済であって、賃借人による賃料の支払いではないので、賃貸借契約の債務不履行の有無を判断するに当たり、保証会社による代位弁済の事実を考慮する必要はありません（民法541条、最判平成26年6月26日）。したがって、賃貸人は賃貸借契約を解除することができます。	○	2023
019	**背信的行為と認められない場合は解除できない。** 記述にあるとおり、背信的行為と認めるに足りない事情がある場合には、信頼関係が破壊されたとはいえないので、解除することはできません（最判昭和28年9月25日）。	○	
020	**同居の子に対して無断転貸しても契約を解除できない。** 同居の子に対して無断転貸しても、契約当事者間の信頼関係を破壊する程度に至ったと認められないので、賃貸人の解除の効力は認められません。	×	2017
021	**承諾なしの場合は原則として、解除をすることができる。** 借主は、貸主の承諾を得なければ、その賃借権を譲り渡し、または賃借物を転貸することができません。これに違反して第三者に賃借物の使用または収益をさせたときは、貸主は、契約を解除することができます（民法612条）。	○	
022	**通知から6か月経過で、建物の明渡しを請求できる。** 建物の転貸借がされている場合において、建物の賃貸借が期間の満了によって終了するときは、建物の賃貸人は、建物の転借人にその旨の通知をしなければ、その終了を建物の転借人に対抗することができません。その通知がされた場合は、その日から6か月を経過することによって転貸借は終了します（借地借家法34条）。この規定は定期建物賃貸借にも適用されます。	○	2020

023□□□	貸主が、借主の賃料不払を理由として建物賃貸借契約を解除する場合(問題文に記載のない事実及び特約はないものとする)に関し、賃料不払のため契約を解除すると口頭で伝えられた借主が、通知を書面で受け取っていないので解除は無効であると反論したが、このような反論は解除の効力に関係がない。
024□□□	賃借人の債務不履行を理由に行う賃貸人の契約解除の意思表示が効力を生ずるのは、相手方に到達した時点である。
025□□□	貸主が、借主の賃料不払を理由として建物賃貸借契約を解除する場合(問題文に記載のない事実及び特約はないものとする)に関し、賃料が 3 か月間滞納されていることを理由に契約を解除するとの通知書を受け取った借主が、それまで一度も滞納賃料の催告を受けたことがないので解除は無効であると反論したが、このような反論は解除の効力に関係がない。
026□□□	解除の意思表示は、撤回することができない。
027□□□	債務不履行を理由に賃貸借契約を解除する方法として、催告と同時に「期間内に支払がない場合には、この催告をもって賃貸借契約を解除することとします。」と記載して解除の意思表示を行うことは、解除に条件を付するものであるため、無効である。
028□□□	賃料滞納を理由として賃貸借契約を解除する場合、催告と解除の意思表示は別個の書面で行わなければ、解除の効果が生じない。

023	**解除の通知は書面でなくてもよい。** 契約解除の意思表示は**口頭でも行うことができます**。書面による解除通知がないこと自体が解除の効力に影響を与えるものではありません。	○	2020
024	**相手方に到達することで効力が発生する。** 契約解除は、相手方に対する意思表示を要し、意思表示が**相手方に到達した時点で効力が生じます**。	○	
025	**この反論が解除の効力に関係がないとは言い切れない。** 賃料不払いを理由として解除権を行使する場合、原則として催告が必要となりますが、**催告と同時に支払いがなされない場合に解除する停止条件付解除も認められます**。したがって、この反論が解除の効力に関係がないとは言い切れません。	×	2020
026	**解除の意思表示は撤回できない。** **解除の意思表示は撤回することができません**（民法540条2項）。解除権は形成権と呼ばれ、これを行使することによって新たな法律関係を生じるものなので、これを任意に撤回することを許してしまうと、相手方に不当な不利益をこうむらせるおそれがあるからです。	○	2016
027	**当該記載は有効とされる。** 一定の期間内に滞納した賃料を支払わなければ契約は当然に解除されたものとする旨の催告書への記載は、借主が当然にするべきことを条件としただけで、特に借主にとって不利益が増したといえないので**有効**です（大判明治43年12月9日）。	×	2017
028	**同一書面で行うことも可能である。** 催告をして、その後に解除の意思表示をする方法に代えて、催告と同時に「期間内に支払がない場合には、本書をもって建物賃貸借契約を解除することとします。」と記載して解除の意思表示を行うことも可能です。この方法を採れば、**催告と解除の意思表示は同一の書面で行うことができます**。	×	2018

029□□□ 建物賃貸借契約の借主が死亡し、複数の相続人がいる場合、貸主が賃貸借契約の債務不履行を理由に解除するためには、相続人の一人に解除の意思表示をすればよい。

030□□□ 令和3年4月1日に締結された賃貸借契約の終了に関し、賃貸借契約が解除されると、解除の遡及効により契約当初に遡り解除の効果が生ずる。

031□□□ 火災や地震等によって建物の全部が滅失した場合、賃貸借契約は当然に終了するが、賃貸人の不注意により焼失した場合は終了しない。

032□□□ 建物が存しない駐車場として使用する目的の土地の賃貸借契約において貸主が更新を拒絶するためには、正当事由は不要である。

033□□□ 借地借家法の適用のない平置駐車場の使用契約を、借主の賃料不払いを理由に解除する場合には、催告は必要がない。

034□□□ 建物が存しない駐車場として使用する目的の土地の賃貸借契約であって期間の定めのないものは、特約のない限り、貸主による解約申入れから1年の経過により終了する。

035□□□ Aを貸主、Bを借主とする賃貸住宅(甲建物)の所有権がCに移転した場合において、Aが甲建物を譲渡する前にBがAから引渡しを受けていれば、賃貸人たる地位はCに移転する。

029	**相続人への解除の意思表示は共同借主全員にする必要がある。** 借主が死亡し、相続人が賃借権を共同相続したときは、賃料債務の催告及びその不履行による契約解除の意思表示は共同借主全員にしなければなりません（大判大正 11 年 11 月 24 日）。これを解除権の不可分性といいます。	×	2019
030	**解除の効果は将来に向かってのみ効力を生じる。** 一般的に契約が解除されると、当初からなかったことになります（遡及効）。しかし、賃貸借契約の解除に関しては遡及効が否定され、解除の効果は将来に向かってのみ効力を生じるものとされています（民法 545 条、620 条）。	×	2023
031	**建物の全部が滅失した場合、賃貸借契約自体は終了する。** 賃貸不動産の滅失につき、貸主または借主に帰責性があるとしても、それは損害賠償の問題に過ぎず、建物賃貸借契約が終了する点には影響しません。	×	2017
032	**正当事由は必要とされない。** 建物が存しない駐車場として使用する目的の土地の賃貸借契約は、民法が適用され、借地借家法上の建物賃貸借のように正当事由が要件とはされていません。	○	
033	**解除に先立ち、催告は必要である。** 借地借家法の適用がなくても解除に先立ち催告が必要です。なお、駐車場契約は、継続的契約関係ですが、建物賃貸借契約の場合のような賃借人保護の要請がないため、信頼関係破壊の法理等の適用は、居住用・事業用建物賃貸借に比べればかなり緩やかです。	×	2017
034	**土地の賃貸借であり解約申入れより 1 年で終了する。** 駐車場用地としての土地の賃貸借には借地借家法の適用がありません。民法上の土地の賃貸借の場合、解約の申入れから 1 年で契約終了となります（民法 617 条）。	○	2017
035	**賃借人が対抗要件を備えると新賃借人に賃借権を対抗できる。** 賃借人 B が建物引渡しによって対抗力を備えた場合（借地借家法 31 条 1 項）、当該不動産の譲渡によって賃貸人の地位は譲受人 C に移転します（民法 605 条の 2 第 1 項）。	○	2021

036□□□　Aを貸主、Bを借主とする賃貸住宅(甲建物)の所有権がCに移転した。Aが甲建物を譲渡する前にBがAから引渡しを受けている場合に、AC間で賃貸人の地位をAに留保し、かつCがAに甲建物を賃貸する旨の合意をすれば、Bの承諾がなくても、賃貸人の地位はAに留保される。

037□□□　Aを貸主、Bを借主とする賃貸住宅(甲建物)の所有権がCに移転した。Aが甲建物を譲渡する前にBがAから引渡しを受けている場合に、所有権移転登記を経由していないCから甲建物の賃料の支払を求められても、Bは支払を拒むことができる。

038□□□　Aを貸主、Bを借主とする賃貸住宅(甲建物)の所有権がCに移転した。Aが甲建物を譲渡する前にBがAから引渡しを受けておらず、かつ賃貸借の登記も経由していない場合に、AC間で賃貸人の地位を移転することにつき合意しても、Bの承諾がなければ、賃貸人の地位はCに移転しない。

036	**AC 間の合意があれば賃貸人の地位はAに留保される。** 不動産の譲渡人及び譲受人が、賃貸人たる地位を譲渡人に留保する旨、及びその不動産を譲受人が譲渡人に賃貸する旨の合意をしたときは、**賃貸人たる地位は、譲受人に移転しません**(民法 605 条の 2 第 2 項)。したがって、B の承諾がなくても、賃貸人の地位は A に留保されます。	○	2021
037	**譲受人 C が登記を経なければ賃借人Bは支払いを拒める。** 対抗要件を備えた賃借人がいる状態で賃貸物件が譲渡されたときは、当該物件の賃貸人たる地位は、その**譲受人に移転しますが、その譲受人は、当該物件について所有権の移転の登記をしなければ、賃借人に対抗することができません**(民法 605 条の 2 第 3 項)。したがって、譲受人のCが建物の所有権移転登記を経なければ賃借人Bは賃料の支払いを拒むことができます。	○	2021
038	**賃借人 B の承諾は不要。** 不動産の譲渡人が賃貸人であるときは、その**賃貸人たる地位は、賃借人の承諾を要しないで、譲渡人と譲受人との合意により、譲受人に移転させることができます**(民法 605 条の 3)。したがって、AC 間で賃貸人の地位を移転することにつき合意した場合、B の承諾がなくても、賃貸人の地位は C に移転します。	×	2021

第8章　破産と賃貸借

重要度▶C

ここでは、賃借人が破産した場合などの賃貸借関係の解除について、確認しておきましょう。
参考書「要点整理」参照ページP.167～

001□□□　賃貸人は、賃借人に破産手続開始決定があったことを理由として賃貸借契約を解除することができる。

002□□□　賃貸借契約書に「賃借人が破産手続き開始決定を受けた場合は、賃貸人の催告なく契約は終了する。」旨の特約があれば、賃借人が破産手続開始決定を受けた時点で常に催告することなく賃貸借契約を解除することができる。

003□□□　賃貸借に関し、借主につき破産手続の開始が決定され、破産管財人が選任されると、貸主が賃料の支払を催告する相手方は、破産管財人となる。

004□□□　賃貸借に関し、借主につき破産手続の開始が決定され、破産管財人が選任された場合、破産管財人は、賃貸借契約を解除することができる。

005□□□　賃貸借に関し、借主につき破産手続の開始が決定されたことは、民法上は、貸主が賃貸借契約を解除する理由にならない。

解答・解説

001	**破産だけを理由として契約解除はできない。** 債務不履行等の契約解除事由がない限り、破産だけを理由に解除はできません。	×	
002	**当該特約により無催告解除できるとは限らない。** 本問のようないわゆる倒産解除特約の有効性については、裁判例も分かれており、常に催告なしで解除できるとは限りません。	×	
003	**設問の記述通りである。** 借主につき破産手続開始決定がなされ破産管財人が選任されると、破産財団の管理処分権は破産管財人に帰属し（破産法 78 条）、破産管財人が賃料関係の権利義務の主体となります。	○	2020
004	**借主の破産管財人は賃貸借契約の解除または履行を選択できる。** 設問の場合、借主の破産管財人は、賃貸借契約の解除または履行を選択することができます（破産法 53 条）。	○	2020
005	**民法上、貸主が賃貸借契約を解除する理由にならない。** 設問の場合、貸主に賃貸借契約の解除権は認められていません。	○	2020

5 賃貸借契約

第９章　当事者の死亡

重要度▶B

賃貸人・賃借人が死亡した場合の権利の承継、および賃借人死亡の際の残置物の取り扱い・告知等が出題ポイントです。
参考書「要点整理」参照ページP.171～

001□□□　Aを貸主、Bを借主とする建物賃貸借契約においてBが死亡した。Bの内縁の妻Cは、Bとともに賃貸住宅に居住してきたが、Bの死亡後（Bには相続人が存在しないものとする）、Aから明渡しを求められた場合、明渡しを拒むことができない。なお、AB間でこれに関する特約はないものとする。

002□□□　Aを貸主、Bを借主とする建物賃貸借契約においてBが死亡した。Bの内縁の妻Cは、Bとともに賃貸住宅に居住してきたが、Bの死亡後（Bには相続人が存在するものとする）、Aから明渡しを求められた場合、明渡しを拒むことができない。なお、AB間でこれに関する特約はないものとする。

003□□□　Aを貸主、Bを借主とする建物賃貸借契約においてBが死亡した。Aが地方公共団体の場合で、賃貸住宅が公営住宅（公営住宅法第2条第2号）であるときに、Bが死亡しても、その相続人は当然に使用権を相続によって承継することにはならない。なお、この問題文に記載のない事実及び特約はないものとする。

004□□□　Aを貸主、Bを借主とする建物賃貸借契約においてBが死亡した場合（相続人はいなかった）、賃借権は当然に消滅する。

005□□□　賃貸物件内に存する借主の所有物（以下、本問において「私物」という。）の廃棄に関して、借主が死亡し、相続人全員が相続放棄をした場合、貸主は当該私物を廃棄することができる。

解答・解説

001 **相続人がいない場合はCが賃借権を承継する。** × 2021

居住の用に供する建物の賃借人が**相続人なしに死亡**した場合において、その当時婚姻または縁組の届出をしていないが、建物の賃借人と事実上夫婦又は養親子と同様の関係にあった同居者があるときは、その同居者は、原則として、建物の賃借人の権利義務を承継します(借地借家法36条1項)。したがって、Cは、Aから明渡しを求められた場合、明渡しを拒むことができます。

002 **明渡しを拒むことができる場合もある。** × 2021

居住の用に供する建物の賃借人が**相続人なしに死亡**した場合においては、その当時内縁関係等にあった同居者があるときは、その同居者は、原則として、**建物の賃借人の権利義務を承継します**(借地借家法36条1項)。ただし、**例外**として、退去を求めることが権利の濫用に当たり許されないこともあります(最判昭和39年10月13日)。したがって、Cは、**明渡しを拒むことができない**わけではありません。

003 **公営住宅の場合は相続人が当然に使用権を相続するのではない。** ○ 2021

公営住宅の入居者が死亡した場合に、その相続人は、当該公営住宅を使用する権利を当然に承継するものではありません(最判平成2年10月18日)。したがって、Bが死亡しても、その相続人は当然に使用権を相続によって承継することにはなりません。

004 **賃借権を含む相続財産は法人となり処分後に国庫に帰属する。** × 2021

Bに相続人がいない場合、賃借権を含む**相続財産は法人とされ**(民法第951条)、相続財産管理人が財産の処分等を行い、その**業務終了後に残った財産が国庫に帰属します**(同法第959条)。したがって、賃借権が当然に消滅するわけではありません。

005 **相続財産管理人が選任されて管理処分権を持つ。** × 2020

借主が死亡し、相続人全員が相続放棄をした場合、相続財産管理人が選任されて管理処分権を持つことになります。**貸主は私物を廃棄することはできません。**

006□□□ 建物賃貸借契約の賃貸人が死亡し、相続人のあることが明らかでない場合、賃貸借契約は終了する。

007□□□ 賃貸取引の対象となる物件において人が死亡した場合の宅地建物取引業者の義務に関し、「宅地建物取引業者による人の死の告知に関するガイドライン」(国土交通省不動産・建設経済局令和3年10月公表)では、取引の対象となる不動産における事案の有無に関し、宅地建物取引業者は、原則として、貸主・管理業者以外に自ら周辺住民に聞き込みを行ったり、インターネットサイトを調査するなどの自発的な調査を行ったりする義務がある。

008□□□ 賃貸取引の対象となる物件において人が死亡した場合の宅地建物取引業者の義務に関し、「宅地建物取引業者による人の死の告知に関するガイドライン」(国土交通省不動産・建設経済局令和3年10月公表)では、入居者が入浴中に溺死したときは、宅地建物取引業者は、次の賃貸借取引の際、原則として、借主に告知する必要がある。

009□□□ 賃貸取引の対象となる物件において人が死亡した場合の宅地建物取引業者の義務に関し、「宅地建物取引業者による人の死の告知に関するガイドライン」(国土交通省不動産・建設経済局令和3年10月公表)では、入居者が死亡した場合、宅地建物取引業者は、死亡時から3年を経過している場合であっても、借主から事案の有無について問われたときは、調査を通じて判明した点を告知する必要がある。

010□□□ 賃貸取引の対象となる物件において人が死亡した場合の宅地建物取引業者の義務に関し、「宅地建物取引業者による人の死の告知に関するガイドライン」(国土交通省不動産・建設経済局令和3年10月公表)では、宅地建物取引業者が人の死について告知する際は、事案の発生時期、場所、死因及び特殊清掃等が行われた場合にはその旨を告げるものとし、具体的な死の態様、発見状況等を告げる必要はない。

006 **賃貸人が死亡しても賃貸借契約が終了するわけではない。** × 2019

貸主が死亡した場合、賃借権も財産権の一種であるため、相続人が貸主の地位を承継します。しかし、相続人のあることが明らかでないときは、**相続財産は法人となり**(民法951条)、一時的に**相続管理人が管理**します。したがって賃貸借契約が終了するわけではありません。

007 **設問にあるような調査を行う義務はない。** × 2022

近隣住民等の第三者に対する調査や、インターネットサイトや過去の報道等に掲載されている事項に係る調査については、正確性の確認が難しいことや、亡くなった方やその遺族等の名誉および生活の平穏に十分配慮し、これらを不当に侵害することのないようにする必要があるからです(ガイドライン3(1))。

008 **原則として告げなくてよい。** × 2022

事故死に相当するものであっても、自宅の階段からの転落や、入浴中の溺死等、日常生活の中で生じた不慮の事故による死については、そのような死が生ずることは当然に予想されるものであり、これが借主の判断に重要な影響を及ぼす可能性は低いと考えられることから、自然死と同様に、**原則としてこれを告げなくてもよい**とされます(ガイドライン4(1))。

009 **調査を通じて判明した点を告知する必要がある。** ○ 2022

3年経過後であっても、借主から事案の有無について問われた場合や、その社会的影響の大きさから借主において把握しておくべき特段の事情があると認識した場合等には、当該事案は取引の相手方等の判断に重要な影響を及ぼすと考えられるため、宅地建物取引業者は、調査を通じて判明した点を**告げる必要があります**(ガイドライン4(3))。

010 **具体的な発見状況等を告げる必要はない。** ○ 2022

告げる際には、亡くなった方やその遺族等の名誉及び生活の平穏に十分配慮し、**これらを不当に侵害することのないようにする必要がある**ことから、氏名、年齢、住所、家族構成や具体的な死の態様、発見状況等を告げる必要はありません(ガイドライン4(4))。

第 10 章　建物の所有権移転等

重要度▸B

ここでは、賃借権の対抗要件と、建物に抵当権が設定されていて、それが実行されて建物が他人の所有物となった場合の、賃借人との法律関係を確認しましょう。
参考書「要点整理」参照ページP．177～

001□□□	A は B 所有の建物を賃借している。A は、当該建物に自ら居住せず、B の承諾を得て、第三者に転貸し居住させている場合、B から当該建物を買い受けた者に対し、賃借権を対抗することができない。
002□□□	建物賃貸人から当該建物を購入した者は、所有権移転登記を備えていない場合であっても、建物売買契約書面を公正証書で作成したときは、購入前に引渡しを受けていた賃借人に、自らが賃貸人であることを主張することができる。
003□□□	建物賃貸借契約において、当該建物の所有権移転に伴い賃貸人たる地位に承継があった場合には、旧賃貸人に差し入れられた敷金は、未払賃料債務があればこれに当然充当され、残額についてその権利義務関係が新賃貸人に承継される。
004□□□	Aは、自己所有の甲建物（居住用）をBに賃貸し、引渡しも終わり、敷金 50 万円を受領した。B が A の承諾を得て賃借権を C に移転する場合、賃借権の移転合意だけでは、敷金返還請求権（敷金が存在する限度に限る。）はBからCに承継されない。
005□□□	抵当権が設定されている建物の抵当権が実行された場合の建物賃貸借に関して、競売で買受人が建物を競落した場合、抵当権の実行前に賃貸借契約が締結され引渡しを受けていれば、賃借人は買受人に賃借権を対抗することができる。

001 **代理占有に該当し、賃借権を対抗できる。** ×

建物の賃貸借は、その**登記あるいは引渡し**が、対抗要件になります(借地借家法31条)。Aは第三者を介して建物を間接占有(代理占有)していますが、これも「引渡し後の占有」とみなされ、新たにその建物を買い受けた者に対抗できます。

002 **公正証書で契約書を作成しても主張し得ない。** ×

賃借人が賃貸借の対抗要件(引渡し等)を備えた後に、その不動産が譲渡されたときは、その不動産の賃貸人たる地位は、その譲受人に移転しますが、賃貸人たる地位の移転は、**賃貸物である不動産について所有権の移転の登記をしなければ**、賃借人に対抗することができません(民法605条の2第3項)。**公正証書で売買契約書を作成していた場合でも同様です。**

003 **残額につき新賃貸人に承継される。** ○

旧賃貸人に差し入れられた敷金は、未払賃料債務があればこれに**当然充当**され、残額についてその権利義務関係が新賃貸人に承継されます(民法605条の2第4項)。

004 **原則として敷金返還請求権は承継されない。** ○

賃貸人の承諾を得て賃借権が譲渡された場合、敷金返還請求権が賃貸人と旧賃借人との間で行使されるため、**新賃借人には、原則として承継されることはありません**(民法622条の2第1項2号、最判昭和53年12月22日)。新賃借人の債務まで従来の敷金で担保することは、敷金を預託した旧賃借人に不測の損害を生じさせるおそれがあるからです。したがって、BからCに承継されません。

005 **抵当権設定前の賃貸借契約は引渡しによって対抗できる。** × 2020

建物賃貸借契約においては、**抵当権設定前に賃貸借契約が締結されている場合**には、引渡し(入居)によって競売の買受人に対抗できます。

006□□□	AがBに対して賃貸住宅(以下、「甲住宅」という。)を賃貸し、甲住宅にBが居住している場合に関し、BがAの同意を得て、賃借権をDに譲渡した場合、敷金に関するBの権利義務関係はDに承継される。
007□□□	抵当権が設定されている建物の抵当権が実行された場合の建物賃貸借に関して、競売で建物を競落した買受人に賃借権を対抗できる場合、賃借人は、買受けの時から 6 か月を経過するまでは、建物の明渡しを猶予される。
008□□□	抵当権が設定されている建物の抵当権が実行された場合の建物賃貸借に関して、競落した建物に、買受人に賃借権を対抗できない建物使用者がある場合、買受人は、建物使用者に対して、買受けの時より後に建物の使用をしたことの対価を請求できる。
009□□□	敷金に関して、貸主 A が賃貸物件を第三者 B に譲渡する際、賃貸人たる地位を A に留保する旨、AB 間で合意すれば、貸主の地位は A に留保され、A は敷金返還義務を負う。
010□□□	賃借人の賃借権が建物所有者に対抗できない場合には、建物に設定されていた抵当権が実行され第三者が建物を競落したときは、賃借人は直ちに建物を新所有者に明け渡さなければならない。

006	**原則として敷金返還請求権は承継されない。** 賃貸人との合意に基づき賃借権が第三者へ譲渡された場合、敷金返還請求権は、第三者である新賃借人には、原則として承継されることはありません（民法 622 条の 2 第 1 項 2 号、最判昭和 53 年 12 月 22 日）。新賃借人の債務まで従来の敷金で担保することは、敷金を預託した旧賃借人に不測の損害を生じさせるおそれがあるからです。	×	2023
007	**買受人に賃借権を対抗できる場合は、建物を明け渡す必要はない。** 買受人に賃借権を対抗できる場合には、そもそも建物を明け渡す必要はありません。よって、建物の引渡しを猶予されるわけではありません。	×	2020
008	**競落した建物に使用者がある場合、使用対価を請求できる。** 本問の場合、買受人は建物使用者に対して、買受けの時より後に建物を使用したことの対価を請求できます。	○	2020
009	**その賃貸物件を B が A に賃貸する旨の合意もする必要がある。** 不動産の譲渡人および譲受人が、賃貸人たる地位を譲渡人に留保する旨およびその不動産を譲受人が譲渡人に賃貸する旨の合意をしたときは、賃貸人の地位は、譲受人に移転しません（民法 605 条の 2 第 2 項）。本問の場合、賃貸人たる地位を A に留保する旨は AB 間で合意していますが、その賃貸物件を B が A に賃貸する旨の合意をしていないので、賃貸人の地位は A に留保されません。したがって、敷金返還義務は A ではなく B が負うことになります。	×	2020
010	**明渡しについて猶予期間が認められる。** 抵当権の登記に遅れる建物の賃借人であっても、競売手続の開始前から建物の使用収益を行っている場合は、その建物の競売における買受けから 6 か月間は明渡しを猶予されます（民法 395 条 1 項）。直ちに明け渡す義務はありません。	×	

011□□□	賃貸人AがBに賃貸し、BがAの承諾を得てCに転貸する建物についてのAB間の原賃貸借契約の終了に関して、AB間の原賃貸借契約に、同契約の終了によりAが転貸借契約を承継する旨の特約がある場合、AB間の原賃貸借契約が終了すれば、AはBの転貸人の地位を承継するが、BのCに対する敷金返還義務は承継しない。
012□□□	貸主が建物を借主に引き渡した後、第三者に当該建物を売却し、所有権移転登記を完了した場合、特段の事情がない限り、敷金に関する権利義務は当然に当該第三者に承継される。

解答・解説

011	**Aは、BのCに対する敷金返還義務についても承継する。** AB 間においてBの転貸人の地位がAに承継された場合、Aは、BのCに対する敷金返還義務についても承継します。	×	2020
012	**所有権が移転し登記がなされた場合は敷金関係も承継する。** 建物賃貸借契約において、その建物の所有権移転に伴い賃貸人たる地位に承継があった場合には、旧賃貸人に差し入れられた敷金は、未払賃料債務があればこれに当然充当され、残額についてその権利義務関係が新賃貸人に承継されます(民法 605 条の 2、最判昭和 44 年 7 月 17 日)。	○	2021

第 11 章　特別の賃貸借契約

重要度▶A

高齢者住まい法に基づく終身建物賃貸借契約は、頻出項目です。その契約の成立要件など、押さえましょう。
参考書「要点整理」参照ページP. 179～

001□□□	高齢者の居住の安定確保に関する法律（高齢者住まい法）に基づく終身建物賃貸借契約は、借主の死亡に至るまで存続し、かつ、借主が死亡したときに終了するが、これは特約により排除することも可能である。
002□□□	高齢者の居住の安定確保に関する法律（高齢者住まい法）に基づく終身建物賃貸借契約を締結する場合、公正証書によるなど書面によって行わなければならない。
003□□□	高齢者の居住の安定確保に関する法律（高齢者住まい法）に基づく終身建物賃貸借契約の対象となる賃貸住宅は、高齢者住まい法が定めるバリアフリー化の基準を満たす必要がある。
004□□□	高齢者の居住の安定確保に関する法律（高齢者住まい法）に基づく終身建物賃貸借契約では、賃料増額請求権及び賃料減額請求権のいずれも排除することができる。
005□□□	一時使用建物賃貸借契約は、短期間の住宅使用を目的としているため、その契約期間は 2 年未満でなければならないものとされている。

001 **特約による排除は認められない。** × 2022

終身建物賃貸借契約は、借主の死亡に至るまで存続し、かつ賃借人が死亡したときに終了するとされており（高齢者の居住の安定確保に関する法律52条、54条2号）、**特約による排除は認められません。**

002 **書面によって行わなければならない。** ○ 2022

終身建物賃貸借契約の成立について、正しい記述です（高齢者の居住の安定確保に関する法律52条、54条2号）。

003 **バリアフリー化の基準を満たす必要がある。** ○ 2022

終身建物賃貸借契約の**対象となる賃貸住宅**について、正しい記述です（高齢者の居住の安定確保に関する法律54条1号イ、ロ）。

004 **いずれも排除することができる。** ○ 2022

終身建物賃貸借契約における賃料増額請求権および賃料減額請求権の**特約の排除**について、正しい記述です（高齢者の居住の安定確保に関する法律63条、借地借家法32条）。

005 **一時使用目的であることが明らかであれば判断される。** ×

一時使用建物賃貸借契約とは、一時使用のために建物の賃貸借をしたことが明らかな契約をいいます。建築中の自宅が完成するまでの間の仮住まいとして賃貸借するような場合が典型です。その期間の長短に制限はなく、2年以上であっても**一時使用目的であることが明らかであれば一時使用目的と判断されます。**

006□□□	一時使用目的の建物の賃貸借契約の締結は、書面によらなくても効力が生じる。
007□□□	一時使用のために建物の賃貸借をしたことが明らかな場合には、借地借家法の適用はない。
008□□□	高齢者の居住の安定確保に関する法律に基づく終身建物賃貸借契約の締結は、書面によって行わなければ効力が生じない。
009□□□	終身建物賃貸借契約は、公正証書等の書面で行うことが必要であり、賃貸借契約は借主が死亡した時に終了する。
010□□□	終身建物賃貸借契約は、高齢者の居住の安定確保に関する法律に基づき、高齢者の円滑な入居を促進するために創設された契約形態であり、契約前に、貸主から直接その旨の説明と解説書の交付が入居の要件となっている。

解答・解説

006	**書面によらなくても効力が生じる。** 一時使用目的の建物賃貸借は民法が適用されるので**諾成契約**となります。したがって、書面によらなくても効力が生じます。	○	
007	**一時使用のための賃貸借では借地借家法の適用はない。** 一時使用のために建物の賃貸借をしたことが明らかな場合は、借地借家法の借家の章の規定の適用がありません(借地借家法 40 条)。	○	2015
008	**書面によって行わなければ効力が生じない。** 終身建物賃貸借契約は、公正証書による等書面によって契約をするときに限り、借主が死亡した時に終了する旨を定めることができます。したがって、**書面によって行わなければ効力が生じません**。	○	2016
009	**公正証書等の書面による契約がその要件である。** 終身建物賃貸借契約は、公正証書による等書面によって契約をするときに限り、借主が死亡した時に終了する旨を定めることができます。	○	2015
010	**公正証書等の書面による契約が要件である。** 終身建物賃貸借契約は公正証書による書面等で契約することが要件となっており、**事前の説明と解説書の交付は要件となっていません**。	×	

第12章　使用貸借

重要度▶A

使用貸借も、賃貸借契約と同様に「諾成契約」です。しかし、「対抗力を有しない」「借主の死亡によって終了する」など、異なる点もあり、それらが出題ポイントとなります。
参考書「要点整理」参照ページP.182～

001□□□　貸主が死亡した場合、使用貸借契約は終了するが、賃貸借契約は終了しない。

002□□□　使用貸借契約の終了に当たっては、賃貸借契約の終了時に必要とされることがある正当事由は必要とされない。

003□□□　使用貸借契約の対象建物が売却された場合、賃貸借契約と異なり、借主は当該建物の買主に対して使用貸借契約を対抗することができない。

004□□□　使用貸借契約の借主は、賃貸借契約の借主と異なり、対象建物の通常の必要費を負担する。

005□□□　使用貸借契約の成立のためには建物の引渡しを要せず、賃貸借契約の場合も引渡しは契約成立の要件とされていない。

001	**貸主が死亡しても使用貸借契約も賃貸借契約も終了しない。** 貸主が死亡しても使用貸借契約も賃貸借契約も終了しません。なお、使用貸借契約は、借主が死亡した際には当然に終了します（民法597条3項）。	×	2016
002	**使用貸借契約では正当事由は必要とされない。** 借地借家法の適用のある賃貸借契約の終了時には、正当事由が必要とされますが（借地借家法6条、同法28条）、使用貸借契約においては、正当事由は必要とされていません。	○	2016
003	**使用借権の場合は対抗力を有しない。** 一般に使用借権も賃借権も物権ではないので、借主は、貸主以外の第三者に対しこれをもって対抗することはできません。したがって、貸主が賃借建物の所有権を第三者に譲渡した場合には、借主は第三者からの返還請求に応じなければなりません。しかし、賃借権の場合は、借主は、例外的に第三者に対抗することができますが（民法 605条、借地借家法 31 条）、使用借権の場合はそのような例外規定は定められていません。	○	2016
004	**使用貸借契約の借主は通常の必要費を負担する。** 使用貸借契約の借主は通常の必要費を負担します（民法 595 条 1項）。それに対して、賃貸借契約の場合は原則として貸主の負担に属します（同法608条1項）。なお、必要費とは、現状を維持するための費用に加え、賃貸不動産を通常の用法に適する状態において保存するために支出される費用をいいます。	○	2016
005	**引渡しは契約成立の要件とされていない。** 使用貸借契約も賃貸借契約もその成立のためには建物の引渡しを要件としていません（民法593条、同601条）。	○	2019

006□□□　使用貸借契約は賃貸借契約と異なり、借地借家法の適用がない。

007□□□　使用貸借契約の使用借主も賃貸借契約の賃借人も、使用貸主及び賃貸人に対して、賃料を支払う必要がある。

008□□□　使用貸借契約は賃貸借契約と異なり、期間満了による契約終了に当たり、賃貸借契約の終了時に必要とされる正当事由を要しない。

009□□□　建物賃貸借契約の期間が満了した場合、同契約が法定更新されることはあるが、建物使用貸借契約の期間が満了しても、同契約が法定更新されることはない。

010□□□　契約に特段の定めがない場合、建物賃貸借契約における必要費は貸主が負担し、建物使用貸借契約における必要費は借主が負担する。

011□□□　Aは、自己所有の建物について、災害により居住建物を失った友人Bと、適当な家屋が見つかるまでの一時的住居とするとの約定のもとに、使用貸借契約を締結した。Bは、Aの承諾がなければ、この建物の一部を、第三者に転貸して使用収益させることはできない。

012□□□　Aは、自己所有の建物について、災害により居住建物を失った友人Bと、適当な家屋が見つかるまでの一時的住居とするとの約定のもとに、使用貸借契約を締結した。適当な家屋が現実に見つかる以前であっても、適当な家屋を見つけるのに必要と思われる客観的な時間を経過した場合は、AはBに対し、この建物の返還を請求することができる。

解答・解説

006	**借地借家法の適用がない。** 使用貸借契約は賃貸借契約と異なり、借地借家法の適用がありません。	○	2019
007	**使用貸借契約の使用借主は賃料を支払う必要がない。** 賃貸借契約の賃借人は賃貸人に対して、賃料を支払う必要がありますが（民法601条）、**使用貸借契約の使用借主は賃料を支払う必要がありません**（民法593条）。	×	2019
008	**正当事由を要しない。** 使用貸借契約は賃貸借契約と異なり、期間満了による契約終了に当たり、賃貸借契約の終了時に必要とされる正当事由を要しません。使用貸借契約には借地借家法が適用されないからです。	○	2019
009	**建物使用貸借契約について、法定更新の規定はない。** 建物賃貸借契約については法定更新の規定がありますが（借地借家法26条1項）、建物使用貸借契約については法定更新の規定はありません。	○	2022
010	**建物使用貸借契約における必要費は借主が負担する。** 建物賃貸借契約における必要費は貸主が負担し（民法608条1項）、建物使用貸借契約における借主は借用物の通常の必要費を負担する（民法595条1項）こととされています。	○	2022
011	**転貸には貸主の承諾が必要である。** 使用貸借契約の場合、借主は、貸主の承諾を得なければ、**借用物の一部であっても、第三者に借用物の使用や収益をさせることができません**（民法594条2項）。この点に関しては、通常の賃貸借契約と同じです。	○	
012	**客観的な期間の経過により、返還請求できる。** 本問のように、他に適当な家屋に移るまでしばらくの間の一時的住居として使用収益する使用貸借においては、**適当な家屋を見つけるのに必要と思われる期間を経過した場合**には、たとえ**現実に見つかる以前でも、建物の返還を直ちに請求できます**（最判昭和34年8月18日）。したがって、AはBに対し、返還を請求することができます。	○	

第６編　金銭の管理

学習時間	20 時間
出題数	5～7 問程度
学習指針	一部滅失の場合の賃料、物価変動等での借賃増減額請求の要件と手続、敷金、保証についてそれぞれ法令及び判例の知識を整理して覚えましょう。それぞれ頻出分野です。 保証については根保証も含め正確に理解しましょう。分別管理は会計原則が重要です。

第1章　賃　料

重要度▶A

賃貸借契約における賃料債務について中心的に学びましょう。賃料とは、建物使用の対価として支払われる金銭です。
参考書「要点整理」参照ページP. 188～

001□□□　賃貸人Aは賃借人Bに対して、賃料(共益費込み)月額金10万円、当月分前月末日払い、遅延した場合は年10%の遅延損害金を請求できる旨の約定でアパートの一室を賃貸した。Bは、令和4年10月分、同年11月分及び同年12月分の賃料を滞納したが、同年12月15日、Aに金20万円を持参した。この場合、弁済の充当に関する民法の定めは強行規定であるため、AB間でこれと異なる合意をしても無効である。

002□□□　AがBに対してマンションの一室を賃貸している。Bの支払っている賃料を変更する場合、積算賃料および比準賃料を関連づけて決定し、適正な純収益を求めることができるときは、収益賃料を比較考量して決定する。

003□□□　賃料の供託に関し、貸主に賃料を受領してもらうことが期待できない場合、借主は直ちに供託することができる。

004□□□　賃貸人Aは賃借人Bに対して、賃料(共益費込み)月額金10万円、当月分前月末日払い、遅延した場合は年10%の遅延損害金を請求できる旨の約定でアパートの一室を賃貸した。Bは、令和4年10月分、同年11月分及び同年12月分の賃料を滞納したが、同年12月15日、Aに金20万円を持参した。この場合、Bは、Aに対して、令和4年10月分の賃料及び同月分の遅延損害金に金20万円を優先的に充当するよう指定することができない。

005□□□　AがBに対してマンションの一室を賃貸している場合において、共用部分の使用は専用部分の使用に必要な限度においてのみ認められることから、共用部分の使用の対価はBの支払う賃料には含まれない。

解答・解説

001	**当事者間の合意があればその内容に従って充当される。** 弁済の充当について当事者間の合意があれば、その内容に従って充当されることになるので、本問の記述は誤りです(民法490条)。	×	2020
002	**記述の内容は新規賃料の決定方法についての説明である。** 継続賃料(賃貸借契約が継続している場合の賃料)については、差額配分法による賃料、利回り法による賃料、スライド法による賃料および比準賃料を関連づけて決定します。問題文の手法は、新規賃料(新たな賃貸借における賃料)の決定方法です。	×	
003	**「受領してもらうことが期待できない場合」では供託できない。** 供託するためには供託原因である①受領拒絶②受領不能③債権者不確知のいずれかが必要となりますが、「受領してもらうことが期待できない場合」はこれらにあたりません(民法494条)。	×	2020
004	**弁済者はその弁済を充当すべき債務を指定できる。** 弁済者Bはその弁済を充当すべき債務を指定することができます(民法488条1項)。	×	2020
005	**賃料には共用部分の使用の対価が含まれる。** マンションの廊下・階段等の共用部分の使用は専用部分の使用に必要な限度において当然に認められることから、共用部分の使用の対価も賃料に含まれます。	×	

006□□□　貸主が賃料の受領を拒絶している場合、借主は賃料を供託することにより、債務不履行責任のみならず賃料支払義務を免れることができる。

007□□□　借主の地位を複数人が共に有する場合、各借主は賃料支払債務を分割債務として負担する。

008□□□　賃料の供託に関し、自身が賃貸人であると主張する者が複数名おり、賃借人が過失なく賃貸人を特定できない場合、賃借人はそのうちの一人に賃料を支払えば賃料支払義務を免れるため、賃料を供託することができない。

009□□□　建物が完成した時を始期とする賃貸借契約において、建物建築中に経済事情の変動によってAB間で定めた賃料が不相当になっても、建物の使用収益開始前にBから賃料減額請求を行うことはできない。

010□□□　賃貸借契約の貸主の地位を複数の貸主が共に有する場合(ただし、各貸主の持分は相等しいものとする。)、各貸主は単独で賃料増額請求権を行使することができる。なお、本契約は、定期建物賃貸借契約ではないものとする。

011□□□　Aを貸主、Bを借主とする建物賃貸借契約について、Bが賃料減額請求権を行使してAB間に協議が調わない場合、賃料減額の裁判の確定時点から将来に向かって賃料が減額されることになる。

解答・解説

006	**借主は供託により債務不履行責任と賃料支払義務を免れる。** 貸主が賃料の受領を拒絶しているような場合には、借主は賃料を供託することにより、**債務不履行責任のみならず賃料支払義務を免れることができます**(民法492条、494条)。	○	2019
007	**各借主は貸主に対して賃料全額の支払義務を負う。** 賃貸不動産の借主が複数の場合、借主の債務は、賃貸不動産を使用収益するという不可分な給付の対価としての賃料支払債務となるので(大判大正11年11月24日)、共同借主各々は、貸主に対して**賃料全額の支払義務を負う**ことになります。	×	2019
008	**債権者不確知に該当して賃借人は賃料を供託することができる。** 自身が賃貸人であると主張する者が複数名おり、賃借人が過失なく賃貸人を特定できない場合は、**債権者不確知に該当して賃借人は賃料を供託することができます**(民法494条2項)。	×	2020
009	**建物の使用収益の開始前では賃料減額請求はできない。** 建物の賃料が経済事情の変動等で不相当になったときは、一定期間は増額しない旨の特約がある場合を除いて、契約の条件にかかわらず、当事者は、将来に向かって賃料の額の増減を請求することができます(借地借家法32条1項)。しかし、**建物の使用収益の開始前には、賃料減額請求はできません**。	○	
010	**過半数で権利を行使しなければならない。** 賃貸人が複数の場合の賃料増額請求権の行使は、共有物の利用等の管理行為に当たるとされているため(東京高判平成28年10月19日)、共有者の持分の価格に従い、その**過半数で権利を行使し**なければなりません(民法252条1項)。単独ではありません。	×	2019
011	**賃料減額の効力は請求の意思表示の際に遡って生じる。** 賃料減額の裁判が確定したときは、その効力は、**減額請求の意思表示が相手方に到達した時に遡って生じます**(借地借家法32条)。裁判所の判決は、形成権の行使(減額請求)によって生じた賃料の改定を確認するに過ぎないからです。	×	

012□□□　貸主から賃料増額請求を受けた借主は、賃料増額に関する裁判が確定するまでの間、増額された賃料を支払わなければならない。なお、本契約は、定期建物賃貸借契約ではないものとする。

013□□□　A を貸主、B を借主とする建物賃貸借契約について、A が賃料増額請求権を行使して AB 間に協議が調わない場合、B は A の請求額を支払わなければならないが、賃料増額の裁判で正当とされた賃料額を既払額が超えるときは、A は超過額に年 1 割の利息を付して B に返還しなければならない。

014□□□　賃料の増減額請求に関し、普通建物賃貸借契約の約定に「賃料の増減は協議による」との記載があった場合、協議を経なければ、貸主は借主に対し、借地借家法上の賃料増額請求をすることはできない。

015□□□　貸主の賃料増額請求権を一定期間排除する特約は有効である。なお、本契約は、定期建物賃貸借契約ではないものとする。

016□□□　賃料増減請求は、請求権を行使した時ではなく、客観的に賃料が不相当となった時に遡って効力を生ずる。

017□□□　賃料改定を協議により行うとする特約が定められている場合であっても、賃料増減請求を行うことができる。

012 **相当と認める額の建物の賃料で足りる。** × 2019

賃料の増額について当事者間に協議が調わないときは、賃借人は、増額を正当とする裁判が確定するまでは、**相当と認める額の建物の賃料を支払う**ことをもって足ります（借地借家法 32 条 2 項本文）。増額された賃料ではありません。

013 **不当利得として年分の法定利息を付して返還する。** ×

本問において、賃料増額の裁判で正当とされた賃料額を既払額が払えない場合は年 1 割の利息となりますが、**超えるときは民法が適用され、原則として年 3 分の法定利息**となります。

014 **協議を経なくても、賃料増額請求はできる。** × 2020

賃料改定は協議により行うとする条項が定められていても、賃料増減額請求は可能です（最判昭和 56 年 4 月 20 日）。したがって、**協議を経なくても**、貸主は借主に対し、借地借家法上の賃料増額請求をすることはできます。

015 **普通建物賃貸借契約では不増額特約は有効。** ○ 2019

普通建物賃貸借契約では、一定の期間賃料を増額しない旨の特約（不増額特約）がある場合には、その**不増額特約は有効**です（借地借家法 32 条 1 項但書）。

016 **賃料増減請求が相手方に到達したときに効力が発生する。** × 2021

賃料増減額請求権は一方的な意思表示により効力が生じる形成権であり、**賃料増減額請求権の意思表示が相手方に到達したとき**に効力が発生します。客観的に賃料が不相当となった時に遡って効力を生ずるのではありません。

017 **特約で賃料増減請求を制限できない。** ○ 2021

借地借家法に定める賃料増減請求の規定は強行法規であって、**特約によってもその適用を排除することはできません**（最判昭和 31 年 5 月 15 日）。このような特約は、賃貸借当事者間の信義に基づき、できる限り訴訟によらずに当事者双方の意向を反映した結論に達することを目的としたにとどまり、当事者間に協議が成立しない限り賃料の増減を許さないとする趣旨のものではありません（最判昭和 56 年 4 月 20 日）。

018□□□ 借主が賃料減額請求を行ったが、協議が調わない場合、減額を正当とする裁判が確定するまでの間、借主は減額された賃料を支払えば足り、貸主は従前の賃料を請求することができない。

019□□□ 賃料改定については、合意が成立しなければ、訴訟によって裁判所の判断を求めることになるが、原則として、訴訟提起の前に調停を申し立てなければならない。

020□□□ AB 間の建物賃貸借契約が、B が当該建物をさらに第三者に転貸する事業を行ういわゆるサブリース契約である場合、使用収益開始後、経済事情の変動によってAB 間で定めた賃料が不相当となったときは、B から賃料減額請求を行うことができない。

021□□□ A が B に対してマンションの一室を賃貸している。A が死亡し、C が A の相続人と称して B に対して賃料を請求した場合、B は、C が相続人であるかどうか明らかでないことを理由に賃料を供託することができる。

022□□□ 賃貸借契約書に「借主が賃料を滞納した場合や、契約終了後1か月以内に退去しない場合には、貸主は鍵を交換し、室内の家具類を廃棄することができる。」という規定がある場合、貸主が実際に室内の家具類を廃棄しても、刑事責任を問われることはない。

023□□□ 賃貸借契約書に「賃借人が賃料を滞納した場合には、賃料請求に係る一切の行為につき不法行為責任は生じない。」という規定がある場合、賃貸人は、賃借人が賃料を滞納したときは、鍵を交換することができる。

018	**賃貸人が相当と認める金額の家賃を支払うよう請求できる。** 借賃の減額請求について協議が調わず裁判になったとき、賃貸人は、その裁判で減額が確定するまでの期間は、賃貸人自身が相当と認める金額の家賃を支払うように賃借人に対して請求できます（借地借家法 32 条 3 項本文）。したがって、借主は減額された賃料を支払えば足りるわけではありません。	×	2021
019	**賃料改定は調停前置主義を採用している。** 賃料増減請求については、合意が成立しなければ訴えによって裁判所の判断を求めることとなりますが、訴えの提起の前に調停を申し立て（調停前置主義）なければなりません（民事調停法 24 条の 2）。	○	2021
020	**サブリース契約にも借地借家法が適用され増減額を請求できる。** サブリース契約にも借地借家法が適用され、当事者は賃料の増減額を請求できます（最判平成 15 年 10 月 21 日）。したがって、サブリース業者 B から賃料減額請求を行うことができます。	×	2021
021	**債権者不確知に該当して賃借人は賃料を供託することができる。** 債務者が過失なく債権者を確知することができない場合等には、債務者は弁済供託することができます。債権者死亡後の相続人と称する者の相続権の有無が不明である場合や、譲渡禁止特約付債権が譲渡され、譲受人の善意無過失が不明な場合等があります。	○	2015
022	**不法行為等の責任を問われる場合がある。** 本問のような規定が賃貸借契約書にある場合であっても、その規定自体が公序良俗に反して無効となる可能性が高いです（民法 90 条）。その場合、室内の家具類を廃棄する行為は不法行為（民法 709 条）、さらには住居侵入罪等（刑法 130 条）に問われる可能性もあります。	×	
023	**不法行為等の責任を問われる場合がある。** 賃貸借契約書に問題文のような規定がある場合でも、実際に、貸主が鍵を交換した場合は不法行為等の責任を問われることがあります。	×	

024□□□ 賃貸物件内に存する借主の所有物(以下、本問において「私物」という。)の廃棄に関して、借主が行方不明となった場合、賃貸借契約書に貸主が貸室内の私物を処分することができる旨の記載があったとしても、貸主は私物を廃棄することができない。

025□□□ 明渡しを命じる判決が確定すれば、貸主は、強制執行によることなく、居室内に立ち入り、残置物を処分することができる。

026□□□ 貸主は、契約解除後、借主が任意に明渡すことを承諾している場合、明渡し期限後の残置物の所有権の放棄を内容とする念書を取得すれば、借主が退去した後に残置物があったとしても自らこれを処分することができる。

027□□□ 管理受託方式の賃貸管理業者が貸主の代理として内容証明郵便を送付する行為は弁護士法に違反することはない。

028□□□ 管理受託方式の管理業者が、貸主に代わって管理業者の名前で借主に賃料の請求をする行為は、弁護士法第 72 条(非弁護士の法律事務の取扱い等の禁止)に抵触する可能性がある。

029□□□ 管理受託方式により賃貸管理を行っている管理業者は、賃貸人の代理人として、賃借人に対して未収賃料の回収のため、裁判所への即決和解の申立てを行うことができる。

030□□□ 賃料支払いを請求する相手方は借主及び保証人であり、借主の同居配偶者は契約当事者ではないので請求することはできない。

024	**貸主は私物を廃棄できない。** 賃貸借契約書に廃棄についての問題文にある規定がある場合であっても、直ちに貸主が私物を廃棄できるわけではありません。	○	2020
025	**強制執行が必要である。** 明渡しを命じる判決が確定しても、賃貸人は強制執行によらなければ居室内への立ち入りや残置物を処分することは、自力救済等にあたり禁止されています。	×	2021
026	**残置物の所有権の放棄を内容とする念書があれば可能。** 賃貸人は、契約解除後、賃借人が任意に明渡すことを承諾している場合、明渡し期限後の残置物の所有権の放棄を内容とする念書を取得すれば、仮に引越し後の残置物があったとしても、粗大ゴミ程度のものであれば、賃借人の承諾があったものとして、処分することができます。	○	2021
027	**弁護士法に違反すると判断される可能性がある。** 賃料支払義務の存否が争われている状況において、貸主に代わって管理業者名で内容証明郵便を送付する行為は、弁護士法に違反すると判断される可能性があります。	×	2019
028	**弁護士法 72 条に抵触する可能性がある。** 管理受託方式において、管理業者およびその従業者が賃料の回収業務等についてどのような行為ができるのか、弁護士法 72 条(非弁護士の法律事務の取扱い等の禁止)との関係で整理する必要があります。管理業者が貸主に代わって管理業者の名前で借主に賃料を請求する行為は弁護士法 72 条に抵触する可能性があります。	○	2019
029	**非弁行為に該当するおそれがあり、即決和解の申立てはできない。** 弁護士法72条に定める非弁護士の法律事務の取扱等の禁止に違反する可能性があります。したがって、貸主の代理人として即決和解の申立てを行うことはできません。	×	
030	**同居配偶者にも日常家事連帯債務として請求が可能。** 賃料支いを請求する相手方は、まず賃借人です。しかし、保証人はもちろん、賃借人の同居配偶者にも日常家事連帯債務として請求が可能です(札幌地判昭和 32 年9月 18 日)。	×	

031□□□ 「滞納賃料 823,000 円を本通知書到達後 30 日以内にお支払い下さい。万一支払いなきときは、契約解除を致しますことを申し添えます。」という文面の催告書では、解除の際に再度通知が必要となる。

032□□□ 貸主が、6 か月分の賃料として 90 万円を滞納している借主に対し「滞納賃料 90 万円を本通知書到達後 14 日以内に支払え。万一支払なきときは、本契約は解除されたものとみなす。」という通知をした場合、通知書が到達してから 14 日以内に支払がなかったときは、再度解除通知を内容証明郵便で送達することで、賃貸借契約は解除により終了する。

033□□□ 賃料滞納を理由として賃貸借契約を解除する場合、配達証明付き内容証明郵便を用いて催告を行うと、催告を行ったことについて裁判上の証拠となる。

034□□□ 賃料の増減額請求に関し、貸主が賃料の増額を請求し借主がこれを拒んだが、貸主の請求を認めた裁判が確定した場合、借主が賃料の不足額を支払うにあたり、特約がないときは、年 1 割の場合による支払期後の利息を付加しなければならない。

035□□□ 内容証明郵便は、郵便局(日本郵便株式会社)が郵便物の記載内容の真実性を保証する制度である。

031 **この文面では原則どおり解除通知も別に必要となる。** ○
履行遅滞による契約解除は、相当期間定めた上での催告の後、契約解除ができるので、この**催告書の文面では原則どおり解除通知も必要となります。**

032 **再度の解除通知は必要なく効力が発生する。** ×
本問の催告は、条件付き契約解除通知といいます。契約解除を前提とする場合や、借主が2度目の通知を受け取らないおそれがあるような場合に用います。所定の期間内に賃料の支払いがない場合には、**あらためて解除通知をすることなく、期間経過により解除となります**(民法541条、大判明治43年12月9日民録19巻910頁)。

033 **催告を行ったことにつき裁判上の証拠となる。** ○ 2018
内容証明郵便は、いつ、いかなる内容の郵便物を、誰が誰に宛てて差し出したかを郵便局(日本郵便株式会社)が証明する制度です(郵便法 48 条)。さらに、配達証明付きの内容証明郵便にすれば、郵便物が到達したことも証明できます。したがって、**配達証明付き内容証明郵便を用いて催告を行うと、催告を行ったことについて裁判上の証拠となります。**

034 **裁判が確定したら年1割利息を付ける。** ○ 2020
建物の借賃の増額について当事者間に協議が調わないときは、その請求を受けた者は、増額を正当とする裁判が確定するまでは、相当と認める額の建物の借賃を支払うことをもって足ります。ただし、その裁判が確定した場合において、既に支払った額に不足があるときは、**その不足額に年1割の割合**による支払期後の利息を付してこれを支払わなければなりません(借地借家法32条2項)。

035 **記載内容の真実性は保証されない。** ×
内容証明郵便は、文書の内容の**真実性を証明するものではありません。**いつ、いかなる内容の郵便物を、誰が誰に宛てて差し出したかを郵便局(日本郵便株式会社)が証明する制度です。

036□□□　債権の譲渡は、譲渡人が債務者に内容証明郵便等の確定日付ある証書による通知をすることで、債務者以外の第三者に対抗することができる。

037□□□　内容証明郵便には、郵便物が到達したか否かを証明する配達証明の機能がある。

038□□□　借主が賃料の減額を請求し貸主がこれを拒んだが、借主の請求を認めた裁判が確定した場合、貸主が受け取った賃料の過払額を返還するにあたり、民法の定める法定利率による利息を付加しなければならない。

039□□□　公正証書は、公証人が作成する文書ではない。

040□□□　公正証書により賃貸借契約を締結したとしても、公正証書に基づき建物明渡しの強制執行を行うことはできない。

036	**確定日付のある証書により第三者に対抗できる。** 債権の譲渡(現に発生していない債権の譲渡を含む)は、譲渡人が債務者に通知をし、または債務者が承諾をしなければ、債務者その他の第三者に対抗することができません。この通知または承諾は、確定日付のある証書(内容証明郵便や公正証書)によってしなければ、債務者以外の第三者に対抗することができません(民法 467 条)。	○	
037	**配達証明の機能は別である。** 内容証明郵便は、郵便物の通知内容の証明にすぎないので、郵便物が相手方へ到達したかどうか、到達したのはいつかについては証明にはなりません。したがって、配達証明と併用するのが一般的です。	×	
038	**民法の定める法定利率による利息ではない。** 建物の借賃の減額について当事者間に協議が調わないときは、その請求を受けた者は、減額を正当とする裁判が確定するまでは、相当と認める額の建物の借賃の支払を請求することができます。ただし、その裁判が確定した場合において、既に支払を受けた額が正当とされた建物の借賃の額を超えるときは、その超過額に年 1 割の割合による受領の時からの利息を付してこれを返還しなければなりません(借地借家法 32 条 3 項)。したがって、民法の定める法定利率(原則:3%)による利息ではありません。	×	2020
039	**公証人によって作成されるものである。** 公正証書は、公証人により作成されるものです(公証人法 1 条 1 項)。具体的には、公証人法に基づき、法務大臣に任命された公証人が作成する公文書です。なお、公証人とは、裁判官や検察官、法務局長などを永年勤めた選ばれた法律の専門家です。	×	
040	**公正証書では建物明渡しの強制執行はできない。** 公正証書によって強制執行ができるのは金銭支払いを目的とする請求に限られており、建物明渡しの強制執行は認められません。	○	2020

041□□□ 貸主は、賃貸借契約書を公正証書で作成した場合であっても、建物の明渡しの強制執行をするためには、訴訟を提起して判決を得なければならない。

042□□□ 支払督促の申立先は、簡易裁判所の裁判所書記官である。

043□□□ 支払督促に対し、異議のある債務者は、異議申立てを行うことができ、異議が申し立てられると、支払督促手続は停止し、裁判所書記官による即決和解手続に移行する。

044□□□ 支払督促手続では、債権者の申立てだけに基づき、その主張の真偽について実質的な審査をせずに支払督促が出されることになっている。

045□□□ 支払督促の申立てがなされれば、督促異議の有無を問わず仮執行宣言がなされる。

046□□□ 少額訴訟の対象は、訴額が60万円以下の事件に限られる。

041	**公正証書に執行力が認められるのは金銭債務の支払に限定。** 公正証書に執行力が認められるのは金銭債務の支払いが履行されない場合に限られています（民事執行法 22 条）。したがって、**建物の明渡しの強制執行をするためには、公正証書だけでは不可能**で、訴訟を提起して判決を得なければなりません。	○	2021
042	**申立先は簡易裁判所の裁判所書記官である。** なお、支払督促が申し立てられると、**裁判所書記官**がその内容を審査し、支払督促を発付します。しかし、相手方が異議を申し立てると、事件は、通常の訴訟手続で審理されることになります。相手方が支払督促を受け取ってから異議を申し立てずに 2 週間を経過した場合には、申立人はそれから 30 日以内に仮執行宣言の申立てをすることができます。	○	
043	**訴訟手続へと移行する。** 異議が申し立てられると、督促異議に係る請求は、**訴訟手続に移行**するため、債務者は厳格な審理を求めることができます。「裁判所書記官による即決和解手続」という制度は存在しません。	×	
044	**審査をせずに支払督促が出される。** 支払督促は、債権者の一方的申立てに基づきその主張の**真偽について実質的な審査をせず**、簡易裁判所の書記官が支払督促（支払命令）を出すものです（民事訴訟法 382 条）。	○	
045	**督促異議の申立てをしない場合になされるものである。** **督促異議の申立てをしない場合**に、債権者の申立てに基づいて裁判所書記官が仮執行の宣言をすることにより付されます（民事訴訟法 391 条）。	×	
046	**少額訴訟の訴額は 60 万円以下とされている。** 少額訴訟は、簡易裁判所における訴訟手続で、対象となる事件は、**訴額が 60 万円以下の金銭の支払いの請求を目的とする**ものです（民事訴訟法 368 条 1 項）。	○	

047□□□ 賃貸人が行う未収賃料の回収等における実務に関し、賃貸人が、賃料の未収が生じた際に、訴訟を提起せず強制執行により回収したい場合、賃借人の同意を得て、未収賃料の支払方法及び支払が遅滞した場合において賃借人が直ちに強制執行に服する旨の陳述が記載されている公正証書を作成すればよい。

048□□□ 少額訴訟による審理および裁判を求める旨の申述は、訴えの提起の際だけではなく、審理終了後にも行うことができる。

049□□□ 賃貸人ＡがＢに管理を委託しＣに賃貸する管理受託方式と、ＡがＢに賃貸し、ＢがＡの承諾を得てＣに転貸するサブリース方式の異同に関し、ＢのＣに対する立退交渉は、管理受託方式もサブリース方式もいずれも弁護士法に抵触し違法となるおそれがある。

050□□□ 少額訴訟では、不動産の明渡しを目的とする訴えも審理の対象となる。

051□□□ 建物明渡しの訴訟及び強制執行に関し、裁判上の和解が成立した場合、和解調書に基づき建物明渡しの強制執行を行うことができる。

052□□□ 裁判所は、請求の全部又は一部を認容する判決を言い渡す場合、被告の資力その他の事情を考慮し、特に必要がある場合には、判決の言渡日から５年を超えない範囲内で、支払猶予又は分割払の定めをすることができる。

053□□□ 建物明渡しの訴訟及び強制執行に関し、訴額が 60 万円以下の場合は、少額訴訟を提起することにより建物の明渡しを求めることができる。

054□□□ 建物明渡しの訴訟及び強制執行に関し、即決和解（起訴前の和解）が成立したとしても、和解調書に基づき建物明渡しの強制執行を行うことはできない。

047	**強制執行には執行証書が必要である。** 金銭の一定の額の支払又はその他の代替物もしくは有価証券の一定の数量の給付を目的とする請求について公証人が作成した**公正証書**で、債務者が直ちに強制執行に服する旨の陳述が記載されているもの（執行証書）は、債務名義となり、**裁判をしなくても直ちに強制執行することが可能**です（民事執行法22条5号）。	○	2020
048	**審理終了後に行うことはできない。** 原告が少額訴訟を希望するときは、**訴えを提起する際**に、少額訴訟による審理及び裁判を求める旨の申述をする必要があります（民事訴訟法368条2項）。審理終了後には行えません。	×	
049	**サブリース方式では、当事者としてBはCに立退交渉できる。** BのCに対する地位は、管理受託方式の場合は第三者に過ぎませんが、サブリース方式の場合は賃貸借契約における賃貸人です。よって、サブリース方式の場合は、**当事者としてBはCに対し立退交渉をすることができます**。	×	2021
050	**金銭債権に限定される。** 少額訴訟は**金銭債権に限定**されます。不動産の明渡しを目的とする訴えは**通常の訴訟手続による必要があります**。少額訴訟は、簡易裁判所における訴訟手続で、訴額が60万円以下に限定されています。	×	
051	**和解調書に基づき建物明渡しの強制執行を行うことができる。** 裁判上の和解による**和解調書は確定判決と同一の効力があり**、建物明渡しの強制執行を行うことができます。	○	2021
052	**3年を超えない範囲内で定めることができる。** 裁判所は、請求の全部または一部を容認する判決において、被告の資力その他の事情を考慮して、特に必要がある場合は、**判決の言渡しの日から3年を超えない範囲内**で、支払猶予もしくは分割払いの定めをすることができます（民事訴訟法375条1項）。	×	
053	**少額訴訟では建物の明渡しを求めることはできない。** 少額訴訟は、訴額が60万円以下の金銭の支払いの請求を目的とするものであり、**建物の明渡しを求めることはできません**。	×	2020
054	**建物明渡しの強制執行を行うことができる。** **即決和解の和解調書は確定判決と同一の効力があり**、建物明渡しの強制執行を行うことができます。	×	2020

055□□□ 建物の賃貸借契約は期間が数年間に及び、その間に賃貸人や賃借人の氏名、住所や勤務先などの属性が変動することがあるため、合意更新に関する書面を作成すべきである。

056□□□ 管理業者が行う未収賃料の回収等における実務に関し、賃料不払のある借主が死亡した場合、管理業者は、連帯保証人に対しては未収賃料の請求ができるが、同居中の配偶者に対しては請求することができない。

057□□□ サブリース方式による管理業者が、滞納者である賃借人の住所地を管轄する簡易裁判所に支払督促の申立てをし、これに対し賃借人が異議の申立てをしなかった場合、当該支払督促が確定判決と同一の効力を有する。

058□□□ 賃料未払の賃借人に対する明渡しに関する強制執行を行うための債務名義となるのは、判決における判決書のみであり、裁判上の和解調書は債務名義とならない。

059□□□ 定期建物賃貸借契約では、一定の期間、賃料を減額しない旨の特約(不減額特約)は有効であるが、普通建物賃貸借契約ではこのような特約は無効である。

055	**合意更新に関する書面は作成すべきである。** 契約期間満了の後も、賃借人が建物を使用することの根拠を明確にし、氏名、住所や勤務先などの賃貸人や賃借人の属性を書面に反映させ、更新時点における適正な賃料を設定するために、合意更新を行い、合意更新に関する書面を作成することが必要です。	○	
056	**配偶者は相続人となり得るので、請求することが可能。** 借主が死亡すると、連帯保証が個人根保証契約である場合は元本が確定し、それ以降の賃料債務は保証の対象から外れます(民法 465 条の 4)。しかし、死亡前の未払賃料は保証の範囲となるので、連帯保証人に対して未収賃料の請求はできます。同居中の配偶者は借主が生きている間であっても日常家事連帯債務として請求が可能ですし(札幌地判昭和 32 年 9 月 18 日)、死亡後であれば、配偶者は相続人となり得る立場であり、請求することが可能です。	×	2021
057	**申立先は簡易裁判所の裁判所書記官である。** 支払督促の申立ては「簡易裁判所」ではなく、「裁判所書記官」に対して行うものとされています。	×	2019
058	**和解調書に基づき、建物明渡しの強制執行を行うことができる。** 訴訟の提起後、判決に至るまでの間に、裁判所の勧告により当事者双方が歩み寄って和解することがあります(裁判上の和解)。その際、和解調書が作成され、確定判決と同一の効力を有することになります(民事訴訟法 267 条)。したがって、裁判上の和解調書は債務名義となります。	×	2018
059	**普通建物賃貸借契約では不減額特約は無効である。** 定期建物賃貸借契約の場合、一定の期間賃料を増額しない旨の特約(不増額特約)も減額しない旨の特約(不減額特約)のいずれも有効です。普通建物賃貸借契約の場合は、不増額特約は有効ですが不減額特約は認められません。	○	2019

第2章　敷　金

重要度▶A

敷金については頻出項目です。敷金返還の時期や担保される内容など、判例を含め、正確に覚えましょう。
参考書「要点整理」参照ページP.197～

001□□□	敷金は、賃貸借契約上賃借人が負うべき債務の担保として交付されるものであるから、賃貸借契約締結と同時に、または締結前に交付しなければならない。
002□□□	賃貸借契約書に敷金の返還時期について何らの定めもない場合、賃借人は敷金の返還を受けるまでの間、建物の明渡しを拒むことができる。
003□□□	敷金に関して、賃貸借契約継続中に敷金返還請求権が差し押えられた場合、賃貸人は、速やかに資金相当額を差押債権者に支払わなければならない。
004□□□	敷金に関して、賃借人は、不払賃料額の弁済に敷金を充てるよう賃貸人に請求することはできない。
005□□□	居住用建物の賃貸借契約に付された敷引特約は、金額を問わず消費者契約法に定める「民法第１条第２項に規定する基本原則(信義則)に反して消費者の利益を一方的に害するもの」に当たり、無効である。

001	**敷金は合意があれば契約締結後に預け入れることもできる。** 敷金とは、賃借人の賃料の支払いその他賃貸借契約上の債務を担保する目的で賃貸人に交付する金銭をいいます。一般的には、賃貸借契約締結と同時または締結前に預け入れますが、**賃貸借契約締結後に支払う旨の合意も有効**です。敷金を預託する合意は、賃貸借契約とは別個の契約に基づく要物契約だからです(東京地判平成 20 年 5 月 21 日)。	×	2023
002	**敷金の返還ではなく明渡しが先履行となる。** 建物の明渡しと敷金返還とは同時履行の関係にはなく、賃借人には留置権も発生しません(最判昭和 49 年 9 月 2 日)。したがって、賃借人は**敷金の返還の時期に関係なく、建物の明渡しをしなければなり**ません。その理由は、①敷金契約は賃貸借契約に従たる契約ではあっても別個の契約であるため、建物明渡しと敷金返還は対価的な債務関係にはないこと、②建物明渡債務と敷金返還債務には著しい価値の差があること、③敷金返還請求権が建物明渡し時点までに生じた債務を控除してなお差額がある場合に発生することの 3 つです。	×	2018
003	**敷金返還請求義務が発生するまでは支払う必要はない。** 賃貸人は、賃貸借契約が終了して敷金返還請求義務が発生するまでは、敷金相当額を差押債権者に支払う必要がありません(民法 622 条の 2 第 1 項)。	×	2020
004	**賃借人からは請求できない。** **賃借人からは**、不払賃料額の弁済に敷金を充てるよう賃貸人に請求することはできません(民法 622 条の 2 第 2 項)。	○	2020
005	**高額に過ぎる場合は当たる可能性がある。** 敷引特約は、建物に生ずる通常損耗等の補修費用として通常想定される額、賃料の額、礼金等他の一時金の授受の有無及びその額等に照らし、**敷引金の額が高額に過ぎると評価すべきものである場合**には、原則として、消費者契約法 10 条により**無効**となります(最判平成 23 年 3 月 24 日)。	×	

006□□□ 貸主は、借主の未払賃料について、支払いを命じる判決が確定しなければ、賃料債務の有無及び額が確定しないため、敷金を充当することができない。

007□□□ 敷金の預入れには、停止条件付返還債務を伴う金銭所有権の移転という法的性質がある。

008□□□ 敷金は、滞納賃料のほか、原状回復義務の対象となる借主の毀損・汚損に対する損害賠償、借主が無権限で施工した工事の復旧費も担保の対象となる。

009□□□ 敷金は、原状回復とされている借主の毀損・汚損に対する損害賠償も担保する。

010□□□ 賃借人が貸室の一部を毀損したにもかかわらず原状回復工事を行わず退去した場合、賃貸人は、毀損に対する損害賠償債務に敷金を充当することはできない。

011□□□ Aは、特段の定めをすることなく敷金をBに交付し、B所有の甲建物を賃借した。その後、当該契約が期間満了により終了したが、Aの仕事の都合で約1か月ほど甲建物の明渡しが遅れた場合、明渡しまでの期間の賃料相当損害額について、敷金から控除される。

006	**判決が確定していなくても充当できる。** 賃貸人は、賃借人が賃貸借に基づいて生じた金銭の給付を目的とする**債務を履行しないときは、敷金をその債務の弁済に充てることができます**（民法 622 条の 2 第 2 項本文）。したがって、賃借人に未払い賃料が生じている場合には、確定判決を待たず、敷金を充当することができます。	×	2021
007	**敷金の法的性質に関する正しい記述である。** 敷金については、賃貸借終了後明渡しの際、賃借人に債務不履行があるときは**当然にその弁済に充当され**（その分を差し引いて）、その残額を返還するという「停止条件付返還債務を伴う金銭所有権の移転」の法的性質を有します。	○	
008	**滞納賃料のほかの費用も担保の対象となる。** 家屋賃貸借における敷金は、賃貸借終了後家屋明渡義務履行までに生ずる賃料相当額の損害金債権その他賃貸借契約により賃貸人が賃借人に対して取得する**一切の債権を担保するものです**（最判昭和 48 年 2 月 2 日）。	○	2019
009	**敷金には損害賠償も含まれる。** 敷金が担保する借主の債務について、**原状回復とされている借主の毀損・汚損に対する損害賠償も含まれます**（民法 622 条の 2、最判昭和 48 年 2 月 2 日）。	○	2020
010	**損害賠償債務に敷金を充当することができる。** 敷金は賃貸借終了後目的物の明渡義務履行までに生ずる損害金その他賃貸借契約関係により賃貸人が賃借人に対し取得する一切の債権を担保するものなので、**賃貸人は、賃借人が毀損した原状回復工事相当の損害賠償に敷金を充当することができます。**	×	
011	**明渡しが遅れた分の賃料相当額は敷金から控除される。** 家屋賃貸借における敷金は、**賃貸借終了後家屋明渡し義務履行まで**に生ずる賃料相当額の損害金債権その他賃貸借契約により賃貸人が賃借人に対して取得する一切の債権を担保するものです（最判昭和 48 年 2 月 2 日）。	○	

012□□□	Ａは、自己所有の甲建物（居住用）をＢに賃貸し、引渡しも終わり、敷金50万円を受領した。甲建物の抵当権者がＡのＢに対する賃料債権につき物上代位権を行使してこれを差し押さえた場合においても、その賃料が支払われないまま賃貸借契約が終了し甲建物がＢからＡに明け渡されたときは、その未払賃料債権は敷金の充当で、その限度で消滅する。
013□□□	譲渡禁止特約があるにもかかわらず、第三者が賃借人から敷金返還請求権を譲り受けても、当該第三者が特約の存在を知らなかったことにつき重大な過失がある場合には、敷金返還請求権を行使しても、賃貸人に返還を拒否されることがある。
014□□□	賃貸借契約の継続中に賃借人の債権者が敷金返還請求権を差し押え、賃貸物件の明渡し前に差押債権者が敷金の支払を賃貸人に請求した場合、賃貸人に敷金の支払義務が発生する。

015□□□	賃貸人が契約条件の一つとして敷引特約を定め、賃借人がこれを明確に認識した上で賃貸借契約の締結に至ったのであれば、それは賃貸人・賃借人双方にとって経済的合理性を有する行為と評価すべきである。
016□□□	貸主は、建物明渡し後でなければ、敷金を未払賃料に充当することはできない。

017□□□	賃貸借契約が終了し、建物が明け渡された後、借主が行方不明となったことにより、借主に対し敷金の充当の通知ができない場合、貸主は敷金を未払賃料や原状回復費用に充当することができない。

018□□□	賃貸借契約が終了した場合、敷金の返還と明渡しは、敷金の返還が先履行となる。

012	**未収賃料は敷金が充当されることで消滅する。** 抵当権者が賃料債権を差し押さえても、賃借人が賃貸人に建物を明け渡したときの未払賃料が敷金から充当できる金額であれば、その賃料債権は消滅します。	○	
013	**譲受人に重過失があれば、貸主にその旨主張できない。** 譲渡禁止特約がなされたことを知り、または重大な過失によって知らなかった譲受人その他の第三者に対しては、債務者は、その債務の履行を拒むことができます（民法466条3項）。	○	
014	**担保債権を控除し、なお残額がある場合にその残額につき発生。** 敷金は賃貸借終了後目的物の明渡義務履行までに生ずる損害金その他賃貸借契約関係により賃貸人が賃借人に対し取得する一切の債権を担保するものなので、その返還請求権は、目的物明渡し完了の時にそれまでに生じたその被担保債権を控除し、なお残額がある場合にその残額につき発生します（民法622条の2、最判昭和48年2月2日）。	×	2019
015	**敷引特約を定めたうえでの契約締結は経済的合理性を有する。** 賃貸人の契約条件の1つが敷引特約であり、賃借人も認識したうえで契約したのであれば、賃貸人・賃借人双方にとって経済的合理性を有する行為です（最判平成23年7月12日）。	○	
016	**賃貸人は明渡し前でも充当できる。** 賃貸人は、賃借人が賃貸借に基づいて生じた金銭の給付を目的とする債務を履行しないときは、敷金をその債務の弁済に充てることができます（民法622条の2第2項、大判昭和5年3月10日）。建物明渡し後でなければ敷金を未払賃料に充当することができないのではありません。	×	2021
017	**貸主は敷金充当の意思表示（通知）を必要としない。** 貸主は敷金充当の意思表示を要しないと解されており、借主が行方不明で通知ができない場合であっても、貸主は敷金充当が可能です（大判昭和10年2月12日）。	×	2021
018	**敷金の返還ではなく明渡しが先履行となる。** 賃貸借契約が終了した場合、敷金の返還と明渡しは、明渡しが先履行となります。	×	2019

第 3 章　礼金・更新料等の一時金

重要度▶C

更新料についての最高裁判例は重要です。問題演習を通じて、整理して正確に覚えておきましょう。
参考書「要点整理」参照ページP.199～

001□□□　賃貸人は、自ら建物の使用を必要とする事情が一切なくとも、立退料さえ支払えば、正当事由があるものとして、更新拒絶することができる。

002□□□　賃貸借契約において、更新料特約以外に更新手数料特約を定めることは、有効である。

003□□□　賃貸借契約書に一義的かつ具体的に記載された更新料条項は、更新料の額が賃料の額、賃貸借契約が更新される期間等に照らし高額に過ぎるなどの特段の事情がない限り、有効である。

解答・解説

001 **立退料は正当事由の判断材料の一つにすぎない。** ×

賃貸人による更新拒絶は、契約当事者が建物の使用を必要とする事情のほか、建物の賃貸借に関する従前の経過、建物の利用状況及び建物の現況並びに建物の賃貸人が建物の明渡しの条件として又は建物の明渡しと引換えに建物の賃借人に対して財産上の給付（立退料）をする旨の申出をした場合におけるその申出を考慮して、正当の事由があると認められる場合でなければすることができません（借地借家法 28 条）。立退料は正当事由の判断材料の一つにすぎません。

002 **その額が相当であれば更新手数料の授受を約束する特約も有効。** ○ 2018

更新料は建物賃貸借契約の更新の際に借主が貸主に支払う一時金です。それに対して、更新手数料（更新事務手数料ともいう）は、管理業者が契約の更新手続を行う場合の事務代行手数料をいいます。その額が相当であれば、その授受を約束する特約も有効です。

003 **更新料の額が不当でなければ有効である。** ○ 2017

賃貸借契約書に一義的かつ具体的に記載された更新料の支払を約する条項は、更新料の額が賃料の額、賃貸借契約が更新される期間等に照らし高額に過ぎるなどの特段の事情がない限り、消費者契約法 10 条にいう「民法第 1 条第 2 項に規定する基本原則に反して消費者の利益を一方的に害するもの」には当たらず、有効です（最判平成 23 年 7 月 15 日）。

第4章　保　証

重要度▶A

賃貸借の保証は民法上「根保証」となり、通常の保証とは異なります。通常保証と連帯保証の違いも重要です。
参考書「要点整理」参照ページP. 200～

001□□□　連帯保証においては、附従性が否定されるため、賃貸借契約の連帯保証人は、賃借人が負担する債務よりも重い保証債務を負担する。

002□□□　保証人は、借主が賃貸借契約の解除後に明渡しを遅滞したことによって生じた賃料相当損害金について、保証債務を負うが、明渡義務を直接負うものではない。

003□□□　賃貸借契約における保証に関し、賃貸人の地位が移転した場合は、保証人は、新賃貸人に対しては保証債務を負わない。

004□□□　数人の保証人がある場合には、それらの保証人が各別の行為により債務を負担したときであっても、各保証人はそれぞれ等しい割合で義務を負うが、連帯保証人は、連帯保証人間に連帯の特約がなくても、分別の利益を有しない。

005□□□　連帯保証債務は、賃貸借契約を締結すれば当然に保証人と賃借人との間で成立する契約である。

解答・解説

001	**付従性は否定されず、借主より重い債務は負担しない。** 連帯保証においても附従性は否定されません。したがって、連帯保証人は、賃借人が負担する債務よりも重い保証債務を負担することはありません(民法 448 条)。	×	2018
002	**明渡義務については保証債務の範囲外である。** 保証債務は、主たる債務が不履行によって損害賠償債務に変ずることを停止条件として効力を生じます。具体的には、明渡不履行に基づく価額相当額の填補賠償債務を負担するにとどまり、**明渡義務を負いません。**	○	
003	**保証人は新賃貸人に対して保証債務を負うことになる。** 賃貸人の地位が移転した場合は、保証債務は主たる債務に随伴して移転するという保証債務の随伴性によって、**保証人は新賃貸人に対して保証債務を負う**ことになります。	×	2020
004	**連帯保証人は分別の利益を有しない。** 数人の保証人がある場合には、それらの保証人が各別の行為により債務を負担したときであっても、各保証人はそれぞれ等しい割合で義務を負います(分別の利益　民法 456 条)。しかし、**連帯保証人は、保証人間に連帯の特約がなくても、分別の利益を有しません**(大判大正 6 年 4 月 28 日)。	○	
005	**連帯保証人と賃貸人の間で別に締結する必要がある。** 連帯保証債務は、賃貸借契約から生じる賃料支払債務等とは別個独立の債務となるので、賃貸借契約とは別に、**連帯保証人と賃貸人との間で**連帯保証契約を締結する必要があります。	×	2020

006□□□ Aを貸主、Bを借主とする建物賃貸借契約においてCが連帯保証人となっている。Bが賃料の支払を怠ったので、AがCに対して保証債務請求権を行使した場合、Cは、Bには弁済する資力があり、かつその執行が容易である旨を証明すれば、AがBの財産について執行を行わない間は保証債務の履行を免れる。

007□□□ 保証人となるべきものが、主たる債務者と連絡を取らず、同人からの委託を受けないまま債権者に対して保証したとしても、その保証契約は有効に成立する。

008□□□ 他人の債務のために自己の所有物件につき根抵当権を設定した者は、原則として、債務者の承認により被担保債権について生じた消滅時効更新の効力を否定することができる。

009□□□ Aを貸主、Bを借主とする建物賃貸借契約においてCが連帯保証人となっている。Bの賃借人の地位がAの承諾の下、第三者に移転した場合、Cが引き続き連帯保証債務を負担することを「保証の随伴性」という。

010□□□ 賃貸借契約における保証に関し、賃借人の債務を連帯保証している保証人は、賃借人が賃料を支払うだけの資力があるにもかかわらず滞納している場合、保証債務の履行を拒否することができる。

006	**検索の抗弁権は連帯保証人にはない。** 連帯保証人であるCには賃借人が債務を弁済する資力があり、かつ執行が容易であることを証明した場合にまず賃借人の財産に執行するように要求できる権利、すなわち**検索の抗弁権は認められていません**(民法第453条)。	×	2021
007	**保証契約は有効に成立する。** 保証契約は保証人と債権者の書面による合意により成立し、**主たる債務者の同意は不要**です。	○	
008	**消滅時効更新の効力を否定することはできない。** 他人の債務のために自己の所有物件につき根抵当権等を設定したいわゆる物上保証人が、債務者の承認により被担保債権について生じた消滅時効更新の効力を否定することは、**担保権の付従性に抵触し、民法396条の趣旨にも反し、許されません**(最判平成7年3月10日)。	×	
009	**債権者に変更が生じた場合に保証債務も移転する性質をいう。** 保証の随伴性とは、主たる債務の債権者に変更が生じた場合に保証債務も債権者の変更に伴って新債権者に移転する性質をいうものであり、**賃借人の地位が移転した場合に当てはまるものではありません**。	×	2021
010	**連帯保証人の場合は拒否できない。** 保証人は、主たる債務者である賃借人に弁済をする資力があり、かつ、執行が容易であることを証明した場合、債権者である賃貸人に対して、まず賃借人の財産について執行すべき旨を主張して、保証債務の履行を拒否することができます(民法453条、検索の抗弁権)。しかし、**「連帯」保証人には、この検索の抗弁権がありません**(同法454条)。したがって、本問の連帯保証人は、賃借人の資力の有無にかかわらず、保証債務の履行を拒否できません。	×	2020

011□□□ 保証人が主たる債務を相続したことを知りながら保証債務の弁済をした場合、当該弁済は、原則として、主たる債務者による承認として当該主たる債務の消滅時効を更新する効力を有する。

012□□□ 管理業者が行う未収賃料の回収等における実務に関し、令和2年4月1日以降に締結した賃貸借契約において、管理業者は、連帯保証人に対しては極度額の範囲内であれば何度でも未収賃料の請求ができる。

013□□□ 保証人が主たる債務者の委託を受けて保証をした場合において、主たる債務者に代わって弁済をしたときは、その保証人は、主たる債務者に対して求償権を有するが、この求償は、弁済その他免責があった日以後の利息及びその他の損害の賠償を含まない。

014□□□ Aを貸主、Bを借主とする建物賃貸借契約においてCが連帯保証人となっている。Aの賃料債権を被担保債権とする抵当権がD所有の甲不動産に設定されていた場合、Dの負う責任は甲不動産の範囲に限られるところ、Cの負う責任はCの全財産に及ぶ。

015□□□ 管理業者が行う未収賃料の回収等における実務に関し、令和2年4月1日以降に借主と賃貸借契約を更新し、更新後の契約期間中に賃料の未収が生じた場合、管理業者は、同日より前に賃貸借契約の保証人となった連帯保証人に対し、極度額の定めがなくても請求できる。

016□□□ 賃貸借契約における保証に関し、個人が新たに締結される賃貸借契約の保証人となる場合、連帯保証であるか否かにかかわらず、極度額を定めなければ保証契約は効力を生じない。

017□□□ Aを貸主、Bを借主とする建物賃貸借契約においてCが連帯保証人となっている。Cが自然人ではなく法人の場合は、極度額を書面で定めなくてもよい。

011	**設問の記述のとおりである。** 主たる債務者兼保証人の地位にある個人が、主たる債務者としての地位と保証人としての地位により異なる行動をすることは、想定し難いからです(最判平成25年9月13日)。	○	
012	**何度でも未収賃料の請求ができる。** 賃貸借契約における保証は根保証(一定の範囲に属する不特定の債務を主たる債務とする保証)となるので、元本が確定される前であれば、極度額の範囲内で何度でも未収賃料の請求ができます。	○	2020
013	**求償は利息その他の損害賠償を含む。** 保証人が主たる債務者の委託を受けて保証をした場合において、主たる債務者に代わって弁済をしたときは、その保証人は、主たる債務者に対して求償権を有します。この求償は、弁済その他免責があった日以後の法定利息および避けることができなかった費用その他の損害の賠償を含みます(民法459条)。	×	
014	**保証人が負う責任はその全財産に及ぶ。** 抵当権設定者が負う責任は抵当不動産の範囲に限られますが、保証人が負う責任はその全財産に及びます。したがって、Dの負う責任は甲不動産の範囲に限られ、Cの負う責任はCの全財産に及びます。	○	2021
015	**改正前の民法が適用される。** 連帯保証人は保証契約の更新手続きを行わない場合も、原則として、賃貸借契約更新後も保証債務を負うことになります(最判平成9年11月13日)。その結果、従前の契約におけるルール(極度額なしの改正前民法)が適用されます。したがって、管理業者は、令和2年4月1日より前に賃貸借契約の保証人となった連帯保証人に対して、改正前の民法が適用されるので、極度額の定めがなくても請求できることになります。	○	2020
016	**改正民法により、極度額を定めることとなった。** 個人が新しく締結される賃貸借契約の保証人となる場合、保証する限度となる極度額を定めることが必要となります(民法465条の2)。	○	2020
017	**法人根保証は極度額の記載は不要。** 個人根保証については極度額の定めを書面によって行うことが要請されていますが(民法第465条の2第1項・3項)、法人根保証にはこのような規制は存在しません。	○	2021

6 金銭の管理

018□□□ 法人である保証人は、賃借人が死亡して、その相続人が賃借人の地位を相続した後に発生する賃料債務について、保証債務を負う。

019□□□ A を貸主、Bを借主として令和 6 年 5 月 1 日に締結された期間 1 年の建物賃貸借契約において、C は B から委託を受けて A と連帯保証契約を同日締結した。B が死亡すると、連帯保証契約の元本は確定する。

018	**保証人が法人であるときは、保証債務は継続する。** 賃貸借契約における賃借人の地位は相続します。個人根保証においては賃借人または保証人の死亡によって債務は確定しますが(民法第465条の4第1項3号)、**保証人が法人の場合には、保証債務も継続します。**「保証人は、借主が死亡し、その相続人が賃貸借関係を相続した後に生じた相続人の債務についてもその責めに任ずる(大判昭和12年6月15日)」という判例法理は、個人根保証以外の場面では影響します。なお、保証人が個人である場合は、主たる債務者または保証人が死亡したときに元本が確定するので、その時点の債務が保証の対象となり、その後に生じた債務は保証の対象ではなくなります。	○	
019	**借主が死亡すると元本は確定する。** 個人根保証においては、主たる債務者または保証人が死亡したことが元本確定事由とされており(民法465条の4第1項3号)、借主Bが死亡すると**元本は確定**します。	○	2022

第5章　金銭の分別管理

重要度▶B

ここでは、賃貸住宅管理業法上の分別管理の規定と併せて、企業会計原則についてもその内容をしっかりと見ておきましょう。
参考書「要点整理」参照ページP.206～

001□□□	賃貸住宅管理業者は、管理受託契約に基づく管理業務において受領する家賃、敷金、共益費その他の金銭を、自己の固有財産及び他の管理受託契約に基づく管理業務において受領する家賃、敷金、共益費その他の金銭と分別して管理しなければならないが、それは帳簿で明確に分別管理する意味であり、実際に銀行口座を分けることまでは求められていない。
002□□□	企業会計原則は、企業会計の実務の中に慣習として発達したものの中から、一般に公正妥当と認められたところを要約した基準である。
003□□□	企業会計原則は、一般原則、損益計算書原則、貸借対照表原則の3つの原則により構成されている。
004□□□	企業会計原則及び会計処理の基礎に関する明瞭性の原則とは、企業会計は、すべての取引につき、正規の簿記の原則に従って、明瞭かつ正確な会計帳簿を作成しなければならないことをいう。
005□□□	企業会計原則及び会計処理の基礎に関して、収益又は費用をどの時点で認識するかについて、発生主義と現金主義の 2 つの考え方があり、取引を適正に会計処理するためには、発生主義が好ましいとされている。

001	**口座も分ける必要がある。** 管理受託契約に基づく管理業務において受領する家賃、敷金、共益費その他の金銭を管理するための**口座を自己の固有財産を管理するための口座と明確に区分し**、かつ、当該金銭がいずれの管理受託契約に基づく管理業務に係るものであるかが自己の帳簿(その作成に代えて電磁的記録の作成がされている場合における当該電磁的記録を含む。)により直ちに判別できる状態で管理する必要があります(賃貸住宅管理業法 16 条、同法施行規則 36 条)。	×	
002	**企業会計原則の説明として、適切である。** 企業会計原則の説明として、適切です。企業会計原則は、企業会計の実務の中に慣習として発達したものの中から、一般に**公正妥当と認められたところを要約した基準**です。	○	2022
003	**企業会計原則の説明として、適切である。** です。企業会計原則は、一般原則、損益計算書原則、貸借対照表原則の 3 **つの原則により構成**されています。	○	2022
004	**本肢の記述は、不適切。** 企業会計原則における明瞭性の原則とは、企業会計は財務諸表によって、**利害関係者に対し必要な会計事実を明瞭に表示し**、企業の状況に関する判断を誤らせないようにしなければならないことをいいます。したがって本肢の記述は、不適切です。	×	2022
005	**企業会計原則の説明として、適切である。** 収益または費用をどの時点で認識するかについての発生主義と現金主義に関する記述として、適切です。収益または費用をどの時点で認識するかについて、発生主義と現金主義の 2 つの考え方があり、取引を適正に会計処理するためには、**発生主義が好ましいとされて**います。	○	2022

第6章　定期報告

重要度▶C

管理業者の賃貸人（委託者）に対する定期報告は、委任の規定に基づく出題と管理業法の規定に基づく出題があります。
参考書「要点整理」参照ページP.210～

001□□□	受任者は、委任者の請求があればいつでも委任事務の処理の状況を報告しなければならず、委任の終了後は遅滞なく委任の顛末を報告しなければならない。
002□□□	管理受託契約における委託者への賃貸住宅管理業法に基づく定期報告に関して、管理業務報告書の交付方法は書面だけではなく、メール等の電磁的方法によることも可能だが、賃貸人が報告書の内容を理解したことを確認する必要がある。
003□□□	賃貸住宅管理業者は、管理受託契約を締結した日から半年を超えない期間ごとに、及び管理受託契約の期間の満了後遅滞なく、当該期間における管理受託契約に係る管理業務の状況について一定の事項を記載した管理業務報告書を作成し、これを委託者に交付して説明しなければならない。

001 **受任者には報告義務がある。** ○

受任者は、委任者の請求があるときは、いつでも委任事務の処理の状況を**報告**し、委任が終了した後は、**遅滞なく**その経過および結果を報告しなければなりません（民法645条）。

002 **報告の方法はメール等の電磁的方法によることも可能。** ○ 2023

賃貸住宅管理業者は、管理業務の実施状況その他の国土交通省令で定める事項について、国土交通省令で定めるところにより、定期的に、委託者に報告しなければなりません（賃貸住宅管理業法20条）。**報告の方法については書面によらず、メール等の電磁的方法によることも可能**です。なお、賃貸人と説明方法について協議の上、双方向でやりとりできる環境を整え、賃貸人が管理業務報告書の内容を理解したことを確認することとされています（「解釈・運用の考え方」）。

003 **半年ではなく1年である。** ×

賃貸住宅管理業者は、賃貸住宅管理業法20条の規定により委託者への報告を行うときは、管理受託契約を締結した日から**1年を超えない期間ごと**に、及び管理受託契約の期間の満了後遅滞なく、当該期間における管理受託契約に係る管理業務の状況について、「報告の対象となる期間」「管理業務の実施状況」「管理業務の対象となる賃貸住宅の入居者からの苦情の発生状況及び対応状況」を記載した管理業務報告書を作成し、これを委託者に交付して説明しなければなりません（賃貸住宅管理業法20条、同法施行規則40条）。**半年ごとではありません**。

004□□□	賃貸住宅管理業法上、賃貸住宅管理業者が、委託者の承諾を得て行うことが可能な管理業務報告の方法として、賃貸住宅管理業者から委託者に管理業務報告書をメールで送信する方法がある。

005□□□	賃貸住宅管理業法上、賃貸住宅管理業者が、委託者の承諾を得て行うことが可能な管理業務報告の方法として、賃貸住宅管理業者から委託者へ管理業務報告書を CD-ROM に記録して郵送する方法がある。
006□□□	賃貸住宅管理業法上、賃貸住宅管理業者が、委託者の承諾を得て行うことが可能な管理業務報告の方法として、賃貸住宅管理業者が設置する委託者専用のインターネット上のページで、委託者が管理業務報告書を閲覧できるようにする方法がある。
007□□□	賃貸住宅管理業法上、賃貸住宅管理業者が、委託者の承諾を得て行うことが可能な管理業務報告の方法として、賃貸住宅管理業者から委託者に管理業務報告書の内容を電話で伝える方法がある。

008□□	善良な管理者の注意をもって行う賃貸管理業務の中で、貸主に対する定期的な報告は中心的な業務であるといえる。

004	**設問の方法がある。** 賃貸住宅管理業法施行規則 40 条 2 項 1 号イに規定があります。賃貸住宅管理業者は、管理業務の実施状況その他の事項について、定期的に、委託者に報告しなければならないところ(賃貸住宅管理業法 20 条)、委託者への報告を行うときは、所定の期間ごとに、所定事項が記載された管理業務報告書を作成し、これを委託者に交付して説明しなければなりません(賃貸住宅管理業法施行規則 40 条 1 項)。ただし、賃貸住宅管理業者は、管理業務報告書の交付に代えて委託者の承諾を得て(賃貸住宅管理業法施行規則 40 条 4 項)、記載事項について電磁的方法による報告を行うことができます(解釈・運用の考え方第 20 条関係 3)。	○	2022
005	**CD-ROM に記録して郵送する方法がある。** 賃貸住宅管理業法施行規則 40 条 2 項 2 号に規定があります。	○	2022
006	**インターネット上で委託者が報告書を閲覧する方法がある。** 賃貸住宅管理業法施行規則 40 条 2 項 1 号ハに規定があります。	○	2022
007	**設問の方法では不可。** 設問の方法によることはできません(賃貸住宅管理業法施行規則 40 条 1 項、2 項)。	×	2022
008	**貸主に対する定期報告はその基本をなす中心的な業務。** 管理受託方式による管理業者は、貸主のための業務を行う事業であることから、善良な管理者の注意をもって業務を行うことが必要です。その中で、貸主に対する定期報告はその基本をなす中心的な業務といえます。また、稼働状況と賃貸管理状態の記録の集積はトラックレコードと呼ばれ、投資家の投資判断に有益な情報として非常に重視されています。	○	

第7編　賃貸住宅の維持保全

学習時間	20時間
出題数	9問程度
学習指針	この分野からの出題は、建物の構造や機能を含む幅広い知識の有無を問うものが多いです。正確に暗記していないと問題の解答が出来ません。実際の物をイメージできないと暗記もできないと思いますので、インターネットを駆使して現物の写真等を見ると記憶に残りやすいです。参考書「要点整理」も参照して知識を深めてください。

第1章　維持保全総論

重要度▶B

不法行為による工作物責任については、占有者と所有者がそれぞれの立場で責任を負う要件があります。このような不法行為責任を発生させないためにも、維持保全は重要といえます。
参考書「要点整理」参照ページP.214～

001□□□	建物の修繕履歴と履歴情報に関し、建物が長期にわたり必要な機能を維持して、収益性を保持するためには、日常の点検管理と計画的な修繕が必要不可欠である。
002□□□	建物の修繕履歴と履歴情報に関し、賃貸管理では、建物の劣化状態について外観調査を手掛かりに修繕の必要性を判断し、効果的な修繕計画を立案することが求められるが、見えない部分は考慮しなくてよい。
003□□□	建物の修繕履歴と履歴情報に関し、修繕履歴は、次の修繕を企画する上で、重要な情報となる。
004□□□	法定点検では、毎月１回、半年に１回、１年に１回など、建物や設備によって点検業務の回数が異なるので、経費的にも業務の立会等の人員配置にも重複がないよう注意して計画しなければならない。
005□□□	建物の修繕履歴と履歴情報に関し、賃貸建物については、退去時の敷金精算等も視野に入れ、賃貸時の原状等について、客観的なデータを履歴情報として保存しておくことは重要である。
006□□□	現場で管理業務に携わる管理業者は、入居者からの情報を積極的に活用すべきであり、その際に有効なのが巡回者等からの報告である。
007□□□	政令で定める建築物及び当該政令で定めるもの以外の特定建築物で特定行政庁が指定するもの（以下、本問において「特定建築物」という。）は、定期的にその状況を調査してその結果を特定行政庁に報告することが義務付けられている。

001	**建物の機能の維持と収益性の保持には修繕が不可欠である。** 建物は、日常の点検管理と計画的な修繕が、収益性を高める要素となります。	○	2020
002	**見えない部分の使用資材や施工方法等も考慮する。** 見えない部分の使用資材や施工方法、既に行った修繕の内容などの情報を利用することが有用です。	×	2020
003	**修繕履歴は重要な情報となる。** 記述のとおり、修繕履歴は、次の修繕を企画する上で、重要な情報となります。なお、そのことで壊れる前に予防的な修繕も可能となります。	○	2020
004	**法定点検は注意して計画を立てなければならない。** 日常的管理計画、定期的管理計画、維持計画の3つに分類して整理し、効果的に実施・管理していく必要があります。	○	
005	**賃貸建物は、客観的データを保存しておくことが重要である。** この履歴情報がないと、退去時に原状回復及び敷金精算について無用な争いを生むことにもなりかねません。	○	
006	**巡回点検の結果報告は有効である。** 常駐管理の場合は、常駐者が巡回点検するので、報告項目以外の些細なことであっても報告してもらうよう指導します。	○	
007	**定期的な特定行政庁への報告が義務付けられている。** 多数の人が利用する建築物(特殊建築物)のうち、政令及び特定行政庁が指定した特定建築物、昇降機、昇降機以外の建築設備及び防火設備は、定期的にその状況を有資格者に調査・検査させて、その結果を特定行政庁に報告しなければなりません(建築基準法12条)。	○	2018

008□□□ 特定建築物に関する報告の主な調査内容は、敷地、構造、防火、避難、築年数の5項目である。

009□□□ 中長期的には、修繕計画による的確な修繕の実施により、賃貸経営の収支上プラスに働くこともあり、計画修繕が望まれる。

010□□□ 特定建築物の共同住宅の定期調査報告は、3年ごとに行う義務がある。

011□□□ 計画修繕の実施に当たっては、計画された修繕部位を点検、調査した上で状況を把握することが重要である。

012□□□ 計画修繕を実施していくためには、長期修繕計画を策定する必要があるので、修繕管理の費用を賃貸不動産経営の中に見込む必要がある。

013□□□ 修繕工事は、日常生活の中で行われる工事であるため、騒音や振動により居住者等に迷惑をかける問題があり、配慮しなければならない。

008	**調査内容は、敷地、構造、防火、避難の 4 項目である。** 報告の主な調査内容は、敷地、構造、防火、避難の 4 項目です。なお、具体的な調査・検査の項目(内容)は、各定期検査業務基準書に掲載されている調査・検査結果表に記載されています。	×	
009	**中・長期的な計画修繕が望まれる。** 中・長期的に考えれば、修繕計画による的確な修繕の実施により、借主の建物に対する好感度が上がり、結果的に入居率が上がり、賃貸経営の収支上プラスに働きます。管理業者としては、貸主に修繕計画の大切さをよく理解してもらい、それにより着実に計画修繕の実施を心がけていく姿勢が望まれます。	○	2018
010	**特定建築物の共同住宅の定期調査報告は 3 年ごとに行う。** なお、周期は用途や規模により異なります。下宿、共同住宅又は寄宿舎は 3 年、劇場、映画館又は演芸場は 1 年ごと、防火設備・建築設備は毎年などです。	○	
011	**計画された修繕部位を確認し、さらに全体状況を把握する。** 修繕計画に基づいた計画修繕の実施にあたっては、まず計画された修繕部位を現場で点検・調査したうえで他に不具合が生じている箇所がないかどうかも合せてみるなど全体状況を把握することが重要です。	○	
012	**修繕管理の費用を賃貸不動産経営の中に見込まなければならない。** 計画修繕を着実に実施していくためには、資金的な裏付けを得ることが必要であり、長期修繕計画を策定して維持管理コストを試算し、維持管理費用を賃貸建物経営の中に見込まなければなりません。	○	
013	**修繕工事の際は居住者等に配慮しなければならない。** 修繕工事には、日常生活のなかで行われる工事のため、騒音や振動、ゴミやホコリの発生で借主などに迷惑を及ぼすという問題があり、配慮しなければなりません。	○	

014□□□ 建物基準法第８条は、「建築物の敷地、構造及び建築設備を常時適法な状態に維持するように努めなければならない」と規定しているが、これは建物管理者に課せられた義務である。

015□□□ 集合賃貸住宅は、建築基準法第 12 条による定期調査・検査報告の対象とはならない。

016□□□ 建物基準法第 12 条により特定建築物において義務付けられる定期調査・検査報告は、建物の構造を対象とするものであり、敷地は対象とならない。

017□□□ 建物基準法第 12 条により特定建築物において義務付けられる定期調査・検査報告の対象には、昇降機は含まれない。

018□□□ 賃貸借契約締結等の材料となり得る履歴情報が、賃貸借の意思決定時に適切に提供されることにより、入居後のトラブル防止にもつながる。

019□□□ 正確な履歴情報を利用することにより、災害が発生した際の復旧に迅速かつ適切な対応をとることが可能となる。

解答・解説

014	**建物の維持管理は建物管理者に課せられた義務。** 建築物の所有者、管理者または占有者は、その建築物の敷地、構造及び建築設備を常時適法な状態に維持するように努めなければなりません(建築基準法8条1項)。**建物管理者にも、建物の維持保全に努めるべき義務が課せられています。**	○	2021
015	**集合賃貸住宅は定期調査・検査報告の対象である。** 特定建築物等の定期調査および検査報告については、**集合賃貸住宅は「下宿、共同住宅、寄宿舎」の項目に当たり、建築基準法12条に基づく報告、検査等が必要となります**(建築基準法12条、別表第一、同法施行令16条、14条の2)。	×	2021
016	**特定建築物における定期調査・検査報告は敷地も対象。** 特定建築物等の定期調査および検査報告については、特定建築物等につき、これらの建築物の敷地、構造及び建築設備について、定期に、建築物調査員にその状況の調査をさせて、その結果を特定行政庁に報告しなければなりません(建築基準法12条)。その**敷地も、検査・報告の対象**となります。	×	2021
017	**定期調査・検査報告の対象に昇降機は含まれる。** 特定建築物等の定期調査および検査報告については、特定建築物等につき、これらの建築物の敷地、構造及び建築設備について、定期に、建築物調査員にその状況の調査をさせて、その結果を特定行政庁に報告しなければなりません(建築基準法12条)。**昇降機についても検査・報告の対象**となります。	×	2021
018	**履歴情報は入居後のトラブル防止につながる。** 賃貸借契約締結等の判断材料となり得る履歴情報が、**賃貸借の意思決定時に適切に提供されて透明性が高まる**ことで、入居後のトラブル防止にもつながり、安心して貸借することが可能となります。	○	2021
019	**正確な履歴情報の利用は災害復旧にも役立つ。** 災害時の正確で迅速な復旧や補修の実施に際し、正確な履歴情報を利用することにより、**災害が発生した際の復旧に迅速かつ適切な対応をとることが可能**となります。	○	2021

020□□□	建物の履歴情報は、建物の所有者に帰属するものであるが、所有者から管理委託を受けている者が、必要に応じて利用に供することが考えられる。
021□□□	賃貸住宅が長期にわたり必要な機能と収益性を保持するためには、建物の劣化状況等の現状を知ることが必要であり、新築時とその後の維持管理の履歴情報の蓄積と利用は、必要なメンテナンスを無駄なく行うことにつながる。
022□□□	建物は時間の経過とともに劣化するので、長期修繕計画を策定し、維持管理コストを試算することは有益である一方、その費用は不確定なことから賃貸経営の中に見込むことはできない。
023□□□	長期修繕計画は、数年に一度は見直しを行うことにより、適切な実施時期を確定することが必要である。
024□□□	長期修繕計画によって修繕費とその支払時期が明確になることから、将来に備えて計画的な資金の積立てが必要となる。
025□□□	計画修繕を実施することで、住環境の性能が維持でき、入居率や家賃水準の確保につながり、賃貸不動産の安定的経営を実現できる。

020	**履歴情報は管理受託者が必要に応じて利用すると考えられる。** 建物の履歴情報は建物所有者に帰属するものではありますが、その蓄積と利用の実効性を確保するために所有者から管理委託を受けている管理受託者が保管し、必要に応じて利用することでより適切な維持管理を行うことができます。	○	2021
021	**履歴情報の利用で必要なメンテナンスを無駄なく行える。** 賃貸住宅が長期にわたり必要な機能と収益性を保持するためには、建物の劣化状況等の現状を知ることが必要であり、よって新築時とその後の維持管理の履歴情報の蓄積と利用は、必要なメンテナンスを無駄なく行うことにつながります。	○	2022
022	**維持管理費用を賃貸経営の中に見込まなければならない。** 建物の長期修繕計画の作成に関しては、その計画修繕について着実に実施していくために、資金的な裏付けを得ることが必要です。そのため、計画の策定につき、維持管理コストを試算し、維持管理費用を賃貸経営の中に見込まなければなりません。	×	2021
023	**適切な修繕時期等を確定することが必要である。** 長期修繕計画ではその精度を高めるために、実際にその建物で行われた工事を反映したり、類似の事例を参考にするなどして、数年に一度は内容の見直しをするべきものとされています。内容を見直すことで、適切な修繕時期等を確定することができます。	○	2021
024	**将来に備えて計画的な資金の積立てが必要。** 長期修繕計画によって修繕費とその支払時期が明確になることから、将来に備えて計画的な資金の積立てが必要となります。	○	2021
025	**修繕計画により、賃貸不動産の安定的経営を実現できる。** 適切な修繕計画による修繕の実施により、賃借人の建物に対する好感度が上がり、入居率および賃貸経営の収支の上昇に繋がります。	○	2021

026□□□ 設置の瑕疵とは、設置当初から欠陥がある場合をいい、保存の瑕疵とは、設置当初は欠陥がなかったが、設置後の維持管理の過程において欠陥が生じた場合をいう。

027□□□ 建物の設置又は保存に瑕疵があることによって他人に損害を生じたときは、一次的には所有者が土地工作責任を負い、所有者が損害の発生を防止するのに必要な注意をしたときは、占有者が土地工作物責任を負う。

028□□□ 建物の管理を行う賃貸住宅管理業者は建物の安全確保について事実上の支配をなしうる場合、占有者として土地工作物責任を負うことがある。

029□□□ 建物に建築基準法違反があることによって他人に損害を生じたときは、建設業者が損害賠償責任を負うのであって、建物の所有者及び占有者は土地工作物責任を負わない。

030□□□ 土地の工作物の設置又は保存に瑕疵があることによって他人に損害が生じたときの損害賠償責任を、賃貸不動産の管理を受託した賃貸住宅管理業者が負うことはない。

031□□□ 賃貸マンションの居室の窓に手すりがないことが原因で、同居室の来訪者が転落死した場合、当該マンションを建築した者が責任を負い、貸主が責任を負うことはない。

026	**設置の瑕疵は当初からの欠陥、保存の瑕疵は設置後の欠陥。** 設置の瑕疵とは設置当初から欠陥がある場合をいい、保存の瑕疵とは設置当初は欠陥がなかったが、設置後の維持管理の過程において欠陥が生じた場合をいいます。瑕疵の有無は、物の構造・用途・場所的環境や利用状況等の事情を考慮して個別・具体的に判断されるものです。	○	2021
027	**内容が逆。一次的には占有者、二次的には所有者。** 土地の工作物の設置または保存に瑕疵があることによって他人に損害を生じたときは、その工作物の占有者は、被害者に対してその損害を賠償する責任を負います。ただし、占有者が損害の発生を防止するのに必要な注意をしたときは、所有者がその損害を賠償しなければなりません(民法717条1項)。問題文では、逆の記述となっています。	×	2021
028	**賃貸住宅管理業者も工作物責任を負うことがある。** 占有とは、事実上支配することであり、土地工作物責任ではその瑕疵を修補して損害を防止する立場にある者が占有者とされます。建物の管理をする賃貸住宅管理業者は、その建物の安全確保につき事実上の支配をなしうる場合は、占有者とされ得ます。	○	2021
029	**違法建築物であっても所有者や占有者も責任を負う。** 建物に建築基準法違反がある場合であっても占有者または所有者は工作物責任を負います。なお、損害の原因について他にその責任を負う者(建設業者等)があるときは、占有者または所有者は、その者に対して求償権を行使することができます。	×	2021
030	**賃貸住宅管理業者も工作物責任を負うことがある。** 建物の安全確保について事実上の支配をなし得る場合は、建物の賃貸管理を行う管理業者も占有者となり、賃貸住宅管理業者が責任を負うこともあります。	×	2021
031	**賃貸人は所有者であり工作物責任を負うことがある。** 問題文と同様の事案において、裁判所は、建物の設置に瑕疵があるとして、所有者である賃貸人の工作物責任を認めています(東京地判平成9年12月24日)。もちろん、瑕疵の原因を作った点について建築業者に責任があれば求償権を行使することができます。	×	2021

第2章　建物

重要度▶A

建物の構造に関しては専門的知識を問われる場合もありますが、それぞれの構造の長所と短所といった特徴については、一とおり押さえておきましょう。
参考書「要点整理」参照ページP. 219～

001□□□	地盤が建物の荷重を支える力を地耐力といい、地耐力が十分でない軟弱地盤に対しては、地盤改良を行って地耐力を増強したり、建物の基礎として杭基礎を施す等の対応が必要である
002□□□	室内に発生した漏水に関して、漏水している水が雨水なのか、給水や排水管からの漏水かを特定することは、原因調査において重要なことである。
003□□□	木造ツーバイフォー工法は、枠組みに構造用合板を張った壁、床によって構成された壁式構造の工法であり、枠組壁工法ともいう。
004□□□	木造において、基礎と土台、柱と梁を金物で緊結して補強することは耐震改修方法として適切である。
005□□□	木造において、壁や開口部を構造パネルや筋かい等で補強することは耐震改修方法として適切である。
006□□□	木造において、地震力を吸収する制震装置（ダンパー）を取り付けても耐震改修方法として効果がない。
007□□□	コンクリートの引張強度は、一般に圧縮強度の10分の1程度である。

解答・解説

001	**地盤改良や杭基礎で地耐力を増強する。** 地盤が建物の荷重を支える力を**地耐力**といい、地耐力が十分でない軟弱地盤に対しては、地盤改良を行って地耐力を増強したり、建物の基礎として杭基礎を施す等の対応が必要です。	○	
002	**漏水の種類を特定しなければならない。** **漏水の種類**を特定してはじめて修理も可能となるので、重要といえます。	○	2020
003	**木造ツーバイフォー工法は枠組壁工法ともいう。** 記述のとおりです。なお、木造ツーバイフォー工法は、**気密性が高い**ために建物の内部に湿気がたまりやすく、日本の風土には適しません。ただし、構造安全耐力および断熱性・保温性においては優れています。	○	2019
004	**木造の場合、基礎と土台、柱と梁を金物で緊結。** 賃貸住宅の耐震改修方法では、木造の場合、**基礎と土台、柱と梁を金物で緊結して補強**する方法があります。	○	2021
005	**木造の場合、壁や、開口部を構造パネルや筋交いなどで補強。** 賃貸住宅の耐震改修方法では、木造の場合、**既存壁を構造パネル**などで**補強**したり、**開口部を筋交いなどで補強**する方法があります。	○	2021
006	**木造でも制震装置は耐震補強の効果がある。** 賃貸住宅の耐震改修方法では、木造の場合、**地震力を吸収する制震装置(ダンパー)を取り付けて補強**する方法があります。	×	2021
007	**コンクリートの引張強度は圧縮強度の 10 分の 1 程度とされる。** コンクリートは圧縮には強いですが、引張りには弱く、靭性(粘り強さ)がないと言われています。コンクリートの引張強度は、一般に圧縮強度の 10 分の 1 程度とされています。	○	

008□□□ 鉄筋コンクリート造は、建設工事現場でコンクリートを打ち込むので、乾燥収縮によるひび割れは発生しにくい。

009□□□ コンクリートは、打上がりが均質で密実になり、かつ、必要な強度が得られるようにその調合を定めなければならない。

010□□□ ラーメン構造は、各節点において部材が剛に接合されている骨組であり、鉄筋コンクリート造の建物に数多く用いられている。

011□□□ 壁式構造においては、壁厚、壁量、階高、開口部などに力学的な安全性を確保するための制限が設けられており、一般に全体として非常に剛な構造となる。

012□□□ CLT工法は、木質系工法で、繊維方向が直交するように板を交互に張り合わせたパネルを用いて、床、壁、天井(屋根)を構成する工法である。

013□□□ 鉄筋コンクリート造において、耐震壁や筋かいを増設することは耐震改修方法として適切である。

014□□□ 傾斜屋根には金属屋根、スレート屋根、瓦屋根の種類があり、その形状として傾斜をもたせることで雨水等を排水させる。

008	**乾燥収縮によるひび割れが発生しやすい。** 鉄筋コンクリート造は、建設工事現場でコンクリートを打ち込むので、乾燥収縮によるひび割れが発生しやすいとされています。「解体がしにくい。」「工事費が木造よりも高い。」というのもデメリットといえます。	×	2022
009	**コンクリートは必要な強度が得られるようにその調合を定める。** コンクリートは、打上りが均質で密実になり、かつ、必要な強度が得られるようにその調合を定めなければなりません(建築基準法施行令74条3項)。	○	
010	**ラーメン構造は鉄筋コンクリート造の建物に用いられる。** 鉄筋コンクリート造の建物に数多く用いられている代表的な構造形式(架構形式)がラーメン構造です。ラーメン構造は、各節点において部材が剛に接合されている骨組であり、鉄筋コンクリート造の建物に用いられています。	○	2022
011	**壁式構造は一般に全体として非常に剛な構造となる。** 壁式構造とは、柱・梁を設けず、壁体や床板など平面的な構造体のみで構成する構造方式をいい、問題文にあるとおり、壁厚、壁量、階高、開口部などに力学的な安全性を確保するための制限が設けられており、一般に全体として非常に剛な構造となります。	○	
012	**CLT工法はパネルを用いて構成する工法。** CLT工法は、木質系工法で、繊維方向が直交するように板を交互に貼り合わせたパネルを用いて、床、壁、天井(屋根)を構成する工法です。耐震性、断熱性、遮炎性等に優れていますが、雨水浸入を防げないため、外部に面して別途仕上げが必要となります。	○	2022
013	**耐震壁や筋かいの増設は耐震改修方法として適切。** 賃貸住宅の耐震改修方法では、コンクリート造(鉄骨コンクリート造・鉄骨鉄筋コンクリート造等)の場合、鉄筋コンクリートの耐震壁、筋交い(鉄骨ブレース)を増設して補強する方法があります。	○	2021
014	**傾斜屋根は傾斜の形状によって雨水等を排水させる屋根である。** 傾斜屋根とは、傾斜をもたせることで雨水等を排水させる形状をした屋根のことで、金属屋根、スレート屋根、瓦屋根の種類があります。	○	

015□□□	屋上や屋根からの雨水の浸入は、防水部材の劣化や破損によって生ずるものやコンクリート等の構造部材のクラックや破損によるものなどであるが、いずれの場合も部分補修で十分である。
016□□□	防水のために、コンクリートの打ち継ぎ部・目地部、接合部等に専用材料を充填する工法をメンブレン防水という。
017□□□	コンクリート打ち放しの外壁は、鉄筋発錆に伴う爆裂を点検する必要はない。
018□□□	タイル張り外壁の定期調査方法で、接着剤張り工法以外は、劣化等によりタイルが剥離するおそれがあるので、原則竣工後10年ごとに全面打診等の調査を行わなければならない。
019□□□	外壁のメンテナンスに関して、外壁タイルやモルタル塗りでは、下地のコンクリートや下地モルタルとの付着力が低下すれば、剥落事故につながる。
020□□□	建物内部の漏水は、雨水か入居者の過失又は不注意によるものがほとんどであり、給水管や排水管からの漏水は発生しない。
021□□□	屋根のメンテナンスに関して、陸屋根では、落ち葉やごみが樋や排水口（ルーフドレイン）をふさいだりすると防水面を破損しかねず、漏水の原因にもなる。
022□□□	屋根のメンテナンスに関して、傾斜屋根（カラーベスト等）の屋根表面の塗膜の劣化による、色あせ、錆、表面温度の上昇などにより、屋根材の割れや漏水などが発生する場合がある。

015	**部分補修で漏水を止めるのは難しい。** 雨水漏水の発生源を特定することは、困難な場合が多く、いずれの場合も部分補修で漏水を止めるのは難しいとされています。	×	2022
016	**記述の内容はシーリング防水についての内容である。** シーリング防水の説明です。メンブレン防水とは、屋根・屋上・バルコニー等の全面に薄い皮膜を形成して防水する工法の総称をいい、雨水の浸入を防止するために施す面状の防水です。	×	
017	**鉄筋発錆に伴う爆裂を点検する必要がある。** コンクリートの打ち放し等の外壁は、そのコンクリート自体の塩害や中性化、凍害、鉄筋発錆に伴う爆裂等も点検する必要があります。	×	2021
018	**接着剤張り工法以外とはされていない。** タイル張り外壁の定期調査方法においては、劣化等によりタイルが剥離するおそれがあるので、接着剤張り工法も含め、原則として竣工後10 年ごとに、全面打診調査(または赤外線調査)を行わなければなりません。接着剤張り工法以外とはされていません。	×	2021
019	**外壁タイルやモルタル塗りは剥落事故に注意が必要である。** そのため、剥落事故防止のために定期的な調査・診断が必要となります。	○	2020
020	**給水管や排水配管からの漏水と考えられる。** 雨水以外の漏水では、まず、漏水している水の種類を特定する必要があります。雨水以外の漏水の発生源は、入居者の過失や不注意による水漏れを除けば、給水・排水配管からの漏水と考えられるからです。	×	2023
021	**陸屋根では排水口に注意しなければならない。** 陸屋根は、平屋根やフラット屋根とも呼ばれ、屋根勾配のない平面な屋根のことをいいます。屋上として活用できたり、メンテナンスが容易であるなどのメリットがありますが、記述にあるようなデメリットもあります。	○	2020
022	**傾斜屋根は劣化で、屋根材の割れや漏水が発生する場合がある。** なお、傾斜屋根については、おおむね、10 年前後にて表面塗装を実施します。	○	2020

023□□□ 陸屋根では、風で運ばれた土砂が堆積したり、落ち葉やゴミが排水口等をふさぐことがあるが、それが原因で屋上の防水機能が低下することはない。

024□□□ 傾斜屋根(カラーベスト等)は、夏の温度上昇、冬の温度低下の繰り返しにより、素地自体の変形やゆがみ等を起こすことがあるが、雨漏れの要因とはならない。

025□□□ 室内に発生した漏水に関して、給水管の保温不足による結露は、漏水の原因とはならない。

026□□□ 室内に発生した漏水に関して、配管からの漏水の場合、床下やスラブの埋設配管、壁の内側に隠れた配管等からの漏水の有無を調査するために一部の壁等を壊す必要があるときは、入居者への影響は避けられない。

027□□□ コンクリート打ち放しの場合、外壁表面に発生した雨水の汚れやコケ・カビ、塩害や中性化の問題があるが、美観上の問題であり、定期的な点検は必要ない。

028□□□ 建物の耐震診断は、建物に必要とされる耐力と現に保持している耐力を比較し、評価するものである。

029□□□ 木造建物の耐震改修の方法としては、炭素繊維シートにより袖付柱を補強し、鋼板を取り付け、筋交いを増設し、1階ピロティ柱に中間階免震装置を取り付ける方法がある。

030□□□ 耐震構造は、建物の柱、はり、耐震壁などで剛性を高め、地震に対して十分耐えられるようにした構造である。

023	**屋上の防水機能が低下する原因となる。** 陸屋根(りくやね・ろくやね)では、風で運ばれた土砂が堆積したり、落ち葉やゴミが樋や排水口(ルーフドレイン)をふさいだりすると屋上の防水面を破損しかねず、漏水の原因にもなります。	×	2023
024	**雨漏れの要因となる。** 傾斜屋根(カラーベスト等)は、夏の温度上昇と冬の温度低下の繰り返しにより、その素地自体の変形やゆがみ等が起きることで、雨漏れによる漏水が発生することがあります。	×	2021
025	**給水管の保温不足による結露を原因とする水漏れもある。** 雨水以外の漏水の原因の中には、給水管の保温不足による結露を原因とする水漏れがあります。	×	2020
026	**配管からの漏水の調査で一部の壁等を壊す必要がある。** 記述のとおり、一部の壁等を壊す必要があるので、入居者への影響は避けられず、入居者には工事が終わるまで、仮住まいを求めることにもなります。	○	2020
027	**コンクリート自体の塩害・中性化・凍害なども点検する。** コンクリート打ち放しあるいは塗装材の吹きつけ仕上の外壁表面に発生した雨水の汚れやコケ・カビは、美観的にもよくないので除去する必要がありますが、コンクリート自体の塩害・中性化・凍害・鉄筋発錆に伴う爆裂なども点検します。	×	2023
028	**建物に必要な耐力と保持している耐力を比較・評価するものである。** 耐震診断は、建物に必要とされる耐力と現に保持している耐力を比較し、評価するものです。	○	2017
029	**記述はコンクリート造の場合の耐震改修方法である。** 木造建物の耐震改修の方法としては、壁を構造パネルなどで補強し、開口部を筋交い等で補強し、基礎と土台、柱と梁を金物で緊結して補強し、地震力を吸収する制震装置(ダンパー)を取り付ける等があります。	×	
030	**耐震構造は柱やはり、耐震壁などで剛性を高めた構造である。** 耐震構造とは、太く頑丈な柱・梁で建物自体が地震に耐えうる強度で造られている構造をいいます。ただし、地震のエネルギーが直接、建物に伝わるため、制震構造や免震構造に比べて地震の揺れ等で壁や家具の損傷を受けます。	○	

031□□□	制振(制震)構造は、建物に入った地震力を吸収する制震部材(ダンパー)等を建物の骨組み等に設置することにより、振動を低減、制御する構造である。
032□□□	免震構造は、建物に地震力が伝わりにくくするように、基礎と建物本体との間に免震ゴムなど免震装置を設け、揺れを低減する構造である。
033□□□	2013 年に建築物の耐震改修の促進に関する法律が改正され、一部の建物について耐震診断が義務付けられた。
034□□□	漏水の発生源は、被害の生じた部屋の隣室が多いことから、隣室の横系統のバルブを閉めて給水を遮断して、発生源を特定する。
035□□□	用途地域は、第一種低層住居専用地域、商業地域など 13 の用途地域に分けられており、住宅はすべての用途地域で建設が可能である。
036□□□	事務所や店舗用の建築物に対しては、採光規定が適用される。
037□□□	住宅の居室のうち居住のための居室には、自然採光を確保するため、一定の開口部を設けなければならない。

031	**制震ダンパー等で揺れを制御するのがのが制震構造である。** 制震構造とは、制震ダンパーなどを設置し、揺れを制御する構造をいいます。高層鉄筋コンクリート造の重い建物は各階にダンパーを設置し、鉄骨造の軽い建物には最上階にダンパーを設置します。風の揺れに強く制振部材が地震 エネルギーを吸収するため**地震による被害を抑えることができます。**	○	2023
032	**積層ゴム等で揺れを減らすのが免震構造である。** 免震構造とは、建物と地盤の間に積層ゴムなどの装置を介入することにより、建物自体の揺れを軽減し壊れにくくする構造をいいます。揺れないため建物自体の揺れだけでなく家具の転倒も少なくなり**室内での被害を大幅に減少させます。**	○	2023
033	**一部の建物の耐震診断が義務づけられた。** 2013(平成25)年11月25日に建築物の耐震改修の促進に関する法律(耐震改修促進法)が改正され、**一部の建物の耐震診断が義務づけられました。**共同住宅である賃貸住宅においても、耐震診断を行い耐震改修することの努力義務が規定されています。診断にかかる費用を補助する地方公共団体もあります。	○	2023
034	**漏水の発生源としては当該部屋の上階である場合が多い。** 漏水の発生源は、**被害の生じた部屋の上階が多い**です。隣室ではありません。	×	
035	**住宅は工業専用地域では建築できない。** 住宅は工業専用地域では行政庁の許可がなければ建築できません。**工業専用地域は工業の利便を増進するための地域**なので、原則として人は住めません。	×	
036	**事務所や店舗用建物には採光規定の適用がない。** 採光規定は、学校や病院等の居室にも適用がありますが、**事務所や店舗用建物には適用がありません**(建築基準法28条)。	×	2019
037	**居室には一定の開口部を設けなければならない。** 建築基準法上の採光規定によって、住宅の居室のうち居住のための居室には、自然採光を確保するために**一定の開口部**を設けなければなりません(建築基準法28条)。	○	

038□□□ 住宅用の建物を建築する場合には、技術基準にしたがった換気設備または床面積の25分の1以上の換気に有効な開口部が必要である。

039□□□ 建築基準法の天井高規定に関して、一定の基準を満たした小屋裏物置(いわゆるロフト)は、居室として使用することはできない。

040□□□ 建築基準法のシックハウス対策の規定は、新築だけでなく、中古住宅においても増改築、大規模な修繕や模様替えを行う場合に適用となる。

041□□□ 居室を有する建築物にあっては、過去に一度でもクロルピリホスが添加されている建築材料を使用してはならない。

042□□□ 建築基準法の天井高規定に関して、一室の中で天井の高さが異なったり、傾斜天井がある場合は、平均天井高が2.1m必要である。

038	**床面積の 20 分の 1 以上の換気に有効な開口部とされる。** 住宅用の建築物を含むすべての建築物の居室には、技術基準にしたがった換気設備または床面積の 20 分の 1 以上の換気に有効な開口部が必要とされています。	×
039	**ロフトは居室として使用することはできない。** 小屋裏物置は、小屋裏、天井裏等の建築物の余剰空間で内部から利用するものであり、用途については**収納のための物置等に限定**されます。したがって、居室として使用することはできません。	○ 2020
040	**増改築等に関してシックハウス対策に関する制約がある。** 建築基準法のシックハウス対策の規定は、新築する場合だけでなく、中古住宅においても増改築、大規模な修繕や模様替えを行う場合にも適用されます(建築基準法 28 条の 2、建築基準法施行令 20 条の 4～20 条の 9)。なお、シックハウス症候群の主原因は、合板や壁紙などの建材、接着剤、塗料、防腐剤などから出る揮発性有機化合物(VOC)によるものです。建築基準法では、化学物質による居室内の空気汚染を防止するため、**クロルピリホスとホルムアルデヒド**という有害性の大きい化学物質に対して、使用の禁止や制限を定め、また居室の換気設備についての技術的基準を定めています。	○ 2022
041	**一定期間経過した建築材料であれば使用できる。** 居室を有する建築物は、クロルピリホスの建築材料からの発散による衛生上の支障がないよう、その居室内において、同物質を建築材料に添加したり、あらかじめ添加した建築材料を使用したりしてはなりません。ただし、**添加したときから長期間経過(5 年以上)していることその他の理由によりクロルピリホスを発散させるおそれがないものは使用できます**(建築基準法 28 条の 2 第 3 号、同法施行令 20 条の 6)。	×
042	**記述のとおりである。** 居室の天井の高さは、室の床面から測り、一室で天井の高さの異なる部分がある場合においては、その**平均の高さ**によります(建築基準法 36 条、同法施行令 21 条 2 項)。	○ 2020

043□□□ 居室の天井高は 2.4m 以上確保しなければならないのであり、1 室の中で天井の高さが異なったり、あるいは天井が傾斜している場合には、平均が 2.4m 以上となるだけの天井高を確保しなければならない。

044□□□ 主要構造部が準耐火構造の四階建ての共同住宅は、直通階段に至る歩行距離を 50m 以下、不燃材料の場合は 30m 以下としなければならない。

045□□□ 建築基準法の天井高規定に関して、居室の天井高は、2.1m以上としなければならない。

046□□□ 高さ 25mの建築物には、安全上支障がない場合を除き、非常用の昇降機を設けなければならない。

047□□□ 建築基準法の天井高規定に関して、天井高が 1.4m以下で、かつ設置される階の床面積の二分の一以下であるなどの基準を満たし、小屋裏物置(いわゆるロフト)として扱われる部分は、床面積に算定される。

048□□□ 建築材料としてアスベストを使用することと、アスベストが含まれる建築材料を使用することは、すべて禁止されている。

049□□□ シックハウスに関し、建築基準法では、内装仕上げに使用するホルムアルデヒドを発散する建材として、木質建材、壁紙、ホルムアルデヒドを含む断熱材、接着剤、塗装、仕上げ塗材などが規制対象となっている。

043	**居室の天井の高さは 2.1m以上とする。** 居室の天井高は、2.1m 以上としなければなりません(建築基準法 36 条、同法施行令 21 条)。2.4mではありません。	×
044	**不燃材料の場合も 50m以下である。** 一定規模以上の共同住宅では、主要構造部が**準耐火構造または不燃材料の場合は、直通階段に至る歩行距離を 50m 以下**、その他の場合は 30m 以下としなければなりません(建築基準法施行令 120 条 1 項)。不燃材料の場合も 50 ㎡以下です。	×
045	**天井の高さは 2.1m以上。** 居室の天井の高さは、**2.1m以上**でなければなりません(建築基準法 36 条、同法施行令 21 条 1 項)。	○ 2020
046	**高さが 31mを超える建築物には非常用の昇降機を設ける。** **高さ 31mを超える建築物**(政令で定めるものを除く)は、非常用の昇降機を設けなければなりません(建築基準法 34 条 2 項)。	×
047	**要件を満たすと、小屋裏物置は延床面積には算入されない。** 一の階に存する小屋裏物置の水平投影面積の合計が、当該小屋裏物置が存する階の床面積の 2 分の 1 未満であり、小屋裏物置の最高内法高さが 1.4m以下である等の要件を満たすと、小屋裏物置部分は、**建築物の延床面積には算入されません**(建築基準法 92 条、同法施行令 2 条)。	× 2020
048	**例外もあり、アスベストがすべて禁止されているのではない。** アスベストが含まれる建築材料を使用することは禁止されていますが、アスベスト等を飛散または発散するおそれがないものとして国土交通大臣が定めたものまたは国土交通大臣の認定したものは除かれます。**すべて禁止されているわけではありません。**	×
049	**ホルムアルデヒドを含む断熱材等が規制対象となっている。** 建築基準法では、内装仕上げに使用するホルムアルデヒドを発散する建材を規制対象としています。	○ 2022

050□□□ 住居の居室には、原則として、床面積の 20 分の 1 以上の換気に有効な開口部が必要である。

051□□□ 襖等常に解放できるもので間仕切られた 2 つの居室は、換気に関し、1 室とみなすことはできない。

052□□□ 共同住宅では、その階における居室の床面積の合計が 100 ㎡(耐火、準耐火構造等の場合は 200 ㎡)を超える場合は、避難するための直通階段を 2 つ以上設けなければならない。

053□□□ 住居の居室とは、人が長時間いる場所のことであり、居間や寝室等が該当し、便所は除かれる。

054□□□ 建築基準法では、内装制限として、火災の発生による建物内部の延焼を防ぐため、その用途規模に応じて内装材料などにさまざまな制限を加えている。

050 **居室の床面積に対して 20 分の 1 以上。** ○ 2021

居室には換気のための窓その他の開口部を設け、その換気に有効な部分の面積は、その**居室の床面積に対して、20 分の 1 以上**としなければなりません(建築基準法 28 条 2 項)。ただし政令で定める技術的基準に従って換気設備を設けた場合はこの限りではありません。

051 **1 室とみなされる。** × 2021

ふすま、障子その他、随時開放することができるもので仕切られた 2 室は、居室の採光および換気に関する規定の適用については、**1 室とみなされます**(建築基準法 28 条 4 項)。

052 **一定規模の共同住宅は避難のための直通階段を 2 つ以上設ける。** ○ 2021

建築物の避難階以外の階が、共同住宅の用途に供する階でその階における居室の床面積の合計が **100 ㎡**(主要構造部が**耐火構造・準耐火構造または不燃材料**で造られているときは **200 ㎡**)を超える場合においては、その階から避難階または地上に通ずる **2 以上の直通階段**を設けなければなりません(建築基準法施行令 121 条 1 項 5 号、2 項)。

053 **便所は居室に含まれない。** ○ 2021

居室とは、居住、執務、作業、集会、娯楽その他これらに類する目的のために継続的に使用する室をいいます(建築基準法 2 条 4 号)。居間や寝室等は居室に含まれますが、**便所は含まれません**。

054 **内装制限として制限を加えている。** ○ 2023

建築基準法では、火災の発生により建物内部の延焼を防ぐため、その用途規模に応じて内装材料などにさまざまな制限を加えています。これを**内装制限**といいます。新築時だけでなく、賃貸借契約による内部造作工事も内装制限の対象となります。また、消防法により、カーテン・絨毯などもその対象となります(建築基準法 35 条の 2、同法施行令 128 条の 3 の 2～129 条)。

第3章　給排水設備・換気設備

重要度▶A

水道の方式の特徴や排水トラップの封水深についてなどは、過去問においても繰り返し出題されているポイントになります。しっかりと覚えれば、得点しやすい項目です。
参考書「要点整理」参照ページP.233～

001□□□　塩ビ管は、強靭性、耐衝撃性、耐火性で鋼管より劣るが、軽量で耐食性に優れている。

002□□□　給水設備の給水管内に発生する錆による赤水や腐食障害を防止するため、給水配管には、各種の樹脂ライニング鋼管・ステンレス鋼鋼管・銅管・合成樹脂管などが使用されている。

003□□□　簡易専用水道とは、水道事業の用に供する水道および専用水道以外の水道であって、水道事業の用に供する水道から供給を受ける水のみを水源とするものをいい、水槽の有効容量の合計が 10 ㎥を超えるものをいう。

004□□□　水道直結方式のうち直結直圧方式とは、水道本管から分岐された給水管から各住戸へ直接給水する方式で、水槽やポンプを介さない給水方式をいう。

005□□□　直結増圧方式は、水道本管から分岐された給水管から各住戸へ直接給水する方式であり、超高層マンションやビルが対象である。

006□□□　水道直結方式のうち直結増圧方式は、水道本管から分岐して引き込んだ上水を増圧給水ポンプで各住居へ直接給水する方式である。

001	**塩ビ管は軽量で耐食性に優れている。** 塩ビ管は、強靭性、耐衝撃性、耐火性で鋼管より劣りますが、軽量で耐食性に優れています。配水管などに多く使われています。	○	2017
002	**給水配管には各種の樹脂ライニング鋼管・銅管などが使用される。** 給水配管は、各種の樹脂ライニング鋼管・ステンレス鋼鋼管・銅管・合成樹脂管などが使用されています。樹脂ライニング鋼管は、ネジ接合で接続されるため、管の端部に鋼が露出します。この部分やネジ部からの錆の発生を防止するため、管端防食継手を使用しています。	○	2023
003	**簡易専用水道は水槽の有効容量の合計が 10 ㎥を超えるもの。** なお、簡易専用水道の場合、水槽の清掃を 1 年以内ごとに 1 回、定期に実施する等の管理基準が定められています（水道法 3 条 7 項、同法施行令 2 条、同法施行規則 55 条）。	○	
004	**直結直圧方式は水槽やポンプを介さない給水方式である。** 記述のとおりです。水道事業者から供給される給水管の水圧によりますが、おおよそ小規模で低層の建物が対象です。条件によっては 3 階以上の階にも直接給水できます。	○	
005	**直結増圧方式は中規模までのマンションやビルが対象となる。** 直結増圧方式とは、水道本管から分岐して引き込んだ上水を増圧給水ポンプで各住戸へ直接給水する方式で、中規模までのマンションやビルが対象です。	×	
006	**直結増圧方式は増圧給水ポンプで各住居へ直接給水する方式。** 水道直結方式のうちで直結増圧方式は、水道本管から分岐して引き込んだ上水を増圧給水ポンプで各住居へ直接給水する方式で、中規模までのマンションやビルが対象とされています。	○	2021

007□□□ 給水設備に関し、受水槽方式のうち高置（高架）水槽方式は、水道本管から分岐して引き込んだ上水をいったん受水槽に蓄え、揚水ポンプによって屋上に設置された高置水槽に送水し、重力により各住戸へ給水する方式である。

008□□□ 水道水をいったん受水槽に貯め、これをポンプで屋上や塔屋等に設置した水槽に汲み上げ、その後自然流下で給水する方式を、高置（高架）水槽方式という。

009□□□ 給水設備に関し、さや管ヘッダー方式は、洗面所等の水回り部に設置されたヘッダーから管をタコ足状に分配し、各水栓等の器具に単独接続する方式である。

010□□□ さや管ヘッダー方式は、台所と浴室等、同時に2か所以上で使用しても水量や水圧の変動が少ない。

011□□□ 給湯設備に関し、局所給湯方式は、給湯系統ごとに加熱装置を設けて給湯する方式で、近接した給湯器具に返湯管を設けない一管式配管で給湯する方式である。

012□□□ 中央（セントラル）給湯方式では、建物の屋上や地下の機械室に熱源機器（ボイラーなど）と貯湯タンクを設けて、建物各所へ配管して給湯する。

013□□□ ドラムトラップは、封水の安定度が高く、台所の流し等に使用される。

014□□□ 1系統の排水管に対し、2つ以上の排水トラップを直列に設置することは、排水の流れを良くする効果がある。

番号	問題・解説	正誤	年度
007	**高置水槽方式は重力により各住戸へ給水する。** この方式の場合、上階は下階に比べ、水圧が弱いことがあり、特に最上階ではポンプによる圧力アップが必要なケースもあります。	○	2020
008	**高置水槽方式は重力による自然流下で給水を行う。** 高置水槽の水は、各住戸の水栓が開栓されると自然流下で給水されます。圧力変動はほとんどありませんが重力に頼るので、上階は下階に比べ、水圧が弱いことがあります。	○	
009	**さや管ヘッダー方式はタコ足状に分配し、水栓器具に接続する。** この方式は、給水だけでなく、給湯にも採用され、現在の給水・給湯配管方式として広く普及しています。	○	2020
010	**さや管ヘッダー方式は水量や水圧の変動が少ない。** 建物室内の配管方式について、さや管ヘッダー方式は、洗面所等の水回り部に設置されたヘッダーから管をタコ足状に分配して各水栓等の器具に単独接続するもので、台所と浴室等、同時に2か所以上で使用しても、水量や水圧の変動が少ないです。給水および給湯配管として、広く利用されています。	○	2021
011	**局所給湯方式は給湯系統ごとに加熱装置を設ける。** 局所給湯方式は、キッチン、風呂場、洗面所等で使用されています。	○	2020
012	**機械室に熱源機器と貯湯タンクを設ける給湯方式である。** 中央(セントラル)給湯方式とは、建物の屋上や地下の機械室に熱源機器(ボイラーなど)と貯湯タンクを設け、建物各所へ配管して給湯する方式で、ホテルや商業ビルなど大きな建物に採用されています。	○	
013	**ドラムトラップは封水の安定度が高い。** 排水トラップには管トラップ(サイフォントラップ)と隔壁トラップ(非サイフォントラップ)に大別されます。隔壁トラップの一つであるドラムトラップは、封水の安定度が高く、台所の流しなどに使用されます。	○	2019
014	**二重トラップは禁止されている。** 1系統の排水管に対して2つ以上の排水トラップを直列に設置することを二重トラップといい、排水の流れを悪くすることから設置が禁止されています。	×	2022

015□□□ 排水設備等に関し、管内の圧力変動による排水トラップの封水の流出や、長期間の空室による封水の蒸発は、悪臭の原因となる。

016□□□ 排水トラップの封水深は通常 50mm以上 100mm以下が必要であるが、この封水深が深いと破封しやすく、逆に浅いと自浄作用がなくなるという特徴がある。

017□□□ 受水槽の天井、底又は周壁は、建物の躯体と兼用することができる。

018□□□ 下水道のない地域では、し尿浄化槽を設けて汚水を浄化し、河川等に放流しなければならない。

019□□□ 自然換気は、換気扇や送風機等を利用しない方式であるため、建物内外の自然条件によっては、安定した換気量や換気圧力を期待することはできない。

020□□□ 第 1 種機械換気は、給気及び排気ファンを用いる方式である。

015	**長期間の空室による封水の蒸発などは悪臭の原因となる。** 管内の圧力変動による排水トラップの封水の流出や、長期間の空室による封水の蒸発は、悪臭の原因となります。入居者から悪臭がするとクレームがあった場合には、封水の状態の確認を求めて対応します。長期間空室になった物件は、水栓を開けてトラップに水を溜めることも必要なことです。	○	2023
016	**封水深が浅いと破封しやすく、深いと自浄作用がなくなる。** 排水トラップの封水の深さを封水深といい、この封水深は通常50mm以上100mm以下が必要ですが、封水深が浅いと破封しやすく、逆に深いと自浄作用がなくなります。	×	
017	**受水槽の天井、底または周壁は、建物の躯体と兼用できない。** 建物内に受水槽を設置する場合においては、外部から受水槽(給水タンク等)の天井、底または周壁の保守点検が容易かつ安全に行うことができるように設けること、また、給水タンク等の天井、底または周壁は、建物の躯体と兼用しないことと定められています。受水槽の天井、底または周壁は、建物の躯体と兼用することはできません。	×	2021
018	**し尿浄化槽を設けて汚水を浄化したうえで放流する。** 下水道のない地域では、「し尿浄化槽」を設けて汚水を浄化し、河川等に放流しなければならないため(建築基準法31条2項)、浄化槽設備が設置されます。	○	
019	**自然換気は安定した換気量や換気圧力は期待できない。** 換気は、自然換気と機械換気に大別されます。自然換気は室内と室外の温度差による対流や風圧等、自然の条件を利用するものであるから、経済的ですが、安定した換気量や換気圧力は期待できません。	○	2019
020	**第1種換気は給気および排気ファンを用いて換気する方式である。** 第1種換気は、給気、排気共にファンを用いて換気する方式です。居室のほか機械室、電気室等に採用されます。	○	2016

021□□□　給気側にファンを用いて、換気口と組み合わせて用いる方式では、室内は負圧になる。

022□□□　換気設備には、給気ファン、排気ファン、給排気ダクト、ルーフファン、排気塔、設備用換気扇等がある。

023□□□　第3種換気において給気の取入れが十分でないまま機械による排気を行うと、室内外の差圧が増大することによる障害が発生する。

024□□□　シックハウスに関して、ホルムアルデヒドは建材以外からも発散されるため、ごく一部の例外を除いて、居室を有する新築建物に24時間稼働する機械換気設備の設置が義務付けられている。

025□□□　給気・排気ともに機械換気とする方式は、機械室、電気室等に採用される。

026□□□　給気のみ機械換気とする方式は、室内が負圧になるため、他の部屋へ汚染空気が入らない。

027□□□　新築建物は、ごく一部の例外を除いて、シックハウスの原因となる揮発性有機化合物の除去対策として24時間稼働する機械換気設備の設置が義務づけられている。

021	**室内が負圧になるのは排気のみを機械排気とする場合。** 室内が負圧になるのは排気のみを機械排気とする場合です。給気側にファンを用いて、換気口と組み合わせて用いる方式では室内が正圧(気圧が高くなること)になります。	×	2019
022	**換気設備には給気ファンや排気ファン等がある。** 給気ファン、排気ファン、給排気ダクト、ルーフファン、排気塔、設備用換気扇等を換気設備といいます。	○	2016
023	**排気ではなく給気を十分に確保することが重要である。** 第3種機械換気が有効に行われるためには、給気を十分に確保することが重要です。給気の確保が不十分だと、換気扇の能力をいくら大きくしても必要換気量が確保できないからです。また、給気が十分でないまま機械による排気を行うと、室内が負圧になり、室内外差圧が増大することによりドアや窓の開閉が困難になったり、風切り音が発生する等の障害が発生することもあります。	○	2023
024	**例外を除き、機械換気設備の設置が義務付けられている。** 持ち込まれた家具からホルムアルデヒド等の化学物質が発散される可能性もあるため、居室には常時換気設備(24 時間換気設備)を設置しなければなりません(建築基準法施行令20条の8)。	○	2022
025	**第1種換気は機械室・電気室等に採用される。** 給気・排気ともに機械換気とする方式は、第1種換気と分類され、機械室や電気室等に採用されます。	○	2021
026	**室内が負圧になるのは第3種換気。** 給気のみ機械換気とする方式は、第2種換気と分類され、室内へ清浄な空気を供給する場合で、製造工場などの限られた建物で使用される方式です。室内が負圧になるのは、第3種換気(排気のみ機械換気)の方式による場合です。	×	2021
027	**新築建物は原則として24時間換気設備の設置が義務。** シックハウスの原因となる揮発性有機化合物(VOC)の除去対策として、新築建物ではごく一部の例外を除き、24時間稼働する機械換気設備の設置が義務付けられています(建築基準法28条の2、同法施行令20条の8)。	○	2021

第4章　電気・ガス設備

重要度▶A

単相 2 線式と単相 3 線式のそれぞれの特徴と用途については暗記事項です。都市ガスと LP ガスの特徴も押さえましょう。
参考書「要点整理」参照ページP.238～

001□□□　電気設備に関して、ある規模以上の共同住宅で、各住戸と共用部分の契約電力の総量が 50 キロワット以上のときは、6,000 ボルトの高圧引き込みとなり、受変電設備を設置する必要がある。

002□□□　建物への電力の供給方式におけるパットマウント方式は、敷地内の屋外に、地上用変圧器を設置して供給する方式である。

003□□□　電気設備に関して、ELB(アース・リーク・ブレーカー)は、地震発生時に設定値以上の揺れを検知したときに、ブレーカーやコンセントなどの電気を自動的に止める器具である。

004□□□　単相 2 線式は、電圧線と中性線の 2 本の線を利用する方式であり、200 ボルトの電力が必要となる家電製品等を使用することができる。

005□□□　電気設備に関して、住戸に供給される電力の単相 3 線式では、3 本の電線のうち真ん中の中性線と上または下の電圧線を利用すれば 100 ボルト、中性線以外の上と下の電圧線を利用すれば 200 ボルトが利用できる。

解答・解説

001	**一定の規模以上の共同住宅では受変電設備を要する。** 記述のとおりです。なお、工場などの大口需要家の場合は、いったん施設内において高圧で受電し低圧に変圧して負荷となる機器類に送ります。この設備を受変電設備といいます。	○ 2020
002	**パットマウント方式は地上用変圧器を屋外に設置して供給する。** パットマウント方式は、1 戸当たり 50A 契約で、最大 100 戸くらいまで供給できます。	○
003	**記述は感震ブレーカーの内容である。** 電気を自動的に止めるのは感震ブレーカーです。ELB(アース・リーク・ブレーカー)とは、漏電遮断器(漏電ブレーカー)のことで、電気配線や電気製品のいたみや故障により、電気が漏れているのをすばやく察知して回路を遮断し、感電や火災を防ぎます。	× 2020
004	**単相 2 線式では 100 ボルトのみの供給。** 単相 2 線式は、100 ボルトのみの供給となり、200 ボルトの電力が必要となる家電製品等の使用ができない場合があります。	× 2022
005	**単相 3 線式は利用の仕方によって 100V と 200V が利用できる。** なお、各住戸に供給される電力には 2 つの方式があり、単相 3 線式 100 ボルト/200 ボルト、又は単相 2 線式 100 ボルトで電気が供給されています。	○ 2020

006□□□ 照明設備の電線を被膜しているビニールは、熱や紫外線の影響によって経年劣化し、絶縁抵抗が弱まるため、定期的な抵抗測定により、配線を交換する必要がある。

007□□□ 電気設備に関して、遮断器が落ちて停電した場合には、分電盤を調べ、遮断器が落ちている回路を再び通電させて、再度停電したときは、その回路を切って、専門業者に原因究明と修理を依頼する必要がある。

008□□□ 住戸内のブレーカーが落ちる原因としては、入居者が一時的に数個の家電製品を使用することで住戸内のブレーカーが落ちることがあるが、漏電がその原因となることはない。

009□□□ 漏電遮断機(漏電ブレーカー)は、電気配線や電気製品のいたみや故障により、電気が漏れているのをすばやく察知して回路を遮断し、感電や火災を防ぐ機器である。

010□□□ 工場密集地帯における住宅には、感震ブレーカーの設置が義務付けられている。

011□□□ 高さ30mの建築物には、原則として有効に避雷設備を設けなければならない。

012□□□ ほとんどの都市ガスは空気より軽いのに対し、プロパンガス(LPガス)は空気より重い。

解答・解説

006	**照明設備の電線の被膜ビニールは経年劣化を生じる。** なお、ビニール絶縁ケーブルは直射日光に弱いため、数年で被覆が割れ、内部への水の浸透により絶縁の劣化を引き起こします。	○ 2018
007	**遮断器が再び落ちたときは、専門業者にみてもらう。** 建物では一時的に過電流が流れると、**遮断器が落ちて停電すること**があります。その場合本問の記述どおり対応することが求められます。	○ 2020
008	**漏電によってもブレーカーが落ちる場合がある。** 住戸内のブレーカーが落ちる原因は、**入居者が一時的に数個の家電製品を使用することや、漏電等**です。なお、何度もブレーカーが落ちるということは、契約中のアンペア数では家電の使用に見合っていないということなので、電気会社に連絡してプランを変更してアンペア数を増やすことで改善できます。	×
009	**漏電ブレーカーは漏電による感電や火災を防ぐ機器である。** なお、400 ボルト配電系統や水気のある場所での電気設備、鉄板・鉄骨上で電動機械器具を使用する場合などは、**漏電遮断機の設置が義務付けられています。**	○ 2018
010	**感震ブレーカーは設置につき法的な義務はない。** 感震ブレーカーとは、地震発生時に設定値以上の揺れを検知したときに、ブレーカーやコンセントなどの電気を自動的に止める器具をいいます。地震時等に著しく危険な密集市街地の住宅などに施設することが強く求められています(勧告)。しかし、**法的な義務付けはされていません。**	×
011	**高さ 20mを超える建築物には原則として避雷設備を設ける。** **高さが 20mを超える**建築物には、周囲の状況によって安全上支障がない場合を除き、有効に**避雷設備**を設けなければなりません(建築基準法 33 条)。	○
012	**プロパンガスは空気より重い。** なお、**プロパンガスは空気より重い**ため、ガスが漏れた時は床面に広がり、低い場所にたまるので、窓を開けてほうきでガスを掃き出すことができます。	○ 2018

013□□□ プロパンガスは都市ガスの2倍以上の火力エネルギーがある。

014□□□ ガスメーター(マイコンメーター)には、ガスの使用量を計量する機能や、ガスの異常放出や地震等の異常を感知して、自動的にガスの供給を遮断する機能が備えられている。

015□□□ プロパンガスは、プロパンガス会社により自由な料金が決められるので、利用者ごとに料金を変えることも、短期間に料金変更を行うことも可能であり、都市ガスは政府による特許事業であり、小売りの自由化がされていない。

016□□□ ガスの使用を開始する際には、住戸ごとに、管理業者が立会い、ガス会社による開栓作業が必要である。

017□□□ 給湯設備に関し、家庭用燃料電池は、ヒートポンプの原理を利用し、大気から集めた熱を利用して湯を沸かす機器である。

018□□□ ガス給湯器に表示される号数は、1分間に現状の水温+25℃のお湯をどれだけの量(リットル)を出すことができるかを表した数値である。

019□□□ プロパンガスのガス警報器は、床面の上方30cm以内の壁などに設置して、ガス漏れを検知して確実に鳴動する必要がある。

020□□□ 近年、ガス設備の配管材料として、屋外埋設管にポリエチレン管やポリエチレン被覆鋼管、屋内配管に塩化ビニル被覆鋼管が多く使われている。

解答・解説

013	**プロパンガスの熱量は都市ガスの 2 倍以上である。** プロパンガスの熱量は約 99MJ/㎥、都市ガスは 13A の場合に約 46MJ/㎥であり、問題文にあるとおり、**プロパンガスの熱量は都市ガスの約 2 倍以上**あります。	○
014	**ガスメーターには自動的にガスを遮断する機能が備えられている。** なお、ガスの使われ方に異常の疑いがあったり、震度 5 程度以上の揺れを感知したときなどに、**ガスメーターにより自動的にガスが止まり**ます。	○ 2018
015	**都市ガス料金には小売りの自由化がなされている。** 都市ガス料金は、公共料金として政府の規制がありましたが、**都市ガスの小売り自由化**により、小売事業者が自由にガス料金を決めることや、政府の許可を受ければ、さまざまな会社が都市ガスの販売ができるようになっています。一方、プロパンガスの料金は、従来から小売事業者が自由に決めることができます。	×
016	**開栓作業に際し、ガスの利用者の立会いが求められる。** ガスの使用を開始する際には、住戸ごとにガス会社による開栓作業が必要となり、原則として**ガス利用者が立ち会う**必要があります。管理業者の立会いまでは必要ありません。	× 2018
017	**記述はヒートポンプ給湯機の内容である。** 本問はヒートポンプ給湯機の内容です。家庭用燃料電池（エネファーム）は、**電気と同時に発生する熱を回収し、給湯に利用する**システムです。	× 2020
018	**ガス給湯器に表示される号数は水量を表した数値。** ガス給湯機の供給出湯能力は、号数で表示されます。その表示の号は、**現状の水温に 25℃温かくしたお湯をプラスして 1 リットル出せる**能力を示しています。	○ 2021
019	**床面の上方 30cm 以内の壁などに設置。** プロパンガスのガス警報器は、床面の上方 30cm 以内の壁などに設置して、ガス漏れを検知して確実に鳴動する必要があります。	○ 2022
020	**塩化ビニル被覆鋼管が多く使われている。** 近年、ガス設備の配管材料として、屋外埋設管にポリエチレン管やポリエチレン被覆鋼管、屋内配管に塩化ビニル被覆鋼管が多く使われています。	○ 2022

第5章　昇降機・機械式駐車場設備

重要度▶B

昇降機（エレベーター）の保守契約には2種類あります。それぞれの契約内容のメリットとデメリットを正確に覚えておきましょう。
参考書「要点整理」参照ページP.241～

001□□□	油圧式エレベーターは、トラクション式と巻胴式に分類される。
002□□□	エレベーターの保守契約におけるPOG契約(パーツ・オイル&グリース契約)は、契約範囲外の部品の取替えや機器の修理は別料金となるので、経年劣化により費用が増加することはない。
003□□□	エレベーターの保守契約におけるフルメンテナンス契約は、消耗部品の部品代と交換・調整費用が保守料金に含まれないので年度予算の立案が困難である。
004□□□	建物の所有者は、建築基準法に基づき年2回、昇降機定期点検報告書を特定行政庁に提出しなければならない。
005□□□	機械式駐車場設備は、その構造や規模により、不活性ガス消火設備、泡消火設備、ハロゲン化物消化設備等の設置が義務付けられている。

001 **トラクション式と巻胴式があるのはロープ式エレベーターである。** ×
油圧式エレベーターは、直接式、間接式、パンタグラフ式に分類されます。トラクション式と巻胴式の分類があるのはロープ式エレベーターです。

002 **POG 契約では経年劣化に伴い費用が増加することがある。** ×
POG 契約は消耗部品付契約のことで、定期点検や契約範囲内の消耗品の交換は含まれますが、それ以外の部品の取替え、修理は別料金になります。月額の契約金はフルメンテナンス契約の 6 割ほどと安くなりますが、経年劣化により費用が増加するデメリットがあります。

003 **部品代等が保守料金に含まれており予算管理は容易である。** ×
フルメンテナンス契約は月々の契約は割高になりますが、消耗部品の部品代と交換・調整費用が保守料金に含まれるので年度予算の立案・管理が容易といったメリットがあります。

004 **年 1 回の定期点検報告書の提出が義務付けられている。** ×
建物の所有者は、年 1 回、昇降機定期点検報告書を特定行政庁へ提出の義務があります(建築基準法 12 条 3 項、同法施行規則 6 条 1 項)。年 2 回ではありません。

005 **構造や規模によって、不活性ガス消火設備等の設置が必要である。** ○ 2016
機械式駐車場設備は構造や規模により、火災時に備え、不活性ガス消火設備、泡消火設備、ハロゲン化物消火設備等の設置が義務付けられています(消防法施行令 13 条)。

第6章　消防・防火

重要度▶A

消防用設備の種類や設置目的について、よく確認しながら覚えていきましょう。自動火災報知設備の種類と仕組みも頻出です。
参考書「要点整理」参照ページP. 243～

001□□□　A火災とは、石油類その他の可燃性液体、油脂類等が燃える油火災のことである。

002□□□　共同住宅における消防用設備は、建物に火災が発生したとき、火災の感知、報知、連絡、通報、消火、避難及び誘導が安全かつ迅速にできること、並びに消防隊の活動を支援することを目的として設置される。

003□□□　建築基準についての法令の避難規定に関して、建築物の各室から地上へ通じる避難通路となる廊下や階段(外気に開放された部分は除く。)には、非常用照明の設置義務が課されている。

004□□□　自動火災報知設備における定温式スポット型は、火災の熱によって一定の温度以上になると作動する。

005□□□　自動火災報知設備における煙感知器のうち、イオン式スポット型は、機器の中のイオン電流が煙によって遮断されると作動する。

006□□□　自動火災報知設備は主に火災報知器(受信機)と感知器から成り立っており、感知器は熱感知器と煙感知器、炎感知器に大別され、一般的に炎感知器が使われている。

007□□□　避難設備には、避難器具、誘導灯及び誘導標識がある。

解答・解説

001	**A火災は普通火災のことで、記述はB火災の説明である。** 石油類その他の可燃性液体、油脂類等が燃える油火災のことはB火災といいます。なお、A火災は普通火災、C火災は電気火災のことです。	×	
002	**消防用設備の目的として火災の感知や報知、消火等がある。** 共同住宅における消防用設備の設置は、火災の感知、報知、連絡、通報、消火、避難および誘導が安全かつ迅速にできること、および消防隊の活動を支援することを目的として設置されます。	○	2016
003	**非常用照明の設置義務が課されている。** 建築物の各室から地上へ到る避難通路となる廊下や階段(外気に解放された部分は除く)には、非常用照明の設置義務が課されています(建築基準法35条、同法施行令126条の4)。なお、非常用照明はバッテリーを内蔵した照明器具で、停電時に自動的に点灯する仕組みでなければなりません。	○	2022
004	**火災の熱により一定の温度以上になることで作動する。** 自動火災報知設備における定温式スポット型は、火災の熱によって一定の温度以上になると作動します。なお、作動する温度は、75℃や65℃に設定されたものが多いです。	○	2015
005	**イオン電流が火災の煙により遮断されることで作動する。** 煙感知器のイオン式スポット型は、機器の中のイオン電流が煙によって遮断されると作動します。	○	2016
006	**炎感知器は一般的には使われていない。** 自動火災報知設備は、火災により発生する熱、炎、煙を検出して自動的に火炎を感知し、これを信号に変換して火災信号とし、受信機へ発信します。炎感知器は一般的には使われていません。	×	
007	**避難設備として避難器具、誘導灯、誘導標識がある。** 避難整備には、避難器具と誘導灯および誘導標識があります(消防法施行令7条4項)。なお、11階以上のマンションでは、避難口誘導灯・通路誘導灯の設置が義務付けられています。	○	2016

008□□□	管理業者は万が一火災が生じた際に、これらの器具の周辺やバルコニー、非常階段の踊り場等に障害物を置かないよう、入居者に徹底させることが大切である。
009□□□	建築延べ面積が 500 ㎡未満で、自動火災報知設備のつかない共同住宅では、住宅用火災報知機の設置が義務付けられている。
010□□□	複合用途建物では、住宅用火災警報器を住宅部分又はその他の部分のいずれかに設置しなければならない。
011□□□	住宅用火災報知器を取り付けるには消防設備士の資格が必要であるが、配線工事など電気工事が伴うものであれば資格要件がないので、誰でも工事が可能である。
012□□□	共同住宅は消防法の防火対象物であり、収容人員が 20 人以上の場合は消防法に定められる防火管理者の選任が必要である。
013□□□	管理権原者は、管理業者を防火管理者として選任することで、防火管理責任を免れることができる。
014□□□	消防用設備の設置が義務付けられている防火対象物の関係者は、設置された消防用設備等を定期的に点検し、その結果を消防長又は消防署長に報告しなければならない。
015□□□	消防用設備等の機器点検の周期は 6 か月に 1 回、総合点検は 1 年に 1 回と定められている。

008	**避難設備の周辺等に障害物を置かないよう入居者に徹底させる。** バルコニーや非常階段は、消防法上の避難通路であって、避難通路内に障害物が置かれていたことにより、火災の際に避難できずに死傷事故が発生した場合には刑事責任に問われることもあります。	○	
009	**住宅用火災警報機の設置が義務付けられている。** 建築延べ面積が 500 ㎡未満で、自動火災報知設備のつかない共同住宅では、住宅用防災（火災）警報機の設置が義務付けられています（消防法 9 条の 2）。	○	
010	**住宅部分に設置しなければならない。** 複合用途建物では、住宅用火災警報器を住宅部分に設置しなければなりません（消防法 9 条の 2）。	×	2016
011	**配線工事など、電気工事等の資格が必要な場合がある。** 単に取り付ける場合は資格は不要ですが、配線工事など電気工事が伴うものに関しては電気工事等の資格が必要となる場合があります。	×	
012	**収容人員が 50 人以上の場合に防火管理者の選任が必要となる。** 共同住宅は消防法の防火対象物であり、収容人員が 50 人以上の場合は消防法に定められる防火管理者の選任が必要です。なお、防火対策としてはゴミ置き場の放火も含め、共同住宅の周囲を放火できにくい環境に整備する管理が求められます。	×	
013	**防火管理責任を免れるということはない。** 管理権原者の防火管理責任は、防火管理者を選任することによって免責されるものではなく、選任後も防火管理者を指揮監督する義務があります。	×	2018
014	**消防用設備等を定期点検し報告する義務がある（法 17 条の 3 の 3）。** なお、消防用設備の法定点検は、消防庁告示に基づき、基本的に 6 か月に 1 回の機器点検、1 年に 1 回の総合点検が義務付けられています（消防法施行規則 31 条の 6）。	○	
015	**機器点検は 6 か月に 1 回、総合点検は 1 年に 1 回実施する。** なお、その結果について、共同住宅の場合は 3 年に 1 回以上、所轄の消防署長宛に届け出なければなりません。	○	

第7章　その他の部分

重要度▸C

避雷設備の規定は、建築基準法で定められています。その設置が必要となる高さに注意して、しっかりと記憶しておきましょう。
参考書「要点整理」参照ページP.247～

001□□□	建物敷地内の樹木は、植栽後 2～3 年の間は、枯損したり、著しく樹形を損なうことは少ない。
002□□□	除草剤の散布に当たっては、入居者などはもとより、近隣へも事前通知を行い、洗濯物やペットの室内への一時移動など協力を求めるべきである。
003□□□	雑草は長く放置しても、小動物等が餌として食すので、基本的には除草の必要はない。
004□□□	ブロック塀の耐震診断や除去・改修等を行う場合、地方公共団体が設ける助成金制度の活用を検討することが望ましい。
005□□□	都道府県及び市町村が定める耐震改修促進計画に記載された道路にある 1981(昭和 56)年以前に設置された塀のうち、高さが全面道路中心線からの距離の 1/2.5 倍を超えるもので、長さが 25mを越える塀の所有者は、耐震診断結果を各自治体が計画で定める期間内に報告しなければならない。
006□□□	高さ 25mの建築物には、周囲の状況によって安全上支障がない場合を除き、有効に避雷設備を設けなければならない。

解答・解説

001 **建物敷地内の樹木は定期的に灌水や施肥を行う。** ×

樹木は、植栽後 2〜3 年間の地盤に根付くまでの間、枯損したり著しく樹形を損なうことがあるので、定期的にチェックし、灌水や施肥を行わなければなりません。

002 **近隣へ除草剤散布の事前告知を行う。** ○ 2017

除草方法には、手抜きと除草剤の散布がありますが、入居者などが日常的に使用する部分は除草剤の使用を控えるべきです。除草剤の散布にあたっては、入居者などはもとより、近隣へも事前通知を行い、洗濯物やペットの屋内への一時移動など協力を求め、クレーム発生を予防します。

003 **適宜迅速な除草が必要とされる。** ×

雑草も放置すると見苦しく、環境を悪化させます。また、害虫や小動物のすみかになるため、適宜迅速な除草が必要です。

004 **ブロック塀の改修等は助成金を活用できる。** ○ 2021

避難道路(通学路を含みます)沿道のブロック塀などの除去・改修等に対して、各地方公共団体による支援制度が創設され、ブロック塀などの所有者等に対し、耐震診断や除去・改修等を行うときの助成金が設定されています。

005 **長さが 25mを越える塀の所有者は診断結果を報告する。** ○ 2019

2018 年 6 月に発生した大阪北部を震源とする地震により、建築基準法に違反するブロック塀が倒壊し、小学生が死亡するという事故が発生したことが契機となり、本問にあるような制度が創設されました。

006 **高さが 20mを超える建築物には有効に避雷設備を設ける。** ○

高さ 20mを超える建築物には、周囲の状況によって安全上支障がない場合を除き、有効に避雷設備を設けなければなりません(建築基準法 33 条)。

第8章　入居者の安心安全のための措置

重要度▶B

居住ルール・緊急時対応・防犯など、入居者にとって大切な内容を含んだ項目です。実務寄りの視点で参考書と問題集を俯瞰しておくと理解しやすくなります。
参考書「要点整理」参照ページP.249～

001□□□　駐車場の不法な駐車を防ぐには駐車区画ごとの利用権者の表示、カラーコーン・埋込み式ポールによる侵入防止は効果が小さい。

002□□□　ゴミの出し方や駐輪場の使い方については入居者の自主性に任せ、管理業者は介入すべきでない。

003□□□　定期清掃とは、建物の共用部分を対象として、管理員または清掃員が毎日あるいは週 2～3 回と定めて日常的に行う清掃であり、通常床の掃き・拭き掃除が中心となる。

004□□□　共用部分の清掃に関し、年間の清掃計画と定期点検計画を借主に事前に知らせることは、賃貸住宅管理業者の重要な役割である。

005□□□　防犯対策に関しては、近隣で発生した犯罪情報をいち早く掲示板などで知らせ、深夜帰宅や部屋の施錠に注意を促すことが大切である。

解答・解説

001	**駐車場への侵入防止に効果的である。** 利用権者を表示したり、カラーコーン等を設置することは、侵入防止に効果的です。	×
002	**入居者に注意を促すことは管理業者の重要な役割である。** ゴミの出し方や駐輪場の使い方が乱雑である場合には、掲示板やチラシを使って入居者に注意を促すことも管理業者の重要な役割です。	×
003	**定期清掃は周期を定めて主に機械を使う。** 設問の説明は日常清掃の内容です。定期清掃とは、1 か月に 1 回または 2 か月に 1 回など、周期を定めて主に機械を使って行う清掃のことをいいます。	×
004	**借主への報告も管理業者の重要な役割である。** 清掃業務を実施するにあたっては、その物件に合わせた作業仕様書を作成して計画的に作業し、作業の終了時には作業内容に漏れがないかなどをチェックリストにより確認することが大切です。また、共用部分の清掃に関し、年間の清掃計画と定期点検計画を借主に事前に知らせることは、賃貸住宅管理業者の重要な役割です。	○ 2021
005	**防犯対策には、掲示板など注意を促す。** いくら防犯対策を施しても、所轄の警察署や近隣の住民、入居者同士、管理業者間の良好なコミュニケーションがなければ役立たないからです。	○ 2020

006□□□	上階がある居室の天井からの漏水の発生を入居者から知らされた場合、管理員が置かれている建物であっても、「急いで上階に行き、下階に水が漏っている旨を告げて下さい。」と入居者に伝え、修理業者と共に現場へ行く。なお、当該賃貸物件について管理業者以外に管理を委託されている者は存在しないものとする。
007□□□	管理員が置かれてない建物では、自動火災報知器の発報や借主からの通報で火災の発生を感知後、通報を受けた者は直ちに現場へ駆けつけ、火災を確認し借主等の避難誘導を行った後に消防署へ通報しなければならない。なお、当該賃貸物件について管理業者以外に管理を委託されている者は存在しないものとする。
008□□□	火災により建物が放水を受けた場合、階下および隣は、そのまま居住することが困難となるので、管理業者は、現場検証と復旧が進むまでの仮住まいの手配等を迅速に行う必要がある。
009□□□	地震発生時、管理員が置かれていない建物では、震災後できるだけ早く賃貸物件を訪れて被害状況を把握し、復旧や後片付けを行う。なお、当該賃貸物件について管理業者以外に管理を委託されている者は存在しないものとする。
010□□□	地震発生に備えて非常用食料等を備蓄しておくことは、借主が行うことであり、管理業者として行う必要はない。
011□□□	空き巣被害が発生した後は、警察の巡回も厳しくなり、しばらくは犯人も警戒するので、掲示板等に空き巣被害が発生した旨の掲示さえすれば、管理業者の対応として足りる。なお、当該賃貸物件について管理業者以外に管理を委託されている者は存在しないものとする。
012□□□	近隣で犯罪行為が発生した場合にその犯罪情報を知らせることは、新たな犯罪を誘発するおそれがあり、またプライバシーを侵害することにもなりかねないから、近隣で現実に発生した犯罪の情報を掲示板等で知らせることは、避けるべきである。

006	**漏水が発生した場合はできるだけ早く現場に急行する。** 本問にあるような状況が発生した場合には、上の階の合鍵があれば持参した上で、**できるだけ早く現場に急行**しなければなりません。修理業者への連絡はその後です。	×	2018
007	**火災が発生した場合は先に消防署への通報を行う。** 管理員が置かれていない建物では、警報盤や入居者(賃借人)からの通報で火災の発生を感知後、通報を受けた者は消防署へ通報し、その後できるだけ早く現場に駆け付け、被害の拡大防止に協力しなければなりません。**消防署への通報は先に行い**ます。	×	2018
008	**仮住まいの手配等をするべきである。** 本問にあるような状況が発生した場合は、**仮住まいの手配等をする**べきです。その他、救急搬送者があれば関係者への連絡、立入り許可が出ている箇所の被害状況の把握、復旧工事見積手配も迅速に行わなければなりません。	○	
009	**地震が発生したら、被害状況の把握、復旧・後片付けを行う。** なお、管理員が置かれている建物では、揺れが収まった後、管理員が建物内外の点検を行い、危険が生じている場合には建物内に残っている人を建物外へ避難させ、**避難場所へ誘導**します。	○	2018
010	**備蓄等は管理業者が行うべき業務として検討する。** 緊急用品の備蓄を行い、非常用食料や飲料その他を備え、**管理対象建物の借主などへ配布**できるようにすることも管理業者が行うべきこととして検討するべきとされています。	×	
011	**空き巣被害が発生したら賃貸人と相談して対策を早急に講じる。** 空き巣は再発する傾向があるので、侵入経路の遮断や非常警報装置の設置など、**貸主と相談して対策を早急に講じ**、今後の防犯を呼びかける掲示をして借主などに注意を促すべきです。	×	2018
012	**犯罪情報はいち早く周知するべきである。** 近隣で発生した犯罪情報をいち早く掲示板などで知らせ、深夜帰宅や部屋の施錠に**注意を促すことが大切**です。	×	

013□□□ 国土交通省住宅局の定めた「共同住宅に係る防犯上の留意事項」および「防犯に配慮した共同住宅に係る設計指針」によれば、共用廊下・共用階段の明るさは、200 ルクス以上にするべきであるとされている。

014□□□ 以前、防犯上の理由からエレベーター内にカメラを設置しているマンションが多くみられたが、現在は、プライバシー上の観点から、居住者全員の承諾がある場合を除き、設置が禁止されている。

015□□□ 火災発生時に避難通路がふさがれていると、脱出が阻害されるため、ベランダの物置、廊下の自転車、階段や踊り場のダンボールなどを見つけたら、即座に撤去を求めるべきである。

016□□□ 入居希望者に鍵の暗証番号を伝え、管理業者が立会うことなく室内を内見させることは、空室が犯罪に利用されることにつながる可能性があるため、慎むべきである。

017□□□ 防火対策に関し、駐車場内の車やバイクにカバーを設ける場合は、不燃性のものを使用すべきである。

018□□□ 「防犯に配慮した共同住宅に係る設計指針」(国土交通省住宅局平成 13 年 3 月 23 日策定)において、新築される共同住宅に防犯上必要とされる事項に関し、エレベーターのかご内には、防犯カメラを設置するものとされている。

019□□□ 「防犯に配慮した共同住宅に係る設計指針」(国土交通省住宅局平成 13 年 3 月 23 日策定)において、新築される共同住宅に防犯上必要とされる事項に関し、住戸の玄関扉について、ピッキングが困難な構造を有する錠の設置までは不要とされている。

020□□□ 「防犯に配慮した共同住宅に係る設計指針」(国土交通省住宅局平成 13 年 3 月 23 日策定)において、新築される共同住宅に防犯上必要とされる事項に関し、接地階に存する住戸の窓で、バルコニー等に面するもの以外のものは面格子の設置等の侵入防止に有効な措置を行うものとされている。

解答・解説

013	**共用廊下・共用階段の明るさは 20 ルクス以上にするべきである。** 国土交通省住宅局の定めた「共同住宅に係る防犯上の留意事項」および「防犯に配慮した共同住宅に係る設計指針」によると、共用廊下・共用階段の明るさは、20 ルクス以上にするべきであるとされています。その他、見通しを確保し、共用階段は共用廊下等に開放することがよいとされています。	×	
014	**今も防犯対策には防犯カメラの設置が有効である。** エレベーターは密閉型の個室であり、防犯上の死角になりやすいことから防犯カメラ設置が有効です。プライバシー上の理由で禁止されてはいません。扉をガラス戸にして透明にすることも効果的です。	×	
015	**共用部分の私物等は、入居者に撤去を求めるべきである。** 避難通路に私物等を置くことはとても危険なので、記述にあるとおり、即座に撤去を求めるべきです。	○	2019
016	**管理業者なしで暗証番号を教えて内見させるのは慎むべき。** 内見には管理業者が立ち会うべきです。その他、暗証番号を同じ番号で使い続け、更新していない場合も悪用される危険性があります。	○	2019
017	**車やバイクのカバーは不燃性のものを使用すべきである。** 建物及び設備の防火対策として不燃性のものが有効です。	○	2020
018	**エレベーター内には防犯カメラを設置する。** 指針によれば、防犯上、エレベーターのかご内には防犯カメラを設置することとされています（防犯に配慮した共同住宅に係る設計指針）。	○	2021
019	**ピッキングが困難な構造が求められる。** 指針によれば、住戸の玄関扉の錠は、ピッキングが困難な構造のシリンダーを有するもので、面付箱錠、彫込箱錠等破壊が困難な構造のものとし、また主錠の他に、補助錠を設置することが望ましいとされています（防犯に配慮した共同住宅に係る設計指針）。	×	2021
020	**バルコニー等に面するもの以外の窓には侵入防止措置。** 指針によれば、共用廊下に面する住戸の窓（侵入のおそれのない小窓を除く）および接地階に存する住戸の窓のうちバルコニー等に面するもの以外のものは、面格子の設置等侵入防止に有効な措置が講じられたものとすることとされています（防犯に配慮した共同住宅に係る設計指針）。	○	2021

021□□□	賃貸借契約締結時には、借主に対し、地方公共団体が作成した水害ハザードマップ等に記載された避難所の位置について示すことが望ましい。
022□□□	入居者が隣近所や地域の住民に迷惑をかけず、ルールを守って生活を送っているかどうかのチェックも管理業者の業務である。
023□□□	入居者の 1 人が夜中まで大音量で楽器を演奏している場合、管理業者は直接本人へ注意すべきであり、当該注意後も改善しないときでも、連帯保証人への連絡は避けなければならない。
024□□□	階段や廊下に私物を放置することは、隣近所間の公平さを害することになるので、慎重に時間をかけて調査した上で必ず本人に撤去してもらうよう説得すべきである。
025□□□	ペット可の物件である場合、賃借人同士や近隣との間でペットに関するトラブルが発生することはほとんどない。

021	**避難所の位置を示すことは努力義務。** 不動産取引を行う際の意思決定において、取引の対象となる不動産に関する水害リスクの情報は重要な意味を持つものとされており、宅地建物取引業法上、宅地や建物の賃貸借契約を締結する際に重要事項説明を行うときにも、水害ハザードマップ上に記載された避難所についてその位置を示すことが望ましいとされています(宅地建物取引業法の解釈・運用の考え方)。	○	2021
022	**管理業者が行うべき業務である。** 特に、共同住宅では建物の構造的な問題もあって、賃借人のわずかな不注意が生活騒音をはじめとしたクレームに発展するケースが多いので注意を要します。	○	
023	**連帯保証人への連絡も検討すべきである。** 騒音の発生源が賃借人であった場合は、本人へ直接注意します。本人がどうしても守らない場合は、連帯保証人への連絡も検討すべきです。	×	
024	**即座に本人に撤去を求めなければならない。** 階段や廊下に私物を放置することは、火災など万一の場合に避難を妨げることになるので、即座に撤去を求めなければなりません。	×	
025	**ペット可の物件でもトラブルが生じやすい。** ペット可の物件であってもトラブルが発生しやすいと言われています。これらを防止するには、賃貸人側でペット飼育規則を定め、賃貸借契約において飼育規則の遵守を規定する等の措置が必要です。	×	

第 8 編　管理業務の実施に関する事項

学習時間	30 時間
出題数	9 問程度
学習指針	第 1 章の募集では、広告ルールが重要です。入居に関しては鍵の扱い、退去では自力救済禁止と原状回復ガイドラインが重要です。第 4 章の業務におけるコンプライアンスでは、非弁行為、個人情報保護法、消費者契約法、第 5 章では相続、保険、税法が重要です。 参考書「要点整理」も参照して知識を深めてください。

第1章　募　集

重要度▶A

管理業者がオーナーから委託を受けて入居者を募集する場合、宅建業法の免許が必要となり、同法の広告規制も適用されます。
参考書「要点整理」参照ページP.258～

001□□□	宅地建物取引業者である管理業者は、借主の募集業務を他の業者に委託する場合には、物件に法的な問題がないかどうかの確認を行う必要はない。
002□□□	宅地建物取引業法が定める賃貸物件の媒介の報酬に関して、複数の宅地建物取引業者が入居者募集業務に関与する場合、宅地建物取引業法が定める報酬額の上限額を当該複数の業者が分配して受領することができる。
003□□□	宅地建物取引業者である管理業者が借主の募集を行うにあたり、物件の権利関係の調査のために登記記録を閲覧するときは、乙区に基づき、登記上の名義人と貸主が異ならないかを確認する必要がある。
004□□□	宅地建物取引業者である管理業者が借主の募集を行うにあたり、分譲マンション（区分所有建物）の１住戸を賃貸する場合、当該マンションの管理組合が定めた管理規約等、借主が遵守しなければならない事項について確認する必要がある。
005□□□	宅地建物取引業法及び不当景品類及び不当表示防止法に基づく不動産の表示に関する公正競争規約に従った不動産の表示方法に関し、「新築」とは、建築工事完了後１年未満であることをいう。
006□□□	物件の敷地が区画整理事業の対象となっている場合には、区画整理事業の内容と状況についてその物件の所在地を管轄する市役所などの自治体や土木事務所等で確認することができる。

解答・解説

001	**入居者（賃借人）募集前に法的な問題の有無を確認する。** 管理業者は、入居者（賃借人）募集を外部に任せる場合であっても、物件に法的な問題などがないかどうか、入居者（賃借人）を募集する前に確認しておくことが必要とされています。	×	2019
002	**報酬額の上限額を複数の業者で分配することは可能。** 宅建業法では、報酬額の上限額を複数の業者で分配することができます。	○	2020
003	**乙区ではなく甲区または表題部で確認する。** 乙区では、抵当権や賃借権など、担保権や用益権の記載がないかどうかを確認します。登記上の名義人と貸主が異ならないかの確認は甲区または表題部で確認します。	×	2019
004	**賃貸借契約書には賃借人が規約を遵守する旨を明記する。** 分譲マンションの管理組合が管理規約を定めている場合、賃貸借契約には、借主が規約を遵守しなければならない旨を明記することが必要となるので、管理業者は、それらの事項について確認する必要があります。	○	2019
005	**建築工事完了後１年未満で居住の用に供されたことのないものをいう。** 「新築」とは、建築工事完了後 1 年未満であって、居住の用に供されたことのないものをいいます（不動産の表示に関する公正競争規約18条1項1号）。	×	2020
006	**区画整理事業の状況については管轄の市役所等で確認できる。** 物件の敷地が区画整理事業の対象となっている場合には、区画整理事業の内容と状況については、その物件の所在地を管轄する市役所などの自治体や土木事務所等で確認することができます。	○	

007□□□ 入居者(借主)の募集広告に関し、正確でわかりやすい案内図やセールスポイントを明示し、魅力ある図面など広告媒体づくりに心掛けることは適切である。

008□□□ 分譲マンションの管理組合が管理規約を定めている場合、賃貸借契約には、借主が規約を遵守しなければならない旨を明記する必要がある。

009□□□ 入居者(借主)の募集広告に関し、特定優良賃貸住宅等のように募集と契約に関して条件や制約がある物件の場合に、専用の契約書等を作成することは適切である。

010□□□ 宅地建物取引業法及び不当景品類及び不当表示防止法に基づく不動産の表示に関する公正競争規約に従った不動産の表示方法に関し、「マンション」とは、鉄筋コンクリート造りその他堅固な建物であって、一棟の建物が、共用部分を除き、構造上、数個の部分に区画され、各部分がそれぞれ独立して居住の用に供されるものをいう。

011□□□ 管理業者が募集広告のために作成した間取り図は、賃貸人にも確認してもらう必要がある。

012□□□ 入居者(借主)の募集広告に関し、図面の作成を図面配布業者など業者間情報媒体に依頼して作成させることは適切である。

013□□□ 宅地建物取引業法が定める賃貸物件の媒介の報酬に関し、宅地建物取引業者が入居者募集業務として物件の広告や入居希望者への重要事項説明を行ったにもかかわらず、賃貸借契約の直前に入居希望者が契約を断念した場合、貸主に対し、既に行った広告及び重要事項説明書作成に要した費用を報酬として請求することはできない。

007	**魅力ある広告媒体づくりを心掛けることは適切である。** 正確でわかりやすい案内図やセールスポイントの明示など、魅力ある図面など広告媒体づくりを心掛けることは適切です。ただし、不動産の表示に関する公正競争規約に基づき、誇大広告等にならないように注意する必要があります。	○	
008	**借主が管理規約を遵守する旨を明記する必要がある。** 分譲マンションの管理組合が管理規約を定めている場合、賃貸借契約には、借主が規約を遵守しなければならない旨を明記することが必要であり、借主に管理規約の内容を確認してもらう（コピーを渡す等）必要があります。管理規約の内容は、借主にもその効力が及ぶからです。	○	
009	**契約に関して条件等のある場合は専用の契約書等を作成する。** 特定優良賃貸住宅、自治体融資物件など、募集と契約に関して条件や制約がある物件の場合は、専用の契約書等（賃貸借契約書公庫用など）を作成するとともに、その点を指摘することは適切です。	○	
010	**マンションとは堅固な建物で独立した居住空間があるものをいう。** マンションとは、鉄筋コンクリート造りその他堅固な建物であって、一棟の建物が、共用部分を除き、構造上、数個の部分に区画され、独立した居住空間とされるものをいいます（不動産の表示に関する公正競争規約８条、同規約施行規則３条８号）。	○	2020
011	**賃貸人の確認も必要とされる。** 作成した図面は、仕入れ担当者または管理部門に確認してもらうことが適切ですが、賃貸人の確認も必要です。	○	2023
012	**広告について業者間情報媒体に依頼して作成することは適切。** 図面作成の方法としては、図面配布業者など業者間情報媒体に依頼して作成することもできます。ただし、原稿段階で管理業者自らが責任を持ってチェックする必要があります。	○	
013	**賃貸借契約の直前に契約を断念したら、報酬は請求できない。** 入居者募集業務の報酬は成功報酬であり、本問のように、入居希望者が契約を断念して成約とならなければ報酬を請求することはできません。	○	2020

014□□□ 宅地建物取引業の免許を有する管理業者(媒介業者)が入居者募集業務を行う場合、契約の申込みのため又は借受希望者が一度した申込みの撤回若しくはその解除を妨げるため、借受希望者を脅迫することは禁止されている。

015□□□ 入居者(借主)の募集に関し、賃借人の募集業務を受託した管理業者が募集広告を作成する場合には、宅地建物取引業法で定める誇大広告等の禁止の規定に違反してはならない。

016□□□ 宅地建物取引業の免許を有する管理業者(媒介業者)が入居者募集業務を行う場合、将来の環境又は交通その他の利便について、借受希望者が誤解するような断定的判断を提供することは禁止されている。

017□□□ 不動産の表示に関する公正競争規約における中古賃貸マンションとは、建築後3年以上経過し、または居住の用に供されたことがあるマンションであって、住戸ごとに、賃貸するもののことである。

018□□□ 宅地建物取引業法及び不当景品類及び不当表示防止法に基づく不動産の表示に関し、面積は、メートル法により表示し、1㎡未満の数値は、切り捨てて表示することができる。

019□□□ 宅地建物取引業法が定める賃貸物件の媒介の報酬に関して、報酬とは別に受領することのできる広告料とは、報酬の範囲内で賄うことが相当でない多額の費用を要する特別の広告の料金である。

020□□□ 外国人の入居審査にあたり、身元確認を行う書類として、パスポートや就労資格証明書、資格外活動許可証などが考えられるが、そのほかに、日本に住所がある外国人については住民票が発行されることとなっているから、住民票によって身分確認を行うことも可能である。

014	**申込の撤回等を妨げる目的で脅迫することは禁止されている。** 管理会社が宅建業者の場合には、**宅建業法が適用**されます。問題文の行為は、同法47条の2で禁止されています。	○	2016
015	**誇大広告等の禁止規定に違反してはならない。** 管理業者が募集業務を受託して行うには、**宅建業法の適用**があります。したがって、宅建業法で定める誇大広告等の禁止規定に違反してはなりません。	○	2017
016	**将来の環境・交通につき、断定的判断を提供してはならない。** 宅建業者でもある管理業者の場合、宅建業に係る契約の締結の勧誘をするに際し、その相手方等に対し、当該契約の目的物である宅地又は建物の将来の環境又は交通その他の利便について誤解させるべき断定的判断を提供することは**禁止されています**(宅建業法47条の2第3項、同法施行規則16条の12第1号イ)。	○	2016
017	**中古賃貸マンションとは、建築後1年以上経過したものをいう。** 中古賃貸マンションとは、**建築後1年以上経過**し、または居住の用に供されたことがあるマンションであって、住戸ごとに、賃貸するものをいいます(不動産の表示に関する公正競争規約8条、同施行規則3条(13))。3年以上ではありません。	×	2019
018	**面積はメートル法により表示する。** 面積の表示に関する正しい記述です(不動産の表示に関する公正競争規約施行規則9条13号)。	○	2020
019	**報酬とは別の広告料は、多額の費用を要する特別のものである。** 広告料は、原則として報酬に含まれますが、例外的に多額の費用を要する特別の宣伝料は**報酬とは別に受領**することができます。なお、宅地建物取引業者は、報酬額告示第2から第8までの規定によるほかは、依頼者の依頼によって行う広告の料金に相当する額を除き報酬を受けることはできません。	○	2020
020	**外国人であっても一定の場合は住民票による身分確認が可能。** 外国人であっても、**中長期在留者**(在留期間が3か月以下の者、在留資格が短期滞在の者は除く)、**特別永住者、出生または日本国籍喪失から60日以内の者**のいずれかの場合は、日本人の住民票のように居住地の市区町村役場で発行されます。	○	

021□□□	宅地建物取引業法が定める賃貸物件の媒介の報酬に関し、居住用建物の賃貸借の媒介報酬は、借主と貸主のそれぞれから賃料の0.5か月分とこれに対する消費税を受け取ることができるのが原則だが、借主及び貸主双方の承諾がある場合には、それぞれから報酬として賃料の1か月分と消費税を受け取ることができる。
022□□□	借受希望者の職業・年齢・家族構成・年収が申込物件に妥当かどうか検討することは、差別的な審査であるため、することができない。
023□□□	入居希望者の関係者が、反社会的勢力でないかどうかについて、所轄の警察署に問い合わせる等して確認することが重要である。
024□□□	入居希望者の職業及び年収についてはプライバシーに関わることなので、入居審査の対象としてはならない。
025□□□	過去に隣人とトラブルを起こしているなど、近隣関係に問題を生じさせる可能性を示す情報はプライバシーに関わることなので、入居審査の対象としてはならない。
026□□□	宅地建物取引業法及び不当景品類及び不当表示防止法に基づく不動産の表示に関する公正競争規約に従った不動産の表示方法に関し、自転車による所要時間は、道路距離250mにつき1分間を要するものとして算出した数値を表示する。この場合において、1 分未満の端数が生じたときは1分として算出する。
027□□□	入居資格審査は、時間をかけすぎると、借受希望者がほかの物件を賃借してしまうこともあり得るため、迅速性が求められる。
028□□□	借受希望者に対する入居可否の通知は、書面で行う。

021	**受領できる合計額の上限は賃料の１か月分と消費税となる。** 借主または貸主の双方の承諾がある場合であっても、受領できる合計額の上限は、賃料の１か月分と消費税となります。設問の場合、双方から１か月分ずつ受領しており、報酬限度額を超過します。	×	2020
022	**入居審査の際の重要な確認項目である。** 借受希望者の職業・年齢・家族構成・年収が申込物件に妥当するかどうかは、入居審査の重要な検討内容となります。	×	2018
023	**反社会的勢力でないか確認することが重要である。** 賃借人・法人の関係者が、反社会的勢力でないかどうかの確認は重要です。	○	
024	**賃料と年収のバランスは入居審査の対象として重要。** 賃料と年収のバランスがとれているか（年収に比べ賃料の高い物件を求めている場合）は重要な審査対象となります。また、勤務地との距離、勤続年数なども審査します。	×	
025	**隣人とのトラブルの有無は入居審査の対象として重要。** これまで隣人とトラブルを起こしているなど、近隣関係に問題を生じさせる可能性を示す情報の有無を審査することも重要です。	×	
026	**道路距離を明示して、走行に通常要する時間を表示する。** 自転車による所要時間は、道路距離を明示して、走行に通常要する時間を表示することが必要です（不動産の表示に関する公正競争規約施行規則９条11号）。	×	2020
027	**入居資格審査には迅速性が求められる。** 建物賃貸借契約の場合は、簡単に契約を終了させることができないことから、入居者決定にあたっては慎重な判断が必要となる一方、決定にあまり時間をかけすぎると、いったん入居を申し込んだ後でも、ほかの物件を賃借してしまうこともあるので、迅速性が求められます。	○	2017
028	**書面で通知することが望ましい。** 入居可否の決定がされ次第、速やかに借受希望者へ電話等で連絡するのが一般的ですが、最終的には書面で通知することが望ましいとされています。	○	2017

029□□□ 管理受託方式において、借受希望者の調査及び借受希望者との交渉の結果、入居条件の妥当性などを最終的に判断するのは、通常、管理業者に任されており、賃貸人には結果を報告するだけのほうがよい。

030□□□ 賃貸住宅の入居者の募集において、入居審査のため借受希望者から提出された身元確認書類は、入居を断る場合には、本人に返却する必要がある。

031□□□ 賃貸住宅の入居者の募集において、サブリース方式では、特定転貸事業者は借受希望者との交渉を任されている立場に過ぎず、最終的に入居者を決定する立場にはない。

032□□□ 管理業者が入居者募集業務を行い、広告を利用する場合、広告料として支出された費用は、いかなる広告を行ったのかを問わず、賃貸人の承諾があれば、媒介報酬とは別に受領してもよい。

033□□□ 中古住宅(1 か月分の借賃 15 万円。消費税等相当額を含まない。)の貸借について、宅地建物取引業者 A(消費税課税事業者)が貸主 B から媒介を依頼され、現地調査等の費用が通常の貸借の媒介に比べ3 万円(消費税等相当額を含まない。)多く要する場合、その旨を B に対し説明した上で、A が B から受け取ることができる報酬の上限額は 198,000 円である。

034□□□ 成約済みの物件を速やかに広告から削除せずに当該物件のインターネット広告等を掲載することは、宅地建物取引業におけるおとり広告に該当する。

035□□□ 実際には取引する意思のない実在する物件を広告することは、物件の内容が事実に基づくものである限り、宅地建物取引業におけるおとり広告に該当しない。

029	**最終的な判断は賃貸人が行う。** 借受希望者が賃貸物件に入居するのにふさわしいかどうか、あるいは交渉の結果出てきた入居条件の妥当性などを**最終的に判断する**のは**賃貸人**です。	×	
030	**入居を断る場合は入居申込書等の書類は返却する。** 入居審査のため借受希望者から提出された身元確認書類は、**個人情報保護法の観点**から、入居を断る場合には、本人に返却する必要があります。	○	2022
031	**最終的な判断はサブリース業者が行う。** サブリース方式の場合は、**賃貸人(転貸人)であるサブリース業者**が、入居者(転借人)を**最終的に決定**する権限があります。	×	2022
032	**承諾があれば報酬とは別に受領できるということではない。** 報酬とは別に受領できる広告料は、**報酬の範囲内で賄うことが相当ではない多額の費用を要する場合**でなければなりません。	×	
033	**貸借であるので空き家等の場合の報酬計算は適用されない。** 宅建業者が建物の貸借の媒介または代理に関して依頼者から受けることのできる報酬の額(媒介または代理に係る消費税等相当額を含む)は、その建物の借賃の1か月分の1.1倍が上限ですが、**居住用建物の場合は依頼者の承諾がなければ借賃の1か月分の0.55倍が相当額**です。本問の場合、それにあたり、15万円×0.55となり、8万2,500円です。また、空き家等の特別の計算方法は貸借の媒介・代理には適用されません。	×	
034	**売る意思のない良い物件を広告するものはおとり広告に当たる。** 宅地建物取引業法は誇大広告等を禁止し、刑事罰の対象としています(同法32条)。誇大広告等とは、顧客を集めるために**売る意思のない条件の良い物件を広告し、実際は他の物件を販売しようとする**、いわゆる「おとり広告」と、実際には存在しない物件等の「虚偽広告」についても本条が適用され、本問の行為は**おとり広告に該当**します。	○	2021
035	**物件の内容が事実に基づくものでも、おとり広告に該当する。** 実際には取引する意思のない実在する物件を広告することは、物件の内容が事実に基づくものであったとしても、**おとり広告に該当**します。	×	2021

036□□□	他の物件情報をもとに、賃料や価格、面積又は間取りを改ざんする等して実際には実在しない物件を広告することは、宅地建物取引業におけるおとり広告に該当する。
037□□□	おとり広告は、宅地建物取引業法には違反しないが、不動産の表示に関する公正競争規約(平成 17 年公正取引委員会告示第 23 号)に違反する行為である。
038□□□	空室状態になると日常生活による劣化が停止し、設備等が自然復旧するので、最低でも 1 か月程度は放置しなければならない。
039□□□	何らかの方法で鍵を入手し、盗難品の受渡しを行う等、空室の賃貸住宅が犯罪に利用されるケースが発生している。
040□□□	空室は、劣化や痛みをできるだけ防ぐため、室内に立ち入ることは望ましくない。

036	**おとり広告ではなく虚偽広告である。** 他の物件情報をもとに、賃料や価格、面積または間取りを改ざんする等して実際には実在しない物件を広告する行為は虚偽広告です。	×	2021
037	**両方に違反する。** おとり広告は、宅地建物取引業法にも、不動産の表示に関する公正競争規約にも違反する行為です。	×	2021
038	**劣化を防ぐため定期的に入室し、点検などを行う。** 建物や設備は生き物と同じで、利用されなくなると一気に劣化し、傷みが生じてしまいます。したがって、管理会社は、空室の劣化や傷みをできるだけ防ぐために、定期的に入室して換気したり、清掃したり、水を出したり、外観点検・施錠点検などを行わなければなりません。	×	
039	**空室の賃貸物件が犯罪に使われた事例が確認されている。** 「振り込め詐欺」「還付金詐欺」等の犯罪の拠点として空き家・空室が利用されるケースがあります。具体的には、まず、部屋を借りたいと内見を申し出て、不動産業者が内見用の鍵を出すところを見て、後で勝手にそこから鍵を取り出し、空き家に侵入し現金の送付先として利用する等で利用されています。	○	2016
040	**空室の劣化や傷みをできるだけ防ぐため定期的に入室。** 管理業者は、空室の劣化や傷みをできるだけ防ぐために定期的に入室して換気や清掃を行い、設備の定期的な点検や補修、外観点検や鍵の施錠等の状況確認を行うなどの空室管理を行う必要があります。	×	2021

041□□□ 建物の一室を賃貸する際の宅地建物取引業法第 35 条に定める重要事項説明書面には、管理の委託先となっているである賃貸管理業者の氏名、住所及び登録番号について記載する必要がある。

042□□□ 宅地建物取引士は、相手方等への、宅地建物取引業法第 35 条に定める重要事項説明に際して宅地建物取引士証を提示しなければならない。

043□□□ 建物の賃貸借の媒介を行う宅地建物取引業者は、一定の要件を満たすことで、遠隔地にいる入居希望者に対しITを活用した方法で重要事項の説明を行うことができる。

044□□□ 宅地建物取引業法第 35 条に基づく重要事項説明書面(貸借の媒介として使用)には、半年前に実施した建物状況調査の結果の概要を記載する必要がない。

041	**管理の委託先である登録業者について氏名等を記載する。** 重要事項説明書には、登録業者である賃貸管理業者の氏名、住所および登録番号を記載しなければなりません。なお、登録業者でない場合には、管理者の氏名および住所を記載すればよいことになっています。	○
042	**重要事項説明の際に、宅建士証を提示しなければならない。** 宅建士は、重要事項の説明をするときは、説明の相手方に対し、宅建士証を提示しなければなりません(宅建業法 35 条 4 項)。	○
043	**IT による隔地者間での説明が可能。** 宅建士により記名された重要事項説明書を、重要事項の説明を受けようとする者にあらかじめ交付(電磁的方法による提供を含む)していること等の要件を満たすことで、IT を活用して重要事項説明ができます。	○
044	**貸借の媒介でも建物状況調査の結果の概要を説明する。** 当該建物が既存の建物であるときは、建物状況調査(原則、実施後 1 年を経過していないものに限る)を実施しているかどうかについて重要事項説明書面に記載する必要があります(宅建業法 35 条 1 項 6 号の 2)。この内容は、貸借の媒介であっても記載する必要があります。	×

第２章　賃借人の入退去

重要度▶A

鍵に関しては、渡すタイミングや種類など細かい知識が問われます。原状回復ガイドラインもかなり詳細な点までが問われます。正確に暗記して、得点源としましょう。
参考書「要点整理」参照ページP.274～

001□□□	貸主からの依頼又は承諾を受けて管理業者が各部屋の鍵を一括管理する場合、借主に対し、その目的を説明する。
002□□□	防犯対策に関して、賃貸物件に鍵保管用キーボックスを設ける場合には、適宜その暗証番号の変更や更新が必要である。
003□□□	管理物件での非常事態に対する早期対処のため、管理業者の従業員が各部屋の鍵を常時携行する。
004□□□	マスターキーは、借主が不在中の管理物件で非常事態が発生した場合に室内に立ち入る際に、鍵の取扱い規則などに基づいて使用することが原則である。
005□□□	ディスクシリンダー鍵は、ピッキングに対する防犯性能に優れており、現在最も普及している。

解答・解説

001	**鍵の一括管理に関しては借主に説明する。** 管理業者が業務の必要性から各部屋の鍵を保管する場合は、その目的(借主が不在中の管理物件で非常事態が発生した場合に室内に立ち入る際などに使用すること)を**借主に説明**しておくべきです。	○	2018
002	**暗証番号の更新が必要である。** 空き家の不正使用対策として有効です。不法侵入を防ぐためにも、その都度、**暗証番号の変更**をすることが望ましいです。	○	2020
003	**マスターキーは施錠できる場所に保管する。** 管理業者が保管する鍵(マスターキー)は、その管理・保管について取扱い規則を定め、担当する責任者を明確にしておくとともに、他の鍵とは区別したうえ、**施錠できる場所に保管**しておかなければなりません。管理業者の従業員が各部屋の鍵を常時携行することは適切とはいえません。	×	2018
004	**マスターキーは鍵の取扱い規則に基づき使用する。** マスターキーは、賃借人が不在中の管理物件で**非常事態が発生した場合に室内に立ち入る際などに使用すること**を目的とする鍵です。なお、マスターキーは、日常の管理・保管を担当する責任者を明確にしておくとともに、他の鍵とは区別したうえ、施錠できる場所に保管しておくべきです。	○	
005	**ディスクシリンダー鍵は現在製造中止になっている。** ディスクシリンダーは、以前は広く普及していたタイプで、現在もオートロック対応物件などに見られます。しかし、ピッキング被害が増加したため、**現在は製造中止**になっています。	×	

006□□□ 鍵交換の費用は、原則として借主が負担するべきである。

007□□□ 戸締りのための設備に関し、錠(シリンダー)とは、扉に固定されている部分をいい、100 年前にディスクシリンダーが発明されて以来変わっていない。

008□□□ 新規入居の場合は、借主が鍵を紛失した場合と同様に、鍵の交換に要する費用を借主負担とする。 なお、賃貸借契約に鍵に関する特約はないものとする。

009□□□ 借主の入れ替えに伴う鍵交換のタイミングは、新しい借主が決定した後ではなく、従前の借主が退去した時が望ましい。

010□□□ 従前の借主が退去した後、貸主が鍵を交換せずに、新しい借主に賃貸した場合、従前の借主が鍵を使用して当該貸室に侵入するという盗難事件が発生したとしても、貸主が新しい借主に損害賠償責任を負うことはない。

011□□□ ガイドラインの考え方を前提とした場合の原状回復に関して、借主の同居人による部屋の毀損を補修する費用は、借主自身に故意過失がない場合、貸主の負担である。

012□□□ 「原状回復をめぐるトラブルとガイドライン(再改訂版)」(国土交通省平成 23 年 8 月)の考え方を前提とした場合の原状回復に関し、借主の過失によりフローリング床全体の張り替えが必要となった場合の張り替え費用は、経年変化を考慮せず、全額借主の負担となる。

013□□□ ガイドラインについては、借地借家法と同様、その使用を強制するものであり、原状回復の内容、方法等について紛争が発生した場合は、最終的には当該ガイドラインを法源として司法判断がされる。

006	**鍵交換の費用は原則として貸主負担とされる。** 鍵交換の費用は、借主が安全に居住できる物件を賃貸する責任を負う貸主が負担すべきです。なお、費用負担を借主に求めることができるのは、借主が鍵を紛失して鍵交換を行う場合や、借主からの特別な依頼に基づく場合に限られます。	×	
007	**鍵は防犯のためのニーズにより日々進化している。** シリンダーとキーは、防犯のニーズから、日々進化しています。最近は、指紋照合やその他ハイテク機器による製品も開発されています。	×	
008	**鍵交換の費用は貸主負担とする。** 費用負担を借主に求めることができるのは、借主が鍵を紛失して鍵交換を行う場合や、借主からの特別な依頼に基づく場合に限られます。	×	2018
009	**退去時ではなく入居者決定時。** 鍵交換のタイミングは、前の借主の退出後に退去後リフォームが終了し、借受希望者に対する案内も終えて実際に入居する借主が決定した後とすることが望ましいとされています。	×	2021
010	**損害賠償責任を負う可能性もある。** 賃貸人が鍵の交換を怠った管理物件で、合鍵を作っていた前の借主による盗難や傷害などの犯罪が発生した場合、入居者が平穏に生活できるような住宅を提供する義務違反として損害賠償責任を負う場合があります（民法 601 条）。	×	2015
011	**借主が負担すべき。** 借主の同居人による毀損の補修費用は、借主が負担すべきです。	×	2020
012	**経年変化・通常損耗を前提とし、全額借主負担ではない。** 借主の過失によりフローリング床全体の張り替えが必要となった場合でも、経年変化・通常損耗を前提とすべきであり、全額借主負担とするのではありません。	×	2020
013	**ガイドラインは司法判断の根拠となるわけではありません。** 賃貸住宅標準契約書と同様、その使用を強制するものではなく、原状回復の内容、方法等については、最終的には契約内容、物件の使用の状況等によって、個別に判断、決定されるべきものであるとされています。法源として司法判断の根拠となるわけではありません。	×	

014□□□ ガイドラインによれば、震災等の不可抗力による損耗や、借主と無関係な第三者がもたらした損耗等については、借主が負担すべきであるとされている。

015□□□ ガイドラインによれば、借主の住まい方や使い方次第で発生したりしなかったりすると考えられるものは、借主が負担すべきであるとされている。

016□□□ ガイドラインの考え方を前提とした場合の原状回復に関して、ハウスクリーニング費用は、借主が通常の清掃を実施していないために必要となった場合であっても、貸主の負担である。

017□□□ 原状回復ガイドラインによれば、賃借人が設置した家具によるカーペットのへこみや設置跡の原状回復費用は、賃借人の負担とはならない。

018□□□ ガイドラインによれば、フローリングのワックスがけの費用は、借主が負担する。

019□□□ ガイドラインによれば、カーペットに飲み物等をこぼしたことによるシミやカビが、その後の手入れ不足等で生じた場合は、その除去費用は借主の負担となり得る。

020□□□ ガイドラインによれば、台所の油汚れを除去する費用は、常に貸主が負担すべきであるとされている。

014	**借主と無関係な損耗等は借主負担とすることは適切ではない。** ガイドラインによれば、震災等の不可抗力による損耗や、**借主と無関係な第三者**がもたらした損耗等についてまで、借主負担とすることは適切ではありません。	×	2017
015	**借主は住まい方や使い方によるものは負担する。** 借主の住まい方や使い方次第で発生したりしなかったりすると考えられるものは**借主の負担**とされています。故意・過失、善管注意義務違反等を含むこともあり、もはや通常の使用により生ずる損耗とはいえないからです。	○	
016	**設問の場合には借主の負担となることがある。** ハウスクリーニング費用は、借主が通常の清掃をしていないために必要となった場合には**借主の負担**となることがあります。	×	2020
017	**床、カーペットのへこみ、設置跡については貸主負担が妥当。** 家具を設置したことだけによる床、カーペットのへこみ、設置跡については、賃借人が通常の住まい方、使い方をしていても発生すると考えられるものなので、**貸主負担とすることが妥当**です。	○	2023
018	**フローリングのワックスがけの費用は賃貸人負担とされる。** ガイドラインによれば、フローリングのワックスがけの費用は**賃貸人負担**となります。ワックスがけは通常の生活において必ず行うとまでは言いきれず、物件の維持管理の意味合いが強いからです。	×	
019	**手入れ不足等で生じたシミ・カビの除去は借主の負担による。** ガイドラインによれば、飲み物等をこぼすこと自体は通常の生活の範囲と考えられますが、その後の手入れ不足等で生じたシミ・カビの除去は**借主の負担により**実施するのが妥当と考えられています。	○	
020	**台所の油汚れは賃借人が負担することが多い。** ガイドラインによれば、台所の油汚れは、賃借人のその後の手入れ等管理が悪く発生、拡大したと考えられるものは、**賃借人がその除去費用を負担**することになっています。通常の使用による損耗を超えるものと判断されることが多いからです。	×	

021□□□ ガイドラインによれば、結露を放置したことにより拡大したカビやシミの消毒等の費用は、常に貸主が負担すべきであるとされている。

022□□□ ガイドラインによれば、テレビ、冷蔵庫等の後部壁面の黒ずみは、タバコ等のヤニと同視され、借主の負担による修繕に該当する。

023□□□ ガイドラインによれば、エアコン（賃借人所有）設置による壁のビス穴や跡の補修費用は、賃借人が負担すべきであるとされている。

024□□□ ガイドラインによれば、クーラー（賃貸人所有）から水漏れし、賃借人が放置したために壁が腐食した場合の補修費用は、常に賃貸人が負担すべきであるとされている。

025□□□ 原状回復ガイドラインによれば、飼育ペットによる臭いの原状回復費用は、無断飼育の場合を除き、賃借人の負担とはならない。

026□□□ ガイドラインの考え方を前提とした場合の原状回復に関して、鍵交換費用は、借主が鍵を紛失した場合であっても、貸主の負担である。

027□□□ ガイドラインでは、風呂・トイレ・洗面台の水垢・カビ等は、「賃借人が通常の住まい方、使い方をしていても発生すると考えられるもの」に位置づけられており、借主は原状回復義務を負わない。

解答・解説

021	**結露の放置による損耗の拡大は賃借人が負担することになる。** 結露は建物の構造上の問題であることが多いですが、結露が発生しているにもかかわらず、賃借人が賃貸人に通知もせず、かつ、拭き取るなどの手入れを怠り、壁等を腐食させた場合には、通常の使用による損耗を超えると判断されることが多く、その費用は**賃借人が負担**することになります。	×	
022	**テレビ、冷蔵庫等の後部壁面の黒ずみは貸主に負担義務がある。** テレビ、冷蔵庫等の後部壁面の黒ずみは、ガイドラインでは、「賃借人が通常の住まい方、使い方をしていても発生すると考えられるもの」に当たり、**貸主に負担義務**があります。	×	
023	**エアコン設置によるビス穴や跡は貸主の負担とされている。** エアコン（賃借人所有）設置による壁のビス穴や跡については、エアコンが一般的な生活をしていくうえでの必需品となっていることから通常損耗と考えられ、**貸主の負担**とされています。	×	
024	**手入れを怠った場合の補修費用は賃借人の負担となる。** クーラー保守は所有者（賃貸人）が実施するべきものとなっていますが、水漏れを放置したり、その後の手入れを怠った場合は、通常の使用による損耗を超えると判断されることが多く、その補修費用は**賃借人の負担**となります。	×	
025	**ペットによる損耗は、借主負担となることが多い。** 共同住宅におけるペット飼育は未だ規約で禁止のところも多く、ペットの躾や尿の後始末などの問題でもあることから、ペットにより柱、クロス等にキズが付いたり臭いが付着している場合は**賃借人負担となることが多い**と考えられます。	×	2023
026	**借主が鍵を紛失した場合の鍵交換費用は借主が負担する。** 借主が鍵を紛失した場合の鍵交換費用は、貸主ではなく**借主が負担**すべきです。	×	2020
027	**清掃・手入れ等を怠った場合は借主が負担する。** 風呂・トイレ・洗面台の水垢・カビ等は、**借主のその後の手入れ等管理が悪く発生、拡大したと考えられるものに位置づけられており**、使用期間中に、その清掃・手入れを怠った結果汚損が生じた場合は、**借主の善管注意義務違反に該当すると判断される**ことが多いと考えられます。	×	2018

028□□□ ガイドラインによれば、使用期間中に、ガスコンロ置き場や換気扇等の油汚れ、煤の清掃・手入れを怠った結果汚損が生じた場合は、借主の善管注意義務違反に該当すると判断されることが多い。

029□□□ ガイドラインでは、鍵の取替えについて、破損や鍵紛失という事情のない場合は、入居者の入れ替わりによる物件管理上の問題であり、貸主負担とすることが妥当とされている。

030□□□ ガイドラインでは、次の入居者を確保する目的で行う専門業者による全体のハウスクリーニング費用については、原則として貸主が負担するものとしている。

031□□□ ガイドラインによれば、借主の故意過失、善管注意義務違反、その他通常の使用を超えるような使用による損耗等のいずれにも該当せず、次の入居者を確保する目的で行う設備の交換や化粧直し等のリフォームは、貸主の負担となる経年変化及び通常損耗の修繕に該当する。

032□□□ ガイドラインでは、エアコンの内部洗浄について、喫煙等による臭い等が付着していない限り、貸主負担とすることが妥当とされている。

033□□□ 原状回復ガイドラインによれば、賃借人の過失によりクッションフロアの交換が必要になった場合、経年変化を考慮せず、賃借人の負担となる。

034□□□ ガイドラインによれば、引越作業で生じたひっかきキズは、賃貸借契約終了後によるものであるので、貸主の負担による修繕に該当する。

028	**借主の善管注意義務違反に該当することが多い。** ガスコンロ置き場や換気扇等の油汚れ、すすは、借主のその後の手入れ等管理が悪く発生、拡大したと考えられるものに位置づけられており、使用期間中に、その清掃・手入れを怠った結果汚損が生じた場合は、**借主の善管注意義務違反に該当すると判断されることが多い**と考えられます。	○	
029	**事情のない鍵の取替えについては貸主負担が妥当。** 鍵の取替えについて、破損や鍵紛失という事情のない場合は、**貸主負担**とすることが妥当です。	○	2019
030	**賃貸人負担とすることが妥当である。** 全体のハウスクリーニング(専門業者による)は、次の入居者を確保するための化粧直し、グレードアップの要素があるものに位置づけられており、賃借人が通常の清掃(具体的には、ゴミの撤去、掃き掃除、拭き掃除、水回り、換気扇、レンジ回りの油汚れの除去等)を実施している場合は次の入居者確保のためのものであり、**賃貸人負担**とすることが妥当と考えられています。	○	
031	**建物価値を増大させる修繕は貸主負担となる。** 本問のような設備の交換や化粧直し等のリフォームは、賃貸借契約期間中の賃料でカバーされてきたはずのものであり、借主は修繕等をする義務を負いません。したがって、**建物価値を増大させるような修繕等**については、**貸主の負担となる経年変化および通常の修繕**に該当します。	○	2016
032	**エアコンの内部洗浄については貸主負担とすることが妥当。** エアコンの内部洗浄について、喫煙等による臭い等が付着していない限り、通常の生活において必ず行うとまでは言い切れず、借主の管理の範囲を超えているので、**貸主負担**とすることが妥当と考えられています。	○	2019
033	**経年変化が考慮され、全額借主負担とするのではない。** **借主の過失**により必要となったクッションフロアの交換費用についても、**経年変化が考慮**されるべきであり、全額借主負担とするのではありません。	×	2023
034	**引越作業によるキズは賃借人の負担とされている。** 引越作業で生じたひっかきキズは、**賃借人が負担**します。賃借人の善管注意義務違反または過失による損耗と考えます。	×	

035□□□	ガイドラインによれば、賃借人に原状回復義務が発生すると思われるものであっても、損耗の程度を考慮し、賃借人の負担割合等についてより詳細に決定することも考えられるとしている。
036□□□	「原状回復をめぐるトラブルとガイドライン（再改訂版）」（国土交通省平成23 年 8 月）の考え方を前提とした場合の原状回復に関し、耐用年数を経過した壁クロスであっても、借主が故意に落書きをした部分を消すのに要する費用は、借主の負担となることがある。
037□□□	ガイドラインによれば、襖紙や障子紙の毀損等については、経過年数を考慮せず、借主に故意過失等がある場合には、張替え等の費用を借主の負担とするのが妥当とされている。
038□□□	ガイドラインでは、新築物件の賃貸借契約ではない場合、経過年数のグラフを、入居年数で代替する方式を採用している。
039□□□	「原状回復をめぐるトラブルとガイドライン（再改訂版）」（国土交通省平成23 年 8 月）の考え方を前提とした場合の原状回復に関し、借主の喫煙を理由として壁クロスの交換が必要となった場合、6 年で残存価値 1 円となるような直線を想定し、負担割合を算定する。
040□□□	ガイドラインによれば、借主が喫煙したことによって必要となったクロスの張替え費用は、経過年数を考慮することなく借主の負担となる。
041□□□	ガイドラインでは、原状回復は、毀損部分の復旧ではあるが、建物の性質上毀損部分に限定することなく、全面的な改修を行うことを基本としている。

035	**賃借人の負担割合等を詳細に決定することも考えられる。** 国民生活センター等における個別具体の苦情・相談事例のなかで、通常損耗か否かの判断でトラブルになりやすいものを整理して、「損耗・毀損の事例区分(部位別)一覧表」を掲載しています。しかし、これらの区分はあくまで一般的な事例を想定したものに過ぎないので、賃借人に原状回復義務が発生すると思われるものであっても、**損耗の程度を考慮し、賃借人の負担割合等についてより詳細に決定する**ことも考えられます。	○	2017
036	**借主の故意の落書きは借主負担となる。** 借主が故意に落書きをした部分を消すのに要する費用(工事費、人件費等)などについては、**借主負担**となることもあります。	○	2020
037	**襖紙や障子紙の毀損等は借主の費用負担とすることが妥当。** なお、考慮する場合は当該建物の耐用年数で**残存価値 1 円**となるような直線を想定し、負担割合を算定します。	○	
038	**経過年数のグラフを入居年数で代替する方式を採用する。** 新築物件の賃貸借契約ではない場合、経過年数グラフを、**入居年数で代替する方式**を採用します。設備等によって補修・交換の実施時期はまちまちなので、それらの経歴を賃貸人や管理業者等が完全に把握しているケースは少なく、入居時に経過年数を示されても賃借人としては確認できないからです。	○	
039	**借主の喫煙による壁クロス交換は経過年数グラフを想定する。** 借主の喫煙を理由として壁クロスの交換が必要となった場合でも、経年変化を前提とすることになり、具体的には **6 年で残存価値 1 円**となるような直線を想定し、負担割合を算定します。	○	2020
040	**経過年数を考慮することなく借主の負担とはならない。** クロスは**6年で残存価値1円**となるような直線(または曲線)を想定し、負担割合を算定します。経過年数を考慮することなく借主の負担となるわけではありません。	×	2019
041	**原状回復は毀損部分の補修工事を行うことを基本としている。** 原状回復は、毀損部分の復旧であることから、可能な限り毀損部分に限定し、**毀損部分の補修工事が可能な最低限度を施工単位とする**ことを基本としています。	×	

042□□□	ガイドラインによれば、毀損部分と補修工事施工箇所にギャップがあるケースにつき、原状回復による借主の負担を勘案し、常に借主が保護されるようにすべきであるとしている。
043□□□	ガイドラインの考え方を前提とした場合の原状回復に関して、ペット飼育に伴う部屋の毀損を補修する費用は、無断飼育の場合を除き、貸主の負担である。
044□□□	ガイドラインによれば、借主の故意・過失によるフローリングの毀損については、その修繕箇所の負担範囲は㎡単位が望ましいが、毀損等が複数箇所にわたる場合は当該居室全体の張替え費用を借主負担としてもやむを得ない場合もある。
045□□□	ガイドラインによれば、通常損耗に関しガイドラインと異なる原状回復の取扱いを定める場合、賃貸借契約締結時に「通常損耗は賃借人の負担である。」と伝えれば足り、その旨を賃貸借契約書に具体的に記載したり、その旨を借主が明確に認識して合意の内容とすることまでは要しない。
046□□□	ガイドラインによれば、貸主と借主が賃貸借契約時に原状回復工事施工目安単価を明記して、原状回復条件をあらかじめ合意した場合、退去時にこの単価を変更することはできない。
047□□□	ガイドラインは、賃貸借契約の「出口」すなわち退去時の問題と捉えられがちである原状回復の問題を、「入口」すなわち入居時の問題として捉えることも意識し、入退去時の物件の確認等のあり方等の開示を抽象的ではあるが示している。
048□□□	原状回復ガイドラインによれば、賃貸借契約書に居室のクリーニング費用の負担に関する定めがない場合、借主が通常の清掃を怠ったことにより必要となる居室のクリーニング費用は貸主負担となる。

042	**当事者間で不公平にならないようにする。** 毀損部分と補修工事施工箇所にギャップがあるケースにつき、補修工事の最低施工可能範囲、原状回復による貸主の利得及び借主の負担を勘案し、当事者間で不公平とならないようにすべきであるとしています。	×	
043	**無断飼育の場合でなくても借主の負担になる。** ペット飼育に伴う部屋の毀損を補修する費用は、無断飼育の場合でなくても借主の負担です。	×	2020
044	**居室全体につき借主負担とする場合がある。** フローリングは、原則として㎡単位ですが、毀損等が複数箇所にわたる場合は当該居室全体について借主が負担する場合があります。	○	
045	**賃借人が明確に認識して合意することが必要である。** 原状回復に関する特約が有効となるために、「①特約の必要性があり、かつ、暴利的でないなどの客観的、合理的理由が存在すること、②賃借人が特約によって通常の原状回復義務を超えた修繕等の義務を負うことについて認識していること、③賃借人が特約による義務負担の意思表示をしていること」が必要であるとされています。	×	2017
046	**退去時に変更となる場合がある。** 退去時において、資材の価格や在庫状況の変動、毀損の程度や原状回復施工方法等を考慮して変更となる場合があるとされています。	×	
047	**ガイドラインは原状回復につき具体的に示すものである。** ガイドラインには、「賃貸借契約の「出口」すなわち退去時の問題と捉えられがちである原状回復の問題を、「入口」すなわち入居時の問題として捉えることを念頭において、入退去時の物件の確認等のあり方、契約締結時の契約条件の開示をまず具体的に示すこととした」と記されています。抽象的ではありません。	×	
048	**通常の清掃を怠った場合、借主の費用負担となる可能性がある。** 賃貸借契約書に居室のクリーニング費用の負担に関する定めがない場合、居室のクリーニング費用は貸主負担となるのが原則です。しかし、借主が通常の清掃を怠ったことにより必要となったクリーニングの負担については、経年劣化や通常損耗を超えた損耗等となり、善管注意義務違反等に基づき借主に費用負担が求められる可能性があります。	×	2021

049□□□ 原状回復ガイドラインによれば、賃貸借契約書に原状回復について経年劣化を考慮する旨の定めがない場合、借主が過失により毀損したクロスの交換費用は経過年数を考慮せず、全額借主負担となる。

050□□□ 原状回復ガイドラインによれば、賃貸借契約書に原状回復費用は全て借主が負担する旨の定めがあれば、当然に、借主は通常損耗に当たる部分についても原状回復費用を負担しなければならない。

051□□□ 原状回復ガイドラインによれば、賃貸借契約書に借主の帰責事由に基づく汚損を修復する費用について借主負担とする旨の定めがない場合であっても、借主がクロスに行った落書きを消すための費用は借主の負担となる。

052□□□ 原状回復ガイドラインによれば、壁クロス毀損箇所が一部分であっても、他の面と色や模様を合わせないと商品価値が維持できない場合には、居室全体の張り替え費用は借主負担となる。

053□□□ 原状回復ガイドラインによれば、フローリングの毀損箇所が一箇所のときは、居室全体の張り替え費用を借主の負担とすることはできない。

049	**経年劣化である場合には、借主は費用を負担する義務を負わない。** ガイドラインによれば、賃借人の故意過失等による損耗であっても、経年劣化・通常損耗は必ず前提となっており、当事者間に合意がない場合であっても、**経年劣化と認められる場合には、借主は費用を負担する義務を負いません**。全額借主負担となるということではありません。	×	2021
050	**通常損耗については借主は当然には原状回復費用を負担しない。** 通常の使用に伴い生ずる損耗について賃借人が原状回復義務を負うためには、「賃借人が補修費用を負担することになる損耗の範囲につき、賃貸借契約書自体に具体的に明記されているか、賃貸人が口頭により説明し、賃借人がその旨を明確に認識して、それを合意の内容としたものと認められるなど、その旨の**特約が明確に合意されていることが必要**」(最判平成17年12月16日)と示されています。	×	2021
051	**善管注意義務等違反となり、借主が負担する。** 賃借人が故意・過失により設備等を破損し、使用不能としてしまった場合には、賃貸住宅の設備等として本来機能していた状態まで戻す(例えば、賃借人がクロスに故意に行った落書きを消す等)ための費用(工事費や人件費等)などについては、**賃借人の負担となることがあります**。このような賃借人には、善管注意義務等違反があると認められるためです。	○	2021
052	**毀損箇所を含む一面分までであり、居室全体までは無理。** ガイドラインでは、クロス張り替えの場合、その毀損箇所が一部分であっても、他の面と色や模様を合わせないと商品価値が維持できない場合などは、**毀損箇所を含む一面分の張り替え費用**を、毀損等を発生させた賃借人の負担とすることが妥当であると考えられるものとしています。居室全体の張り替え費用を借主負担とするということではありません。	×	2021
053	**毀損箇所が1箇所の場合は、居室全体までは無理。** ガイドラインでは、フローリングの張り替えの場合、**原則として㎡単位であり、毀損等が複数箇所にわたる場合は当該居室全体について毀損等を発生させた賃借人の負担とすることができると考えられるもの**としています。そのフローリング毀損箇所が1箇所のときは、居室全体の張り替え費用を借主負担とすることはできません。	○	2021

054□□□	原状回復ガイドラインによれば、畳の毀損箇所が1枚であっても、色合わせを行う場合は、居室全体の畳交換費用が借主負担となる。
055□□□	原状回復ガイドラインによれば、鍵の紛失に伴う鍵交換費用は、紛失した鍵の本数に応じた按分割合による額又は経過年数を考慮した額のいずれか低い額による。
056□□□	賃貸借契約における原状回復に係る負担の特約は、原状回復ガイドラインや過去の判例等に照らして賃借人に不利であり、それを正当化する理由がない場合には、無効とされることがある。
057□□□	「原状回復をめぐるトラブルとガイドライン(再改定版)」(国土交通省住宅局平成 23 年 8 月。)においては、補修工事が最低限可能な施工単位を基本とするが、いわゆる模様合わせや色合わせについては、借主の負担とするものとされている。
058□□□	「原状回復をめぐるトラブルとガイドライン(再改定版)」(国土交通省住宅局平成 23 年 8 月。)においては、タバコのヤニがクロスの一部に付着して変色した場合、当該居室全体のクリーニング又は張替費用を借主の負担とするものとされている。
059□□□	「原状回復をめぐるトラブルとガイドライン(再改定版)」(国土交通省住宅局平成 23 年 8 月。)においては、畳の補修は原則 1 枚単位とするが、毀損等が複数枚にわたる場合、当該居室全体の補修費用を借主の負担とするものとされている。
060□□□	「原状回復をめぐるトラブルとガイドライン(再改定版)」(国土交通省住宅局平成 23 年 8 月。)においては、鍵は、紛失した場合、シリンダーの交換費用を借主の負担とするものとされている。

054	**色合わせ目的で居室全体の交換はできない。** ガイドラインでは、畳替えは原則 1 枚単位とされており、毀損等が複数枚にわたる場合はその枚数によるものとされています。その畳の毀損箇所が 1 枚のときは、居室全体の畳替えの費用を借主負担とすることはできません。	×	2021
055	**借主は鍵を紛失した場合はシリンダーの交換費用を負担する。** ガイドラインでは、借主が鍵を紛失した場合は、シリンダーの交換費用を借主が負担することとされています。紛失した鍵の本数に応じた按分割合による額または経過年数を考慮した額のいずれか低い額によるのではありません。	×	2021
056	**判例等に違反し正当化根拠がなければ無効となり得る。** 原状回復ガイドラインは、あくまでも指針であり、何ら法的拘束力を及ぼすものではありません。しかし、裁判例等を踏まえて作成されているものなので、実際にトラブルが生じて裁判等になった場合は、このガイドラインの内容が極めて有力な判断基準となります。したがって、ガイドラインや過去の判例等に照らして賃借人に不利であり、それを正当化する理由がない場合には、無効とされることがあります。	○	2021
057	**借主の負担としない。** いわゆる模様合わせや色合わせについては、借主の負担としません(原状回復ガイドライン別表 2)。	×	2022
058	**借主の負担としない。** 「クロスの一部に付着して変色した場合」とはされていません(原状回復ガイドライン別表 2)。	×	2022
059	**借主の負担としない。** 「当該居室全体の補修費用を借主負担とする」とはされていません(原状回復ガイドライン別表 2)。	×	2022
060	**借主が負担する。** 鍵を紛失した場合、借主は、シリンダーの交換費用を負担するものとされています(原状回復ガイドライン別表 2)。	○	2022

第3章　入居者からの苦情対応

重要度▶C

クレーム処理では、そのクレームが設備等の不備によるものなのか、またはソフト面での対応となるのかで対応に違いが生じます。過去に出題の見られた「クレーム対応のアウトソーシング」についても本項目の問題に目を通しておくとよいでしょう。
参考書「要点整理」参照ページP.284～

001□□□	生活騒音に対するクレームを受けた場合、入居者同士で刑事事件に発展することも多いので、直ちに所轄の警察署に連絡し、警察に対処を依頼すべきである。
002□□□	エアコン故障やテレビが映らない等のクレームへの対応は、緊急性が高いため、アウトソーシングしなければならない。
003□□□	アウトソーシングしやすい業務と、しにくい業務があるが、入居者のゴミ置き場の使用方法を管理する業務は、アウトソーシングしやすい業務である。
004□□□	アウトソーシングしやすい業務と、しにくい業務があるが、ペットの虐待による鳴き声への対応業務は、アウトソーシングしやすい業務である。
005□□□	管理業務で生じるクレームやトラブルの内容やその対応方法は数多く存在するので、会社である管理業者が、過去の相談事例等を蓄積した社内マニュアルを作成して社内で情報を共有することは重要ではない。

解答・解説

001	**まずは管理業者が対応すべきである。** なお、管理業者はクレームを鵜呑みにすることなく、実際によく確かめてから行動を起こす姿勢が大切です。騒音の発生源が借主の場合は、本人へ直接注意を促します。それでも守らない場合は**連帯保証人**への連絡も検討します。	×	
002	**緊急性が高いからといってアウトソーシングする義務はない。** エアコン故障やテレビが映らない等のクレームへの対応は、ハード面での対応となるので、アウトソーシングしやすいといえます。しかし、緊急性が高いからといって、**アウトソーシングする義務**があるわけではありません。	×	
003	**クレーム対応のアウトソーシングはソフト面においてはしにくい。** **クレーム対応のアウトソーシング**は、ハード面においてはしやすく、ソフト面においてはしにくいという特徴があります。入居者のゴミ置き場の使用方法はソフト面の対応となるので**アウトソーシングしにくい**業務といえます。	×	
004	**ペット対策はソフト面の業務でありアウトソーシングしにくい。** 管理業務の中でもハード面のものはアウトソーシングしやすいですが、**ソフト面のものはアウトソーシングしにくい**傾向にあります。ペットの鳴き声等への対応業務はソフト面の業務です。	×	
005	**設問の内容は重要。** 過去の相談事例等を蓄積した社内マニュアルを作成して、社内で情報を共有することは**クレーム対応**において**最も重要**なことといえます。	×	2016

第４章　業務におけるコンプライアンス

重要度▶A

個人情報保護法は、個人情報を取り扱う業種にとって重要法令です。用語の他、正確に押さえておくようにしましょう。
参考書「要点整理」参照ページP.286～

001□□□	管理受託方式により賃貸管理を行っている管理業者は、管理業者の名前で借主に対して未収賃料の回収のための内容証明郵便を発信することができない。
002□□□	管理受託方式の賃貸管理業者が貸主の代理として内容証明郵便を送付する行為は、弁護士法に抵触する可能性がある。
003□□□	管理業者による個人情報の取扱いに関し、締結済の賃貸借契約書を普通郵便で貸主に送付したことは適切である。
004□□□	賃貸不動産経営管理士は、契約終了業務の一環として、貸主から委託内容及び報酬額を明記した委任状を受領していれば、入居者と直接交渉して賃貸借契約の合意解除と早期立退きを要求することができる。
005□□□	賃貸不動産経営管理士は、管理業務とは別に、依頼者の求めに応じ租税の課税標準等の計算に関する事項について無償で相談に応じることができる。
006□□□	個人情報の保護に関する法律に関し、個人情報取扱事業者は、要配慮個人情報を取得する場合、利用目的の特定、通知又は公表に加え、あらかじめ本人の同意を得なければならない。

001	**設問の行為は弁護士法に違反する可能性がある。** 弁護士又は弁護士法人でない者は、報酬を得る目的で訴訟事件、非訟事件及び審査請求、再調査の請求、再審査請求等行政庁に対する不服申立事件その他一般の法律事件に関して鑑定、代理、仲裁もしくは和解その他の**法律事務を取り扱い、又はこれらの周旋をすることを業とすることができません**（弁護士法 72 条）。管理受託方式の管理業者が貸主に代わって管理業者名で内容証明郵便を送付して未払賃料を請求する行為は**弁護士法に違反する可能性があります**。	○	2016
002	**弁護士法 72 条に違反すると判断される可能性がある。** 賃料支払義務の存否が争われている状況において、**貸主に代理して管理業者名で内容証明郵便を送付する行為**は、弁護士法に違反すると判断される可能性があります。	○	
003	**締結済みの賃貸借契約書の送付は普通郵便でかまわない。** 締結済みの賃貸借契約書を普通郵便で貸主に送付することは、**個人情報の取扱いに関して、不適切とはいえません**。	○	2020
004	**弁護士法に抵触するおそれのある行為となる。** 賃貸不動産経営管理士であっても、貸主から報酬を得て、賃貸借契約解除と立退きを求めることは弁護士法の**非弁行為に抵触する可能性があります**（最決平成 22 年 7 月 20 日）。	×	
005	**税務相談は税理士業務に該当するので、することができない。** 税理士または税理士法人でない者は、業として、税理士業務を行ってはなりません（税理士法 52 条）。税理士業務の禁止は、**無償で行っても**その対象となります。	×	
006	**個人情報取扱事業者は本人の同意を得る必要がある。** 個人情報取扱事業者は、要配慮個人情報を取得する場合、できるだけ利用目的を特定し、個人情報を取得した場合は特定した利用目的を通知・公表又は明示し、さらにあらかじめ**本人の同意**を得なければなりません（個人情報保護法 17 条、18 条）。	○	2020

007□□□	管理業者による個人情報の取扱いに関して、入居の申込に際し、人種の記載は要配慮個人情報として取り扱わねばならない。
008□□□	管理業者による個人情報の取扱いに関し、警察官を名乗る者からの電話による特定の借主の契約内容に関する問い合わせに対し、直ちには回答せず、捜査関係事項照会書により照会するよう求めたことは適切である。
009□□□	個人情報の保護に関する法律（以下、本問において「個人情報保護法」という。）に関して、番号、記号や符号は、その情報だけで特定の個人を識別できる場合であっても、個人情報保護法でいう個人情報に該当しない。
010□□□	個人情報保護法上、管理物件内で死亡した借主に関する情報は、個人情報保護法による個人情報に該当する。
011□□□	個人情報保護法上、特定の個人を識別することができる情報のうち、氏名は個人情報保護法による個人情報に該当するが、運転免許証番号やマイナンバーのような符号は、個人情報保護法による個人情報に該当しない。
012□□□	匿名加工情報とは、特定の個人を識別することができないよう加工し、かつ個人情報を復元することができないようにしたものをいう。
013□□□	管理業者による個人情報の取扱いに関し、借主から新型コロナウイルスに感染したとの連絡を受けて、速やかに貸主及び他の借主に対して、感染した借主を特定して告知したことは適切である。

007	**入居の申込に際して、人種は要配慮個人情報となる。** 入居申込者の人種は**要配慮個人情報**として取り扱う必要があります(個人情報保護法2条3項)。なお、国籍は、要配慮個人情報には含まれないものとされています。	○	2020
008	**電話での個人情報の問合せには応じるべきではない。** 法令に基づく第三者提供について、警察官と名乗る者からの口頭での問合せに応じるべきではなく、**捜査関係事項照会書による照会**を求めることは適切です(個人情報保護法2条、23条)。	○	2020
009	**個人識別符号も含まれる。** 個人情報には、個人識別符号も含まれますが、**これには一定の文字、番号、記号その他の符号も含まれます**(個人情報保護法2条)。	×	2020
010	**個人情報は生存する個人に関する情報である。** 既に**死亡している個人の情報**は、**個人情報には当たりません**(個人情報保護法2条1項)。	×	2019
011	**個人情報保護法による個人情報に該当する。** 氏名は個人情報保護法による個人情報に該当します。また、運転免許証番号や**マイナンバーも個人識別符号に該当する**ため、個人情報保護法による個人情報に該当します。	×	2019
012	**匿名加工情報は個人情報を復元できないようにしている。** 匿名加工情報とは、一定の措置を講じて特定の個人を識別することができないように個人情報を加工して得られる個人に関する情報であって、**当該個人情報を復元することができないようにしたもの**をいいます(個人情報保護法2条6項)。	○	
013	**その情報の第三者提供には原則として本人の同意が必要。** 新型コロナウイルス感染情報は**要配慮個人情報に該当する可能性が高く**、その情報の第三者提供には原則として本人の同意が必要となります。借主の同意なくして貸主や他の借主に対して告知することはできません(個人情報保護法2条、23条)。	×	2020

014□□□ 要配慮個人情報とは、本人の人種、信条、社会的身分、病歴、犯罪の経歴、犯罪により害を被った事実その他本人に対する不当な差別、偏見その他の不利益が生じないようにその取扱いに特に配慮を要するものとして政令で定める記述等が含まれる個人情報をいう。

015□□□ 個人情報の保護に関する法律(個人情報保護法)に関し、取り扱う個人情報の数が 5,000 人分以下である事業者であっても、個人情報データベース等を事業の用に供している者には、個人情報保護法による規制が適用される。

016□□□ 個人情報保護法上、指定流通機構(レインズ)にアクセスできる管理業者は、自ら作成した個人情報を保有していなくても、個人情報保護法による個人情報取扱事業者である。

017□□□ 入居審査に当たり収集した個人情報は、個人情報の保護に関する法律上、利用目的を特定しなくても自由に活用できる。

018□□□ 個人情報の保護に関する法律に関し、個人情報取扱事業者は、個人情報を書面で取得する場合、常に利用目的を本人に明示しなければならない。

019□□□ 個人情報保護法上、管理業者が、あらかじめ借主の同意を得て、その借主の個人情報を第三者に提供する場合には、当該第三者が記録を作成するので、管理業者としての記録作成義務はない。

解答・解説

014	**要配慮個人情報は取扱いに特に配慮を要するものである。** 要配慮個人情報とは、本人の人種、信条、社会的身分、病歴、犯罪の経歴、犯罪により害を被った事実その他本人に対する不当な差別、偏見その他の不利益が生じないようにその取扱いに特に配慮を要するものとして政令で定める記述等が含まれる個人情報をいいます(個人情報保護法2条3項)。	○	
015	**個人情報データベース等を供している者のすべてに適用される。** 個人情報保護法の規制は個人情報データベース等を事業の用に供している者のすべてに適用されます。5,000 人以下という要件は存在しません。したがって、5,000 人以下の個人情報しか取り扱わない事業者でも個人情報保護法は適用されます(個人情報保護法 18 条)。	○	2022
016	**レインズにアクセスできる管理業者は個人情報取扱事業者である。** 指定流通機構(レインズ)にアクセスできる管理業者は、実際に指定流通機構を利用せずに宅地建物取引業を営んでいたとしても個人情報取扱事業者に該当します。	○	2019
017	**個人情報は利用目的を特定しなければ自由に活用できない。** 個人情報取扱事業者は、個人情報を取り扱うにあたっては、その利用の目的をできる限り特定しなければなりません(個人情報保護法 17 条 1 項)。また、原則として、あらかじめ本人の同意を得ないで、特定された利用目的の達成に必要な範囲を超えて個人情報を取り扱ってはなりません(同法 18 条 1 項)。したがって、利用目的を特定せずに自由に活用できるわけではありません。	×	2018
018	**緊急に必要がある場合は明示する必要がない。** 個人情報取扱事業者は、個人情報を書面で取得する場合、原則としてあらかじめ、本人に対し、その利用目的を明示しなければなりませんが、人の生命、身体または財産の保護のために緊急に必要がある場合は明示する必要がありません(個人情報保護法 20 条 2 項)。	×	2020
019	**管理業者として記録作成義務を負う。** 個人情報取扱事業者は、個人データを第三者に提供したときは、個人データを提供した年月日、第三者の氏名または名称その他の事項に関し、記録作成義務を負います(個人情報保護法 29 条 1 項)。	×	2019

020□□□ 不動産賃貸借においては、経営規模や専門的知識の有無を問わず、アパートの貸主や投資向けのマンションの貸主も、一般に消費者契約法第2条に規定する「事業者」に該当する。

021□□□ 不動産賃貸借において、もっぱら居住目的で物件を借りる個人の借主はすべて消費者契約法における「消費者」に該当する。

022□□□ 賃貸物件の部屋で前借主が自殺したにもかかわらず、そのことを告げずに成約させた場合、消費者契約法に基づき賃貸借契約が撤回され、撤回時以降の賃料を請求できなくなる。

023□□□ 賃貸借契約の締結について、賃貸人が委託した媒介業者が賃借人に対して故意に不利な事実を告げない行為を行ったとしても、消費者である賃借人は、消費者契約法に基づいて賃貸借契約を取り消すことはできない。

024□□□ 消費者契約法では、借主の債務不履行により解除された場合の損害賠償額の予定及び違約金の額の合計が月額賃料の 2 か月分を超える場合、その超えた部分は無効とされる。

025□□□ 内閣総理大臣が認定した消費者団体は、事業の一定の行為に対して差止請求を行うことができる。

020	**貸主も「事業者」に該当する。** 消費者契約法における「事業者」は、法人その他の団体および事業としてまたは事業のために契約の当事者となる場合における個人と定義されます（消費者契約法 2 条 2 項）。本問の貸主も事業者に当たります。	○
021	**借主は「消費者」に該当する。** 消費者契約法における「消費者」は、個人（事業として又は事業のために契約の当事者となる場合におけるものを除く）をいいます（消費者契約法 2 条 1 項）。問題文の借主はすべて消費者に当たります。	○
022	**撤回ではなく、賃貸借契約を取り消すことができる。** 設問にあるようないわゆる心理的瑕疵の場合も、取消しの対象となり得ます（消費者契約法 10 条）。撤回ではなく取り消すことができます。	×
023	**賃借人は賃貸借契約を取り消すことができる。** 消費者契約法 4 条に定める不適切な勧誘行為が賃貸人により行われた場合はもちろん、委託を受けた媒介業者により行われた場合も、消費者である賃借人は同法に基づいて賃貸借契約を取り消すことができます（消費者契約法 5 条）。	×
024	**記述の内容の場合に必ずしも無効とはされない。** 消費者契約の解除に伴う損害賠償の額を予定し、または違約金を定める条項であって、これらを合算した額が、その条項において設定された解除の事由、時期等の区分に応じ、当該消費者契約と同種の消費者契約の解除に伴い当該事業者に生ずべき平均的な損害の額を超える場合、その超える部分は無効となります（消費者契約法 9 条 1 項 1 号）。月額賃料の 2 か月分を超える部分が無効となるわけではありません。	×
025	**差止請求を行うことができる。** 一定の要件を満たして内閣総理大臣が認定した消費者団体は、事業者が、消費者契約法に規定する不当勧誘行為及び不当な契約条項を含む消費者契約の申込みまたは承諾行為を、不特定かつ多数の消費者に対し、現に行われている場合または行われるおそれがあるときには、当該事業者に対し、それらの行為の差止めを請求できます（消費者契約法 12 条）。	○

026□□□	賃貸住宅の敷地の南側に隣接する土地に高層建物が建設されることを知りながら、「陽当たり良好」と説明して賃貸借契約を成立させた場合、消費者契約法に基づき、当該賃貸借契約が取り消される場合がある。
027□□□	賃貸管理業者は、その事業を行うに当たり、入居を希望する障害者に対して、当該障害を理由に入居を拒否することは禁止されているが、災害等の避難におけるリスクに関して賃貸管理業者に一切責任追及しない旨の誓約書を提出させることは認められる。
028□□□	住宅確保要配慮者に対する賃貸住宅の供給の促進に関する法律において、賃貸不動産経営管理士は住宅扶養費等の代理納付について、その仕組みを十分に理解したうえで、住宅確保要配慮者において安心して暮らせる住宅の確保が義務付けられている。
029□□□	住宅確保要配慮者に対する賃貸住宅の供給の促進に関する法律において、適正に家賃債務保証を行う業者は、住宅金融支援機構における保険を受けることができる。
030□□□	障害者の差別の解消の推進に関する法律で禁止される行為を示した国土交通省のガイドライン（国土交通省所管事業における障害を理由とする差別の解消の促進に関する対応指針。令和 5 年 11 月国土交通省公表）は、宅地建物取引業者を対象としており、主として仲介の場面を想定した内容であるため、賃貸住宅管理業者の業務においては参考とならない。
031□□□	住宅確保要配慮者に対する賃貸住宅の供給の促進に関する法律に基づき住宅確保要配慮者の入居を拒まない賃貸住宅として登録を受けるためには、国土交通省令で定める登録基準に適合していなければならない。
032□□□	住宅宿泊事業法における住宅宿泊管理業者は、事務所に少なくとも 1 名以上の賃貸不動産経営管理士の設置が義務付けられている。

解答・解説

026	**事実を誤認させた契約は取り消される。** 消費者は、事業者が消費者契約の締結について勧誘をするに際し、当該消費者に対して、重要事項について事実と異なることを告げることで、当該告げられた内容が事実であるとの誤認をし、それによって当該消費者契約の申込み又はその承諾の意思表示をしたときは、これを取り消すことができます(消費者契約法 4 条 1 項 1 号)。本問の場合、これにより賃貸借契約が取り消される場合があります。	○	2021
027	**障害を理由とした誓約書を求めることは許されない。** 障害者に対して、障害を理由とした誓約書の提出を求めることも不当な差別的取扱いに当たります。したがって、災害等の避難におけるリスクに関して賃貸管理業者に一切責任追及しない旨の誓約書を提出させることも認められません。	×	
028	**住宅の確保までは義務付けられていない。** 賃貸不動産経営管理士は、本問にある制度の趣旨を実現するため尽力することが役割とされています。しかし、住宅の確保までは義務付けられていません。	×	
029	**住宅金融支援機構における保険を受けることができる。** 記述のとおりです。なお、保険を利用できるのは、家賃債務保証業者登録制度に登録された家賃保証事業者です(住宅セーフティーネット法 20 条 2 項)。	○	
030	**管理業務においても参考になる。** 障害者の差別の解消の推進に関する法律で禁止される行為を示した国土交通省のガイドラインは、宅地建物取引業者が行う仲介の場面を想定した内容ですが、賃貸住宅管理業務においても参考になると考えられています。	×	2021
031	**登録には基準がある。** 住宅確保要配慮者に対する賃貸住宅の供給の促進に関する法律 8 条に登録基準が定められているとともに、国土交通省令(同法施行規則)にも詳細な基準が定められています。	○	2021
032	**賃貸管理士の設置は義務付けられていない。** 住宅宿泊事業に関しても、賃貸不動産経営管理士は、その専門家としての活動が期待されています。しかし、事務所に設置する法的な義務まではありません。	×	

033□□□ 住宅宿泊事業者は、狭義の家主不在型の住宅宿泊事業については、住宅宿泊管理業務を住宅宿泊管理業者に委託しなければならない。

034□□□ 住宅宿泊管理業を行うためには、国土交通大臣の登録を受けなければならない。

035□□□ 住宅宿泊管理業者が管理受託契約の締結前に委託者に対して行う締結前書面の交付は、電磁的方法による情報提供を行った場合であっても、別途行わなければならない。

036□□□ 住宅宿泊管理業者は、住宅宿泊事業者から委託された住宅宿泊管理業務の全部を他の者に対し、再委託することができる。

037□□□ 住宅宿泊管理業者は、管理受託契約を締結した場合、委託者に対し、管理受託契約の締結後遅滞なく、管理受託契約の内容及びその履行に関する事項について、書面を交付して説明しなければならない。

038□□□ 住宅宿泊管理業者は、住宅宿泊事業者から委託された住宅宿泊管理業務の全部を他の者に対し、再委託してはならないが、委託先が賃貸管理業の登録業者であれば一括委託が許されている。

033	**家主不在型の住宅宿泊事業では管理業務を管理業者に委託する。** 住宅宿泊事業のうち、届出住宅の居室の数が 5 を超える家主居住型、及び、狭義の家主不在型では、住宅宿泊事業者は、住宅宿泊管理業務を**住宅宿泊管理業者に委託しなければなりません**（住宅宿泊事業法 11 条 1 項）。	○	2019
034	**住宅宿泊管理業を営むには国土交通大臣の登録が必要。** 住宅宿泊管理業を営もうとする者は、**国土交通大臣の登録**を受けなければなりません（住宅宿泊事業法 22 条 1 項）。	○	2019
035	**電磁的方法による情報提供を行った場合は別途行う必要がない。** 住宅宿泊管理業者は、管理受託契約を締結しようとするときは、委託者（住宅宿泊管理業者である者を除く。）に対し、契約前に、管理受託契約の内容及びその履行に関する事項について、書面を交付して説明しなければなりませんが、**この書面の交付に代えて、委託者の承諾を得て、電磁的方法により提供することもできます**（住宅宿泊事業法 33 条）。したがって、電磁的方法による情報提供を行った場合は別途行う必要がありません。	×	2019
036	**全部を他の者に再委託することはできない。** 住宅宿泊管理業者は、住宅宿泊事業者から委託された住宅宿泊管理業務の全部を他の者に対し、**再委託してはなりません**（住宅宿泊事業法 35 条）。	×	2019
037	**契約締結前に説明しなければならない。** 住宅宿泊管理業者は、管理受託契約を締結しようとする場合、委託者に対し、**管理受託契約を締結するまでに**、管理受託契約の内容及びその履行に関する事項について、書面を交付して説明しなければなりません（住宅宿泊事業法 33 条 1 項）。**契約後ではなく契約前に説明が必要です。**	×	
038	**業務を一括委託することはできない。** 住宅宿泊管理業者は、住宅宿泊事業者から委託された住宅宿泊管理業務の全部を他の者に対し、再委託してはなりません（住宅宿泊事業法 35 条）。**賃貸管理業の登録業者であっても全部の委託はできません。**	×	

039□□□ 家賃債務保証業者は、保証委託契約を締結しようとする場合には、保証委託契約を締結するまでの間に、賃貸物件の借主に対して、賃貸不動産経営管理士をして、重要事項の説明をさせなければならない。

040□□□ 家賃債務保証業者は、保証委託契約を締結した場合には、賃貸物件の借主に、遅滞なく、一定の事項を記載した書面を交付しなければならず、当該書面には、違約金又は損害賠償の額に関する定めは必ず記載する必要がある。

041□□□ 家賃債務保証業者は、賃借人に対する求償権を自由に譲渡することができる。

042□□□ 家賃債務保証業者登録規程(平成29年10月2日国土交通省告示第898号)によれば、国土交通大臣は、家賃債務保証業者登録簿を一般の閲覧に供する。

043□□□ 「宅地建物取引業者による人の死の告知に関するガイドライン」(国土交通省不動産・建設経済局令和3年10月公表)によれば、日常生活上使用する共用部分において自然死等以外の死があった場合、当該死の発生日から3年以内に賃貸借契約を締結するときは、当該死について告知義務がある。

039	**賃貸管理士に重要事項の説明をさせる義務はない。** 家賃債務保証業者は、保証委託契約を締結しようとする場合には、当該保証委託契約を締結するまでに、その相手方となろうとする者に対し、一定の事項を記載した書面を交付し、又はこれを記録した電磁的記録(電子的方式、磁気的方式その他人の知覚によっては認識することができない方式で作られる記録であって、電子計算機による情報処理の用に供されるものをいう。)を提供して説明しなければなりません(家賃債務保証業者登録規程17条1項)。しかし、**賃貸管理士に重要事項の説明をさせる義務**はありません。一般の従業員が行うこともできます。	×	
040	**定めがあった場合にだけ記載すべき事項である。** 家賃債務保証業者は、保証委託契約を締結した場合には、その相手方に、遅滞なく、一定の掲げる事項を記載した書面を交付し、又はこれを記録した電磁的記録を提供しなければなりません(家賃債務保証業者登録規程18条1項)。「**違約金又は損害賠償の額に関する事項**」については、**定めがあった場合**にのみ**記載**します。	×	
041	**求償権の譲渡は、自由に行うことはできない。** 家賃債務保証業者は、求償権の譲渡又は求償権に基づく債権の回収の委託(求償権譲渡等)をしようとする場合において、その相手方が暴力団員等であることを知っていたようなときは、求償権譲渡等をしてはなりません(家賃債務保証業者登録規程23条2項)。したがって**自由には譲渡**できません。	×	
042	**家賃債務保証業者登録簿は一般の閲覧に供される。** 家賃債務保証業者登録規程8条によれば、家賃債務保証業者登録簿は**一般の閲覧**に**供され**ます。	○	2021
043	**当該死について告知義務がある。** ガイドラインによれば、賃貸借取引の対象不動産において、「自然死又は日常生活の中での不慮の死」以外の死が発生又は特殊清掃等が行われることとなった「自然死又は日常生活の中での不慮の死」の死が発覚して、その後概ね3年が経過した場合は、宅地建物取引業者が告げなくてもよい場合にあたります。日常生活上使用する共用部分において自然死等以外の死があった場合、当該死の発生日から3年以内に賃貸借契約を締結するときは、当該死について**告知義務**があるとされています。	○	2023

第5章 不動産に関連する基本知識

重要度▶A

不動産登記の知識・相続などに関する知識と、保険についての知識は試験対策上も実務においても重要度の高い項目です。賃貸住宅経営の際の提案内容についても、専門用語を含めて押さえましょう。
参考書「要点整理」参照ページP. 306～

001□□□	不動産活用の企画提案を行う場合の確認事項として、依頼者の権限や依頼の動機・目的を確認することはもちろんであるが、権限のない者に対しても助言をすることは、支援の前段階における行為として積極的に行うべきである。
002□□□	土地所有者が賃貸建物事業を行う場合における事業期間のスタンスについて、20年～30年といった中期で考える場合もコストを優先すべきであり、アパートやローコストマンションの提案が妥当である。
003□□□	土地所有者が賃貸建物事業を行う場合における事業期間のスタンスについて、50年～100年といった超長期で考える場合は、ライフサイクルコストを考慮せず、とにかく頑丈な建物の建築を提案すべきである。
004□□□	不動産活用のアドバイスを行うには不動産調査が必要であるが、そのうちの「物件調査」における調査対象は需給動向と賃貸条件であり、賃貸情報誌の活用、地元業者へのヒアリング、行政情報・新聞情報等に基づいて調査を行う。
005□□□	「事業計画」の策定においては、収集した資料に基づく調査結果と依頼者のニーズを総合的に考慮して具体案を作成するが、策定した事業計画は「企画提案書」として書面で相談者に提出するべきである。

001	**権限のない者に助言をすることは不適切である。** 不動産活用の企画・計画の提示を求められて協力をしようとする場合、最初に行うべきことは、依頼者の権限や依頼の動機・目的を確認することです。**権限のない者に助言をすることは不適切**であり、不当な行為に関与することにもなりかねません。	×
002	**付加価値の付いたマンションの提案を行うべきである。** 20年〜30年といった中期で考える場合、コストより今後も激化が続く近隣物件との**差別化を優先**し、付加価値のついたマンションを提案すべきです。	×
003	**ライフサイクルコストを考慮した提案を行う。** 50年〜100年といった超長期で考える場合、コストより近隣物件との差別化を優先し、ライフサイクルコストを抑えるだけでなく、**スケルトン・インフィルまで視野に入れたマンションの提案**をすべきです。スケルトン・インフィルとは、住戸内の間取り・内装・設備を自由に変えられる方式をいいます。	×
004	**記述の内容は市場調査についての説明である。** 不動産調査には「物件調査」と「市場調査」があり、「物件調査」における調査項目には、**現地調査**として地積・敷地形状・接道状況などの物的特性、交通・周辺施設・自然環境などの地域特性や法的規制、税金関係、対象地の価格などがあります。	×
005	**事業計画を書面化して提出するべきである。** 「事業計画」の策定においては、都市環境、社会的背景、経済動向を勘案して具体案を作成し、策定した事業計画は「**企画提案書**」(**書面**)で相談者に提出するべきです。	○

006□□□　賃借権の設定の登記をする場合において、敷金があるときであっても、その旨は登記事項とならない。

007□□□　法規制が複雑な地域での案件においては、賃貸業への支援業務として企画提案の際に企画提案書が必要である。

008□□□　技術対応の難しい案件を提案する場合においては、賃貸業への支援業務として企画提案の際に企画提案書が必要である。

009□□□　複合ビルのように案件が複雑な場合においては、賃貸業への支援業務として企画提案の際に企画提案書が必要である。

010□□□　地主が自ら施設を運営する案件の場合においては、賃貸業への支援業務として企画提案の際に企画提案書が必要である。

011□□□　公的な土地の価格である固定資産税評価額は、公示価格の水準の6割程度とされている。

012□□□　公的な土地の価格である路線価(相続税路線価)は、公示価格の水準の8割程度とされている。

006	**敷金がある旨も登記事項に含まれる。** 賃借権の登記または賃借物の転貸の登記の登記事項には、敷金があるときはその旨も含まれます（不動産登記法 81 条 4 号）。	×	
007	**法規制をどのようにクリアするのか企画提案書で示す。** 法規制が複雑な地域、たとえば第一種低層住居専用地域や市街化調整区域、文化財保護指定地域などの場合、それらの規制をどのようにクリアするのかという企画提案書が必要とされます。	○	
008	**建物が建設可能かどうか企画提案書で示す必要がある。** 地形的に建物の建設が困難な斜面地や水際地に建物を企画する場合、まず、技術的にその土地に建物が建設可能かどうかについて十分な説明が企画提案書として必要とされます。	○	
009	**複合の意味や共存・共栄のシナリオが企画提案書で示される。** 複合ビルの提案や既存施設に新規施設をドッキングさせる提案、またターミナル施設を取り込んだ提案の場合、なぜそのようにするとよいのか、複合の意味や共存・共栄のシナリオが描かれた企画提案書が必要とされます。	○	
010	**地主のための綿密な企画提案書が必要とされる。** 提案施設が単にテナントを見つけて賃貸すればよいというものではなく、地主自らが施設運営を行わなければならないものについては、地主が施設運営を本業としていない限り、綿密な企画提案書が必要とされます。	○	
011	**6 割ではなく 7 割程度。** 公的な土地の価格である固定資産税評価額は、公示価格の水準の 7 割程度とされています。なお、これは、基準年度の初日の属する年の前年の 1 月 1 日の時点における評価額で、3 年ごとに評価替えが行われます。	×	2021
012	**路線価は、公示価格の水準の 8 割程度である。** 公的な土地の価格である路線価(相続税路線価)は、公示価格の水準の 8 割程度とされています。なお、路線価とは、相続税・贈与税の課税における宅地の評価を行うために設定される価格です。	○	2021

013□□□ 土地の形状等の現地の状況が公図と異なっていても、建物の建築計画は、現地の状況ではなく、公図だけに基づいて策定しなければならない。

014□□□ 土地に生産緑地の指定がある場合には、土地の転用について何らの制限は加えられない。

015□□□ 公図や測量図、航空地図を用いて、対象土地が接面道路からどの程度高いか低いかや隣地との高低差等、土地の周囲の状況を把握することができる。

016□□□ 賃貸建物の企画立案にあたっては、現地の正確な所在、形状、道路付けその他実際の状況を把握することが必要であるが、地主の対象土地についての説明内容と現地の状況が異なっているケースは稀である。

017□□□ 法務局における調査として、対象土地の所有者、所在地番、地目、地積、借地権・抵当権・地役権などの用益権や担保権の有無などを、土地登記簿の閲覧か登記事項証明書・登記事項要約書の取得により調べる。

解答・解説

013	**公図だけでなく現地の状況も加味して建築計画を策定する。** 公図は現地と食い違っていることも多く、公図だけに基づいて計画を立てるのは危険です。公簿上又は公図上で土地面積がわかっていても、現実の敷地の面積や長さ等がわからなければ実際の建物の計画ができないからです。したがって、**公図だけに基づくのではなく、現地の状況も加味して策定すべきです。**	×
014	**生産緑地指定により土地の転用についての制限が加えられる。** 土地が生産緑地法に基づいて生産緑地として指定を受けている場合、生産緑地所有者等には、生産緑地を農地等として管理すべき義務が課せられ(生産緑地法 7 条 1 項)、農業用施設以外の建築や宅地の造成や土地の形質の変更等を行うことが禁止されます(生産緑地法 8 条 1 項)。よって、**土地の転用について制限が加えられている**といえます。	×
015	**土地の周囲の状況については現地で確認する。** 公図や測量図、航空地図では、対象土地が接面道路からどの程度高いか低いか、隣地との高低差はどうかなど、実際の土地の周囲の状況が分からないので、**現地で把握する必要**があります。	×
016	**説明内容と現地の状況が異なっている場合が少なくない。** 賃貸住宅の企画立案にあたっては、まずは現地の正確な所在、形状、道路付け、隣地・道路との境界の確認の可能性など、実際の状況を把握することが必要ですが、**それは地主の説明内容と現地の状況が異なっていることが少なくないからです。**	×
017	**土地登記簿の閲覧等によって調査することができる。** 対象土地の所有者、所在地番、地目、地積、借地権・抵当権・地役権などの用益権や担保権の有無などは、**土地登記簿の閲覧か登記事項証明書・登記事項要約書の取得**により調べることができます。	○

018□□□　物件の所在を特定する手段として、不動産登記法に基づく地番と住居表示に関する法律に基づく住居表示とがある。

019□□□　土地の接面道路が公道であれば、市町村役場等の道路管理課で、幅員や境界杭の位置などを調べることができる。

020□□□　建物を設計するには地耐力・地盤面の調査をボーリングにより行わなければならないが、計画の段階でそこまで行うことは困難であるため、役所で近隣データを閲覧することにより計画地の地耐力や地盤面の深さを推定する。

021□□□　土壌汚染対策法の要措置区域に指定されていれば、土壌汚染について、特段の対策を講じる必要がない。

022□□□　建蔽率とは、建築面積の敷地面積に対する割合である。

023□□□　建築物の建築面積(いわゆる建て坪)の敷地面積に対する割合を容積率という。

024□□□　住居系の用途地域での建蔽率は、30%から80%の範囲で指定される。

018	**物件の所在を特定する手段として、地番と住居表示がある。** 物件の所在を特定する手段として、不動産登記法に基づく地番と住居表示に関する法律に基づく住居表示とがあります。なお、地番と住居表示とは異なります。一筆の土地上に複数の住居が存在する場合には、地番ひとつに対し複数の住居表示があり、また、住居がない山林地域や田畑等については、住居表示は決められていません。	○	2021
019	**市町村役場等の道路管理課において調査することができる。** 接面道路が公道の場合は、市町村役場等の道路管理課で、幅員や境界杭の位置等を調べることができます。なお、私道の場合は、法務局調査で所有者、地目、地積を調べ、位置指定道路については役所の道路管理課又は建築指導課で幅員、延長などを調査できます。	○	
020	**近隣データの閲覧により推定することが行われる。** 建物を設計するには地耐力がどのくらいあるのか、支持地盤面は何メートルの深さにあるといった調査をボーリングにより行わなければなりませんが、計画の段階でそこまで行うことは困難ですので、役所で近隣データを閲覧することにより計画地の地耐力や地盤面の深さを推定します。	○	
021	**土壌汚染の調査を行い、対策を立てる必要がある。** 土壌汚染対策法の要措置区域に指定されている場合は、土壌汚染を調査し、対策を立てなければなりません。3,000 ㎡以上の土地で建物を建築する場合には、事前に届出を行い、土壌汚染調査を義務付けている場合もあるので、広大地での計画時には注意が必要です。	×	
022	**建蔽率とは建築面積の敷地面積に対する割合のことである。** 建蔽率とは建築面積の敷地面積に対する割合をいいます。都市計画や条例等により指定されています。なお、住居系の用途地域内では30～80%の範囲内、商業系であれば 60～80%、工業系は 30～80%で指定されるのが原則です。	○	2016
023	**建築物の建築面積の敷地面積に対する割合は建蔽率である。** 容積率とは、建築物の各階の床面積の合計(建築物の延べ面積)の敷地面積に対する割合をいいます。記述は建蔽率の説明です。	×	
024	**住居系の用途地域の建蔽率の範囲として正しい。** 住居系の用途地域では、30%～80%の範囲で指定されています。	○	2016

025□□□ 不動産登記において建物の床面積は、区分所有建物の専有部分の場合を除き、各階ごとに壁その他の区画の中心線で囲まれた部分の水平投影面積により計算する。

026□□□ 賃貸住宅における入居者像の「とりあえず賃貸派」は、家を持つことにはこだわらず、賃貸住宅で十分と考えているのが特徴である。

027□□□ 賃貸住宅は、分譲住宅に比べ、家族構成が変化しても従来と異なる環境を選択しづらいというデメリットがある。

028□□□ 学生用マンションは、生活をエンジョイする設備や仕掛けが重要であり、賃料の額は重視されない傾向がある。

029□□□ ペット可能賃貸住宅を建設する場合、動物専用汚物流し（排泄物を処理する設備）や足洗い場を設置すれば、他の借主からの苦情が寄せられることはない。

030□□□ 音楽専用マンションにおいては、楽器のある部屋の窓や扉を防音にすることはもちろんであるが、換気設備や電気配管から音が漏れることがあるので、設計上の配慮が重要である。

031□□□ サービス付き高齢者向け住宅とは、賃貸住宅又は有料老人ホームにおいて、状況把握・生活相談サービス等を提供するものである。

025	**壁その他の区画の中心線で囲まれた部分の水平投影面積による。** 不動産登記において建物の床面積は、区分所有建物の専有部分の場合を除き、**各階ごとに壁その他の区画の中心線で囲まれた部分の水平投影面積により計算**します(不動産登記規則 115 条)。なお、区分建物の場合は壁その他の区画の内側線で計算します。	○	2021
026	**記述の内容は「当然賃貸派」の説明である。** 「とりあえず賃貸派」は、将来は持家を購入したいので、**現在は倹約のため賃貸を選択した**という特徴を持ちます。	×	2018
027	**従来と異なる環境を選択しやすいというメリットを持っている。** 家族構成の変化に応じて物件を借り換えることができることは賃貸住宅の**メリットです**(有名小学校区域など)。なお、その他にも、トラブル回避のための引っ越しが容易なことや、賃貸住宅でしか実現できない趣味嗜好の住環境を選択できる点(ペット共生、ライダー専用など)もメリットです。	×	
028	**賃料の額についても重視される。** 学生用マンションは、大学などの学校に自宅から通学困難な学生が居住するマンションをいいます。セキュリティの面からもアパートよりマンションのほうが人気があります。ただし、**支払える賃料に限界があり**、東京では月 6～7 万円程度が相場となっています。	×	
029	**他の借主からの苦情が寄せられる可能性も高い。** ペット可能賃貸住宅を建設する場合のハード的な対応策として、動物専用汚物流し(排泄物を処理する設備)や足洗い場を設置することも重要ですが、ソフト部分(ペットの鳴き声や糞の問題など)の**対策を取らなければ苦情が寄せられる可能性が高くなります。**	×	2015
030	**防音につき、設計上の配慮が重要である。** なお、音楽専用マンションは、一般的には音大生用マンションとして、楽器会社が企画運営しているケースが多く、**音楽大学の近くや沿線に立地**しています。	○	
031	**安否確認と生活相談のサービスを提供するものである。** サービス付き高齢者向け住宅で義務付けられているのは、**安否確認サービスと、生活相談サービスの 2 つ**です。サービス付き高齢者向け住宅は介護サービスが提供されない代わりに、自由度の高い生活を送れることが特徴です。	○	2018

032□□□ サービス付き高齢者向け住宅は、賃貸住宅または老人福祉法に規定される有料老人ホームにあたるが、建築基準法上は介護や食事提供サービスの供与があると施設として取り扱われる。

033□□□ 「高齢者の居住の安定確保に関する法律」に基づく、サービス付き高齢者向け住宅は、建設費の補助金を受けられるほか、一定の基準を満たせば所得税、法人税、固定資産税などについての軽減措置を受けることもできる。

034□□□ シェアハウスとは、宿泊用に提供された個人宅の一部やマンションの空室等に宿泊するものである。

035□□□ シェアハウスは、生活の態様や価値観の多様化にともない、高齢者層を中心に最近注目が高まっている賃貸物件の利用形態である。

036□□□ DIY 型賃貸借とは、工事費用の負担者が誰であるかにかかわらず、借主の意向を反映して住宅の修繕を行うことができる賃貸借契約のことであり、空き家を活用するための仕組みとしても期待されている。

037□□□ オール電化にした場合は、建物全体の電気容量が大きくなり、電気室が必要となるケースも出てくるため、計画を立てるうえで注意が必要である。

038□□□ 賃貸不動産事業がそれ単独で充分な利益が見込めない場合であっても、相続税対策として確実で充分な効果が見込める場合には、当該事業を実施するとの判断も可能である。

039□□□ 一般に不動産活用を検討するための企画提案においては、まず自己資金をゼロに設定して計算してみるのが基本である。

解答・解説

032	**介護や食事提供サービスがあると施設として取り扱われる。** なお、一定要件（各専有部分内の設備の有無、老人福祉法上の老人ホームに該当、建築基準法の用途等）のもと、個々の建物の利用状況等を踏まえ、特定行政庁が総合的に判断することになっています。	○	
033	**所得税等について軽減措置の適用がある。** サービス付き高齢者向け住宅の建設・改修には国から建設費の10分の1、改修費の3分の1（いずれも国費上限100万円／戸）の補助金を受けられるほか、一定の登録基準を満たせば所得税、法人税、固定資産税などについての軽減措置を受けることができます。	○	
034	**問題文の記述は「民泊」の説明である。** 「シェアハウス」とは、建物賃貸借の目的物である建物を、複数の者が、キッチン、浴室等の施設を共用し、それ以外の居住部分を専用し使用する形態をいいます。	×	2018
035	**若い世代を中心に注目が高まっている利用形態である。** シェアハウスは、それまでまったく人的関係のない者同士が、事業者の関与により、同一物件の（一部）共同利用を実現し、コミュニティ形成の場を提供するものであり、若い世代を中心に注目が高まっている賃貸物件の利用形態です。	×	
036	**借主の意向を反映し住宅の修繕を行える賃貸借契約である。** 改修費用の負担等が難しいので現状のままであれば貸したいという貸主のニーズと、自分好みにカスタマイズしたいという借主のニーズに対応した新たなスタイルです。	○	2017
037	**オール電化は電気容量が大きくなるので計画上注意を要する。** なお、高齢者向け賃貸住宅のように安全性を高めるための設備として、ガスよりも電気コンロ等を導入するという考えもあります。	○	
038	**相続対策のための賃貸不動産事業として実施され得る。** 賃貸不動産事業は、相続税対策として確実で充分な効果が見込める場合には、不動産事業での利益が充分でなくとも事業実施の判断となることもあります。	○	2016
039	**企画提案時には自己資金をゼロにして計算を行ってみる。** 自己資金をゼロにした計算で示された借入金の返済可能年数等の結果から、事業そのものの評価を判断します。そのうえで、自己資金を考慮して、事業実施を検討します。	○	

040□□□	借入金の返済方法には、元利均等返済と元金均等返済の二つの方法があるが、不動産賃貸事業資金の融資には、元利均等返済が多く採用されている。
041□□□	礼金・敷金・保証金は、契約時に借主から貸主に支払われる一時金であり、事業収支を考える上で、不安定な要素となるので借入金額を決める判断材料には入れるべきではない。
042□□□	建物の延べ床面積に対する専有部分面積割合をレンタブル比といい、レンタブル比の値は、建物のグレードが高いものほど、あるいは規模が小さくなるほど、低くなる傾向にある。
043□□□	住宅の耐用年数は、鉄筋コンクリート造で 47 年、重量鉄骨造で 34 年、木造(サイディング張)で 22 年とされており、定額法又は定率法によって償却する。
044□□□	「事業計画」の策定においては、建築する建物の種類・規模・用途、必要資金の調達方法、事業収支計画の 3 点が重要な項目である。
045□□□	流動化型(資産流動化型)の証券化は、お金を集めてから投資対象が決まるタイプであり、はじめに投資資金がある場合に行われる不動産証券化の仕組みである。
046□□□	プロパティマネジメント業務に関して、可能な限り既存の借主が退出しないように引き留め、維持しておくことは、プロパティマネジメント会社の責務となる。
047□□□	プロパティマネジメント業務に関し、①報告業務、②調査・提案業務、③所有者の変更に伴う業務は、投資家のために重要性が高い。

040	**元利均等返済が多く採用されている。** 元利均等返済とは、返済期間中毎月一定額を返済する方式であり、当初は経費算入できる金利支払分が多いことから、不動産賃貸事業資金の融資は元利均等返済が多く採用されています。	○	2016
041	**事業収支上、一時金の入金額は借入金額決定の要因となる。** 礼金・敷金・保証金は、事業収支を考える上で、これらの一時金がどの程度入るかは借入金額を決める1つの要因となります。	×	
042	**レンタブル比は建物のグレードが高いほど低くなる傾向がある。** レンタブル比とは、延べ床面積に対する賃料収入を得られることができる専用部分割合であり、グレードが高いもの、あるいは規模が小さくなるほど、その比率は低くなる傾向があります。	○	2016
043	**減価償却は定額法のみ認められている。** 減価償却方法として、建物本体については定額法しか認められていません。なお、定額法とは法定耐用年数の間、毎年同じ額を減価償却していくことで法定耐用年数の最後にはその価値がなくなるという方法です。	×	2016
044	**建物の種類・規模・用途、資金の調達方法、事業収支計画が重要。** 「事業計画」の策定においては、建築する建物の種類・規模・用途、必要資金の調達方法、事業収支計画の3点が重要な項目です。なお、収集した資料に基づく調査結果と依頼者のニーズを総合的に考慮し、都市環境、社会的背景、経済動向を勘案して、具体案を作成します。	○	2021
045	**問題文の内容はファンド型についての説明である。** 流動化型(資産流動化型)は、投資対象が先に決まり、後にお金を集めるタイプをいい、はじめに資産がある場合の不動産証券化の仕組みです。	×	2023
046	**借主の維持はプロパティマネジメント会社の責務である。** 投資家の立場に立ってみれば、借主の入れ替えによって空室リスクを生じ、コストが発生することは不利なことだからです。	○	2020
047	**プロパティマネジメント業務は投資家のためである。** 本問の①報告業務、②調査・提案業務、③所有者の変更に伴う業務は、それぞれ投資家の投資判断に資する業務といえます。	○	2020

048□□□	不動産証券化において、プロパティマネージャーは投資一任の業務や投資法人の資産運用業務など投資運用を行うので、投資運用業の登録が必要である。
049□□□	プロパティマネジメント業務に関し、プロパティマネジメントが実際の賃貸管理・運営を行うことであるのに対して、アセットマネジメントは、資金運用の計画・実施を行うことである。
050□□□	プロパティマネジメント会社は、現実に不動産の管理運営を行い、キャッシュフローを安定させ、不動産投資の採算性を確保するための専門家である。
051□□□	現存する建物の価値を維持することに加え、さらに管理の質を高め、長期的な観点から建物の価値を高める改修を行うことについて積極的な計画、提案を行うのは、プロパティマネージャーの役割ではない。
052□□□	不動産証券化と管理業者の役割に関し、中・長期的な改修・修繕の計画を策定し、実施する業務であるコンストラクションマネジメントは、プロパティマネジメント業務においても、取り入れられつつある。
053□□□	プロパティマネジメントにおいては、現存する建物の価値を維持すればよく、長期的な観点から建物の価値を高める改修を行う提案は必要とされていない。
054□□□	プロパティマネジメント業務には、建物・設備の維持保守管理、修繕計画の調整・提案業務は含まれない。

048	**登録が必要となる可能性があるのはアセットマネージャーである。** 登録が必要となる可能性があるのはアセットマネージャーであり、プロパティマネージャーではありません。	×	2020
049	**PMは賃貸管理・運営を、AMは資産運用の計画・実施を行う。** なお、AM(アセットマネジメント)は資産管理の業務をいいます。不動産においては、家主に代わって不動産のPM業務を選定し適切に管理するほか、収益が最大になると判断した場合に売買の意思決定を行うことも求められます。AMは投資家としての深い知識が必要となります。	○	2020
050	**不動産投資の採算性を確保するための専門家である。** プロパティマネジメント会社はアセットマネージャーから委託を受け、その指示のもとに、プロパティマネジメント業務を行います。	○	
051	**積極的な計画、提案を行うのはプロパティマネージャーの役割。** 長期的な観点から建物の価値を高めることについて積極的な計画・提案を行うのは、プロパティマネージャーの役割です。	×	2019
052	**PM業務にコンストラクションマネジメントが取り入れられている。** なお、CM(コンストラクション・マネジメント)とは、建設プロジェクトの企画、設計、発注、工事、引き渡しの各段階において、マネジメント技術を使って、スケジュール管理・コスト管理・品質管理・情報管理等を行う業務です。つまり、建築主の立場に立って建築工事のコストダウンや品質改善に取り組むサービスをいいます。	○	2020
053	**長期的な観点から建物の価値を高める改修提案も必要とされる。** 長期的な回収・修繕の計画を策定し、実施する業務をコンストラクションマネジメントといい、プロパティマネジメント業務においても、取り入れられはじめています。	×	2020
054	**建物や設備の修繕計画の調整と提案業務も含まれる。** プロパティマネジメントには、建物・設備の維持保守管理という従前からの賃貸管理業務だけでなく、修繕計画の調整・提案業務も含まれます。	×	

055□□□ 賃貸借に関する提案業務にはテナントリテンションが含まれる。

056□□□ プロパティマネジメントにおいては、所有者の変更に伴う業務は、投資家のために重要性が高い業務ではなく、アセットマネージャーの業務である。

057□□□ 不動産証券化においてプロパティマネージャーの行う調査・提案業務は、投資家が多数であり、そのメンバーは常に入れ替わる可能性があるため、不特定の相手方に対する論理的な説得力が必要である。

058□□□ プロパティマネージャーは、自らの業務に合理性があることについて、説明責任を負担しており、説明責任を果たすための客観的な根拠を準備しておかなければならない。

059□□□ アセットマネージャーは、プロパティマネージャーの指示のもとに、アセットマネジメント業務を担当する。

060□□□ 相続税の計算上、法定相続人が妻と子供3人の合計4人である場合、遺産に係る基礎控除額は3,000万円＋600万円×4人＝5,400万円となる。

061□□□ 被相続人の子がその相続に関して相続放棄の手続をとった場合、その放棄した者の子が代襲して相続人になることはできない。

062□□□ 相続人となる者は民法で定められており、この法定相続人のうち第一順位は被相続人の配偶者と子であるが、子には養子や非嫡出子は含まれない。

055	**テナントリテンションの業務も含まれる。** テナントリテンションとは、借主の維持をいいます。投資家の立場からは、借主の入れ替えによって空室リスクを生じ、コストが発生することは不利なことなので、管理会社としてもテナントリテンションは重要です。	○	
056	**所有者の変更に伴う業務はアセットマネージャーの業務ではない。** プロパティマネジメントにおいては、投資家のために重要性が高い業務として所有者の変更に伴う業務を行う必要があります。アセットマネージャーの業務ではありません。	×	2019
057	**不動産証券化においては論理的な説得力が必要である。** なお、論理的な説得力を持たせる調査・提案には、客観的な資料・根拠がなくてはなりません。	○	2020
058	**客観的な根拠を準備しておく必要がある。** プロパティマネージャーは、自らの業務に合理性があることについて、説明責任があるので、そのための客観的な根拠を準備しておく必要があります。	○	2022
059	**設問の記述は指示系統が逆である。** プロパティマネージャーは、アセットマネージャーの指示のもとに、プロパティマネジメント業務を担当します。	×	2022
060	**基礎控除の計算式は「3,000 万円＋600 万円×法定相続人の数」。** 遺産に係る基礎控除額とは、一定金額について税金が課されないという金額です。	○	2023
061	**相続放棄の場合は代襲相続は生じない。** 被相続人の子が、相続の開始以前に死亡したとき、または相続人の欠格事由に該当し、もしくは廃除によって、その相続権を失ったときは、その者の子がこれを代襲して相続人となります（民法 887 条 2 項）が、相続放棄は代襲する原因になりません。	○	2023
062	**子には、養子や非嫡出子が含まれる。** 法定相続人の第一順位は配偶者と子であり、子は養子、非嫡出子を含みます。	×	

063□□□ 相続人が、自己のために相続の開始があったことを知った時から3か月(家庭裁判所が期間の伸長をした場合は当該期間)以内に、限定承認又は放棄をしなかったときは、単純承認をしたものとみなされる。

064□□□ 相続人が数人あるときは、限定承認は、共同相続人の全員が共同してのみこれをすることができる。

065□□□ 地震保険は、住宅の火災保険に付帯して加入する保険であり、保険金額は、主契約の火災保険金額の 30%～50%以内の範囲で、建物 5,000 万円、家財 1,000 万円までとされている。

066□□□ 賃貸不動産の経営における危険を軽減・分散するための重要な方策の 1 つである火災保険は、保険業法上の「第二分野」に分類される損害保険の一種である。

067□□□ 地震保険は、地震・噴火・津波を原因とする火災や損壊等による損害を補償する保険である。

068□□□ オーナーは、借家人に借家人賠償責任保険(家財に関する火災保険の特約)に加入することを求めることがある。

069□□□ 地震保険は地震・噴火またはこれらによる津波を原因とする損壊・埋没・流出による損害等を補償する保険であることから、火災保険と同時に加入する必要があり、すでに加入している火災保険に追加で加入することはできない。

063	**単純承認をしたものとみなされる。** 相続人が、自己のために相続の開始があったことを知った時から3か月（家庭裁判所が期間の伸長をした場合は当該期間）以内に、限定承認または相続放棄をしなかったときは、単純承認をしたものとみなされます（民法921条2号）。相続財産の主体がなくなり、財産上の混乱が生じることを避ける趣旨です。	○
064	**限定承認は共同相続人全員で行う。** 相続人が数人あるときは、限定承認は、共同相続人の全員が共同してのみこれをすることができます（民法923条）。	○
065	**地震保険は住宅の火災保険に付帯して加入する。** なお、地震保険は地震・噴火またはこれらによる津波を原因とする火災・損壊・埋没または流失による被害を補償する地震災害専用の保険です。火災保険ではこのような被害を補償できないので、地震等による被災者の生活の安定に寄与することを目的として、民間保険会社が負う地震保険責任の一定額以上の巨額な地震損害を政府が再保険しています。	○ 2020
066	**火災保険は損害保険の一種である。** 第二分野に分類される損害保険の一種である火災保険は、賃貸不動産を経営する上で重要な方策の1つです。	○ 2020
067	**地震保険は地震等による火災・損壊等の損害を補償する。** 地震保険は単独で入ることができず、必ず火災保険とセットになっています。	○ 2020
068	**借家人賠償責任保険への加入は任意である。** オーナーが加入を求めることがありますが、加入は任意です。賃貸管理士としては、借主の家財や什器・備品に対する補償、また一般物件については、第三者に損害賠償をするための損害責任保険の加入についても説明すべきです。	○
069	**すでに加入している火災保険に追加で加入することはできる。** 地震保険は地震・噴火またはこれらによる津波を原因とする損壊・埋没・流出による損害や、地震等による火災（延焼・拡大を含みます。）損害を補償する保険です。火災保険と同時に加入することが普通ですが、加入済みの火災保険に追加で加入することもできます。	×

070□□□	賃貸不動産経営管理士は、賃借人の家財や什器・備品に対する補償、又は一般物件について、第三者に損害賠償するための賠償責任保険の加入についても説明すべきである。
071□□□	賃貸不動産の経営において最も有用な保険は、保険業法上の「第二分野」に分類される損害保険である。
072□□□	賃貸不動産の借主は、自己の家財に対する損害保険として、借家人賠償責任保険に単独で加入することができる。
073□□□	地震、噴火又はこれらによる津波を原因とする建物や家財の損害を補償するものは地震保険と呼ばれ、現在の扱いにおいては、他の保険に関係なく単独で加入することができる。
074□□□	保険とは、将来起こるかもしれない危険(事故)に対して備える相互扶助の精神から生まれた助け合いの制度である。
075□□□	賃貸不動産経営において最も活用される損害保険は、保険業法上、第一分野に分類される。
076□□□	地震保険は、地震、噴火又はこれらによる津波を原因とする建物や家財の損害を補償する保険であるが、特定の損害保険契約(火災保険)に付帯して加入するものとされており、単独での加入はできない。

070	**借家人賠償責任保険への加入をすすめる場合がある。** 賃借人の借家人賠償責任保険への加入は任意です。賃貸管理士としては、本問にあるような保険の加入についても説明することが望ましいです。	○	
071	**賃貸不動産経営においては第二分野の損害保険が最も有用。** 保険の分類として、第一分野は生命保険、第二分野は損害保険、第三分野はケガや病気になどに備えるものがあります。賃貸不動産経営においては、第二分野の損害保険が最も有用です。	○	2019
072	**単独での加入はできず、火災保険に付帯して加入する。** 単独での加入はできません。火災保険に付帯して加入する保険です。また、借家人賠償責任保険は火災等の不測かつ突発的な事故によって賃貸人に対する法律上の損害賠償を負った場合の賠償金等を補償するために賃借人が加入する保険です。	×	2020
073	**地震保険は単独での加入はできない。** 地震保険は、火災保険に付帯して加入する保険で、現在の取り扱いにおいては単独での加入はできません。	×	2019
074	**保険とは相互扶助の精神から生まれた助け合いの制度である。** 保険とは、将来起こるかもしれない危険に対し、予測される事故発生の確率に見合った一定の金銭的負担を保険契約者（保険加入者）が公平に分担し、事故に対して備える相互扶助の精神から生まれた助け合いの制度です。	○	2021
075	**第一分野でなく第二分野。** 賃貸不動産経営において最も活用される損害保険は、保険業法上、第二分野に分類されます。第一分野は生命保険です。	×	2021
076	**地震保険は火災保険に付帯する。** 地震保険は、地震、噴火又はこれらによる津波を原因とする建物や家財の損害を補償する保険です。特定の損害保険契約（火災保険）に付帯して加入するものとされており、単独での加入はできません。	○	2021

077□□□ 借家人賠償責任保険は、火災・爆発・水ぬれ等の不測かつ突発的な事故によって、賃貸人(転貸人を含む。)に対する法律上の損害賠償責任を負った場合の賠償金等を補償するものである。

078□□□ 賃貸不動産経営には様々なリスクが存在するが、保険に加入することでそのリスクを一定程度軽減・分散することができる。

079□□□ 保険料は、保険会社が引き受けるリスクの度合いに比例するものでなければならず、例えば木造建物であれば構造上の危険度は同じであるため、保険料率は全国一律で定められている。

080□□□ 賃貸不動産経営管理士は、賃貸業を支援する上で、賃貸用建物の事業収支計算を理解しておくことが重要である。

081□□□ 損益計算とは収益から費用を差し引くことをいう。

082□□□ 未収賃料の経理上の処理に関し、金銭の授受の名目が敷金であれば、返還しないことが確定している場合でも、収入金額への計上を要しない。

083□□□ 不動産賃貸事業を開始したときは、所有者は税務署に対して、個人事業開業の届出書を事業開始から1か月以内に提出する必要がある。

084□□□ 不動産所得に関し、不動産所得の計算において、個人の場合、減価償却の方法は定額法を原則とするが、減価償却資産の償却方法の届出書を提出すれば、すべての減価償却資産につき、定率法によることも認められる。

077	**不測・突発的な事故による賠償責任を対象とする。** 借家人賠償責任保険は、火災・爆発・水ぬれ等の不測かつ突発的な事故によって、賃貸人(転貸人を含む)に対する法律上の損害賠償責任を負った場合の賠償金等を補償するものです。賃貸借契約において、借家人賠償責任保険(家財に関する火災保険の特約)に加入することが条件とされることもあります。	○	
078	**リスクを一定程度軽減・分散できる。** 保険に加入することで、リスクを一定程度軽減・分散することができます。	○	2022
079	**全国一律で定められているのではない。** 保険料は、保険会社が引き受けるリスクの度合いに比例するものでなければなりませんが、木造建物であっても構造、地域等により火災危険度が異なるため、保険料率も異なります。	×	2022
080	**賃貸用建物の事業収支計算の理解が必要とされる。** オーナー、投資家に対する企画提案を行い説得するには、明快な数字による根拠が不可欠です。	○	
081	**損益計算とは収益から費用を差し引いて行う。** なお、収益はその獲得が確実になった時点で計上します。費用に関しては、その発生時に計上します。また、費用の中には減価償却費があります。減価償却費とは時間の経過に伴う資産の価値の減少を、税法で定められた一定の年数で計算し、費用化することをいいます。	○	
082	**収入金額への計上を要する。** 敷金は、返還しないことが確定したときに収入に計上することを要します。	×	2017
083	**個人事業開業届を提出する必要がある。** それ以外にも、青色申告の承認申請書と減価償却資産の償却方法の届出書が必要となる場合があります。	○	
084	**定額法は、すべてではない。** すべての減価償却資産ではありません。平成 28 年 4 月 1 日以後に取得した建物の附属設備及び構築物の償却方法は定額法に限ることとされています。	×	2020

085□□□	不動産所得に関し、青色申告者の不動産所得が赤字になり、損益通算をしても純損失が生じたときは、翌年以降も青色申告者であることを条件として、翌年以後3年間にわたり、純損失の繰越控除が認められる。
086□□□	個人の賃貸不動産経営に関する所得金額の計算上、購入代金が10万円未満の少額の減価償却資産については、全額をその業務の用に供した年分の必要経費とする。
087□□□	不動産取引では、店舗の賃料や仲介手数料については消費税が課されるが、貸付期間が1か月以上の住宅の賃料については消費税が課されない。
088□□□	個人の賃貸不動産経営に関する不動産所得の損失額のうち賃貸建物を取得するための借入金利息がある場合であっても、その損失を他の所得と損益通算することはできない。
089□□□	不動産取引では、建物の購入代金や仲介手数料については消費税が課されるが、土地の購入代金や火災保険料については消費税が課されない。
090□□□	不動産賃貸収入が居住用建物の賃料の場合、消費税が課税される。
091□□□	個人の賃貸不動産経営に関する不動産所得がある場合には、賃貸物件の所在地を管轄している税務署ごとに確定申告を行う。
092□□□	不動産所得に関し、不動産の貸付けを事業的規模で行っている場合、当該貸付けによる所得は不動産所得ではなく、事業所得として課税されることになる。

085	**翌年以降も青色申告者であることは条件となっていない。** 翌年以降も青色申告者であることは条件となっていません。不動産所得で損益通算しても赤字のその年に青色であればよく、**翌年以降は青色でなくてもよい**のです。	×	2020
086	**全額がその業務の用に供した年分の必要経費となる。** 減価償却費は、税法上定められた方法で金額を計算し、その耐用年数にわたって**それぞれの年の必要経費となります**。ただし、個人所得税では取得価額が 10 万円未満の少額の減価償却資産については、全額をその業務の用に供した年分の必要経費となります。	○	2018
087	**貸付期間が 1 か月以上の住宅の賃料には消費税が課されない。** 住宅用としての建物の貸付けは、貸付期間が 1 か月に満たない場合などを除き非課税となります。ただし、契約において住宅用であることが明らかにされているもの(契約において貸付の用途が明らかにされていない場合にその貸付等の状況からみて人の居住の用に供されていることが明らかなものを含みます)に限ります。	○	2020
088	**借入金利息がある場合は、建物取得では損益通算できる。** 不動産所得の損失額のうち土地等を取得するための**借入金利息がある場合には**、その金額は損益通算できません。なお、損益通算とは、所得税の計算上、不動産所得などについて生じた損失を、他の所得(給与所得など)と相殺することをいいます。	×	2018
089	**土地の購入代金や火災保険料には消費税は課されない。** 不動産取引では、土地の購入代金や火災保険料には**消費税は課されません**。	○	2019
090	**居住用建物の賃料については消費税は非課税である。** 非課税です。その他、地代も非課税となります。	×	
091	**賃貸人の住所地を管轄している税務署に対して確定申告を行う。** 確定申告書の提出先は、**賃貸人の住所地**を管轄している税務署に対して行います。	×	2018
092	**不動産所得として課税される。** 不動産の貸付けが事業として行われていた場合でも**不動産所得**になります。	×	2020

093□□□ サラリーマン等給与所得者は会社の年末調整により税額が確定するので、通常は確定申告をする必要はないが、不動産所得がある場合には、確定申告により計算・納付をしなければならない。

094□□□ 不動産所得の計算において、個人の場合、減価償却の方法は定率法を原則とするが、「減価償却資産の償却方法の届出書」を提出すれば定額法によることも認められる。

095□□□ 不動産所得の収入に計上すべき金額は、その年の 1 月 1 日から 12 月 31 日までの間に実際に受領した金額とすることが原則であり、未収賃料等を収入金額に含める必要はない。

096□□□ 印紙税は、業務上の契約書等や領収書に貼付した場合でも、所得計算上の必要経費にならない。

097□□□ 個人貸主においては超過累進税率の適用により所得が増えれば税率も上がるが、資産管理会社を設立し、収入を会社に移転させることにより、個人の所得が分散し、結果として税率の緩和を図ることができる。

098□□□ 所得税や住民税を支払った場合、これらの税金は不動産所得の計算上、必要経費に含めることができる。

099□□□ 賃貸不動産購入時のさまざまな支出のうち、不動産取得税や登録免許税、登記費用、収入印紙等はその年の必要経費とすることができるが、建築完成披露のための支出は建物の取得価格に含まれる。

100□□□ 不動産賃貸経営を法人化すれば、個人の所得に対して課される所得税の税率は、法人に課される法人税の税率より高いため、所得の多寡を問わず、確実にメリットがあるといえる。

093	**不動産所得は、年末調整の対象ではなく確定申告の対象である。** サラリーマン等給与所得者は会社の年末調整により税額が確定するので、通常は確定申告をする必要はありませんが、**不動産所得がある場合には、確定申告により計算・納付をしなければなりません。**	○	2021
094	**定率法ではなく定額法が原則。** 不動産所得の計算において、**個人の場合、減価償却の方法は定率法ではなく定額法を原則とします。**「減価償却資産の償却方法の届出書」をその年の確定申告期限までに税務署に提出すれば定率法の採用も認められます。	×	2021
095	**未収の場合も含まれる。** 不動産所得の収入に計上すべき金額は、その年の 1 月 1 日から 12 月 31 日までの間に受領すべき金額として確定した金額となります。**未収の場合も収入金額に含まれます。**	×	2021
096	**印紙税は必要経費となる。** 印紙税は、業務上の契約書等や領収書に貼付した場合には、個人は所得計算の**必要経費となります。**	×	2018
097	**資産管理会社の設立により税率の緩和を図ることができる。** 個人事業の場合には、超過累進税率の適用により、所得が増えれば増えるほど税率が上がりますが、**資産管理会社を設立**することで収入を会社に移転させることができます。	○	2017
098	**必要経費に含めることができない。** 不動産賃貸に伴う支出で、「事業税・消費税・土地建物に係る固定資産税・都市計画税」等は必要経費として収入金額から控除できますが、「所得税・住民税」等については必要経費として認められません。	×	2023
099	**建築完成披露のための支出も必要経費。** 賃貸不動産購入時のさまざまな支出のうち、不動産取得税や登録免許税、登記費用、収入印紙だけでなく、**建築完成披露のための支出もその年の必要経費とすることができます。**	×	2021
100	**法人化が所得の多寡を問わずメリットがあるとはいえない。** 一般的に所得がおおむね 700 万円くらいまでは個人として事業を行った方が税率が低く有利です。800 万円を超えると法人の方が有利といえます。したがって、所得の多寡を問わず、**確実にメリットがあるとはいえません。**	×	2017

101□□□	土地建物所有会社を設立することは、個人オーナーに対して地代を払う必要がないが、建物所有会社と比べると所得分散効果が小さく、節税効果も小さい。
102□□□	不動産所得に関し、事業用資産の修理等のための支出が修繕費か資本的支出か明らかでない場合、その金額が60万円未満であるときか、その金額が修理等をした資産の前年末取得価額のおおむね10%相当額以下であるときのいずれかに該当すれば、修繕費と認められる。
103□□□	土地の固定資産税については、住宅(賃貸用も含む。)を建てることにより軽減される措置が設けられている。
104□□□	一般的に、空室リスクを管理業者が負担するサブリース方式による場合の管理料は、空室リスクを管理業者が負担しない管理受託方式による場合の管理料と比べ、賃料に対する比率が高い。
105□□□	建物所有会社を設立することは、所得分散効果があり、相続税対策としても有効である。
106□□□	固定資産税は、毎年4月1日時点の土地・建物などの所有者に対して課される地方税で、遊休土地にアパート等の住居用の家屋を建築した場合には、固定資産税が6分の1又は3分の1に軽減される。

101	**所得分散効果と節税効果が大きくなる。** 土地建物所有会社とは、資産管理会社が建物に加え土地も所有する形態です。建物所有会社と比べ、**所得分散効果も節税効果も大きい**です。ただし、土地建物を売却する手続きや、入居者への通知等が必要である等のデメリットもあります。	×	
102	**不動産所得では、修繕費と認められるものがある。** なお、必要経費でなく資本的支出となる場合は、資産の取得価額に含めて**減価償却費**として**経費化**します。	○	2020
103	**固定資産税について軽減措置が設けられている。** 土地、建物など不動産を所有することにより、その所有者に対して固定資産税・都市計画税がかかります。これらの税金は土地に住宅（賃貸用も含む）を建てることにより**軽減**され、さらにこれらの税金は不動産所得の計算上必要経費となります。なお、住宅用地のうち小規模住宅用地（200 ㎡以下の部分）に対して課する固定資産税の課税標準は、当該小規模住宅用地に係る固定資産税の課税標準となるべき価格の 6 分の 1 の額となります。	○	2023
104	**サブリース方式の管理料は賃料に対する比率が高くなる。** 管理受託会社と比べ、サブリース会社が空室リスクを負うため、管理料を引き上げることができ、**賃料収入の 10～15%が適当**といわれています。	○	2017
105	**建物所有会社設立は所得分散・相続対策となる。** 個人オーナーが所有する土地に不動産管理会社が建物を所有し、維持管理を行う方法です。会社が建物自体を所有するため、賃料収入のすべてを計上することができ、**所得分散**や**相続税対策**となります。個人オーナーは土地を会社に貸す形となり、地代収入のみを受け取ります。	○	
106	**毎年 1 月 1 日時点での所有者に課される地方税である。** 固定資産税は、**毎年 1 月 1 日時点**での所有者に課される地方税です。	×	

107□□□ 固定資産税の納税者は、固定資産課税台帳に登録された事項に不服がある場合には、固定資産評価審査委員会に対し登録事項のすべてについて審査の申出をすることができる。

108□□□ 住民税は、所得税法上の所得をもとに住所地の市区町村長が課税し、徴収方法には、普通徴収と特別徴収がある。

109□□□ 固定資産税における土地の価格は、地目の変換がない限り、必ず基準年度の価格を3年間据え置くこととされている。

110□□□ 適切な管理がされていない空き家は、防災・衛生・景観等、周辺の生活環境の観点から、固定資産税が最大で6倍になる可能性がある。

111□□□ 遊休土地にアパート等の居住用の家屋を建築した場合、その完成が令和6年1月15日であったときは、建物に関する令和6年の固定資産税は課税されない。

112□□□ 印紙税は、建物の売買契約書や賃貸借契約書について課されるが、業務上の契約書等に貼付された印紙税額に相当する金額は、所得税の計算上の必要経費となる。

107	**登録事項のすべてについて審査の申出ができるのではない。** 審査の申出をすることができるのは価格についてです。**登録事項のすべてではありません。**固定資産税の納税者は、その**納付すべき当該年度の固定資産税に係る固定資産について固定資産課税台帳に登録された価格について不服がある場合**においては、原則として文書をもって、固定資産評価審査委員会に審査の申出をすることができます(地方税法432条1項)。	×	2019
108	**住所地の市区町村長が課税するものである。** 記述のとおりです。なお、**特別徴収**は、会社の給与支払担当者が従業員の毎月の給与から住民税を差し引き、差し引いた住民税を各市町村へ払い込むことによって納付するものです。それに対して、**普通徴収**は市町村から交付された納付通知書を使用し、住民が自分で納付するものです。	○	2020
109	**原則として3年間据え置くが、変更することもできる。** 固定資産税の課税標準は、原則として基準年度の課税標準の基礎となった価格(固定資産税評価額)を3年間据え置きますが、基準年度の価格によることが不適当または著しく均衡を失すると市町村長が認める場合は、**変更することができます。**	×	
110	**空き家でも固定資産税が6倍になる場合もある。** 平成26年11月に制定(施行は平成27年2月)された「空家等対策の推進に関する特別措置法」により特定空家等と見なされた場合には、**固定資産税の減免対象外**となり、最大で固定資産税が6倍になる可能性もあります。	○	2016
111	**令和6年の固定資産税は課されない。** 固定資産税は**毎年1月1日時点**の土地・建物などの所有者に対し、市区町村によって課税される税金です。したがって、完成が令和6年1月15日の建物は、令和6年の固定資産税を課されません。	○	2022
112	**建物の賃貸借契約書には印紙税は非課税である。** **建物の賃貸借契約書**には印紙税はかかりません。	×	2020

8 管理業務の実施に関する事項

113□□□	相続税に関し、被相続人と同一生計親族が居住していた自宅の敷地に小規模宅地等の特例を適用する場合には、200 ㎡までの部分について評価額を50%減額することができる。
114□□□	相続税申告書の申告は被相続人の住所地の所轄税務署長まで、相続開始があったことを知った日から 10 月以内に、申告と納税をしなければならない。
115□□□	相続税に関し、借地権割合 70%、借家権割合 30%の地域にある土地上に賃貸不動産を建設し、賃貸割合を100%とすると、更地の場合と比べて土地の評価額を21%軽減できる。
116□□□	贈与に関し、相続時精算課税制度を選択すると、選択をした贈与者から贈与を受ける財産については、その選択をした年分以降すべて同制度が適用され、暦年課税へ変更することはできない。
117□□□	「小規模宅地の評価減の特例」を適用すれば、貸付事業用宅地については、宅地の評価が、330 ㎡までの部分について 80%減額となる。
118□□□	相続時精算課税制度を選択した場合には、選択した時から5年が経過した年以降は、暦年課税へ変更することができる。

113	**330 ㎡までの部分について評価額が 80%減額される。** 被相続人等の居住の用に供されていた宅地等(特定居住用宅地等)の場合は、330 ㎡までの部分について評価額が 80%減額されます。	×	2020
114	**知った日から 10 月以内に申告と納税を行う。** 相続税申告書の申告は被相続人の住所地の所轄税務署長まで、相続開始があったことを知った日から10 月以内に、申告と納税をしなければなりません。	○	
115	**相続開始時に賃貸不動産を建設すると、評価額が軽減できる。** 賃貸割合は、各独立部分の床面積の合計のうち、相続開始時に賃貸されている部分の床面積の占める割合を指します。ただし、相続開始時において一時的に賃貸されていなかった部分は賃貸されていたとみなされますので、賃貸割合が 100%で、借地権割合 70%の場合、更地の評価に比べ「借地権割合 0.7×借家権割合 0.3×賃貸割合 1.00＝0.21」となり、21%分評価が下がります。	○	2020
116	**相続時精算課税を選択すると、暦年課税への変更はできない。** 相続時精算課税を選択した場合には、その選択した年以降、その贈与者から受ける贈与については、すべて相続時精算課税が適用され、暦年課税(110 万円の基礎控除)を適用することはできません。	○	2020
117	**200 ㎡までの部分につき 50%減額される。** 貸付事業用宅地等については、200 ㎡までの部分について 50%減額することができます。	×	
118	**相続時精算課税制度を選択した場合は暦年課税を適用できない。** 相続時精算課税制度を選択した場合には、その年以降、贈与者から受ける贈与はすべて相続時精算課税が適用され、暦年課税を適用できません。	×	2019

2024年度　講座ラインナップ

基本講座（Zoom講義＆Web）

公式テキスト及び本書を使用して出題頻度の高い分野を中心に講義します。講義のはじめに確認テスト（〇×式 20 問）を実施します。
講義形式は、双方向のネットシステムである Zoom を活用した生講義、事前に収録した動画を Web 上で視聴する講義、講師を派遣して社内・学内の研修室等をお借りして実施する講義等があります。
生講義・Zoom 講義では 6 月下旬からスタートして 10 月には全範囲を終えます。

賃管士直前完全マスター講座（11 月実施）

頻出分野を中心に講義と問題演習を合わせた 2 日間で完結する講座です。テキストと問題集を活用して、出題パターンに慣れつつ、頻出分野を正確に理解・暗記することで合格を確実にする講座です。
本書とは別に過去・予想問題＆ポイントまとめ集（仮題）を使用して講義＆演習を都内の会場で実施します。

予想模試（10 月～11 月実施）

本試験と同様に50問四肢択一式の予想模試の受験と講師による解説講義です。全 3 回で出題範囲を網羅します。
直前期において弱点を発見し復習の方向性を自覚することと、法改正・新判例を含めた出題予想を知ることが目的です。

賃管士前日ヤマ当て模試＆総まとめ講座（本試験前日実施）

本試験前日に実施するヤマ当て模試の受験と講師による解説＆全範囲の総復習講座です。試験を明日に控えた前日に、明日の試験に出題が予想される問題を解き、その解説を受講し、さらにヤマ当て模試問題をベースとした全範囲の総復習を行ない、本試験であと 6 点アップさせることを目的とした講座です。

詳細は Ken ビジネススクール公式ホームページを参照下さい。

【著者紹介】

著者紹介

田中　嵩二

中央大学法学部 卒業
中央大学大学院 法学研究科 博士前期課程 修了（法学修士）
明海大学大学院 不動産学研究科 博士後期課程 在籍
・株式会社 Ken ビジネススクール代表取締役社長
・株式会社オールアバウト宅建試験専門ガイド
・全国賃貸住宅新聞　宅建試験連載記事執筆者
・楽待不動産投資新聞　連載者

2004 年に設立し経営する株式会社 Ken ビジネススクールは、国土交通大臣より登録講習（5 点免除講習）、登録実務講習の実施機関として認められています。また、会社経営・執筆だけでなく、積極的に社内研修講師を行い、講義だけでないトータルな人事サポートの提案により高い合格実績（最高合格率は社員の 100%・4 年連続）を実現しています。
2020 年 1 月に「Ken 不動産研究」を設立し、出版事業にも本格的に参入しています。
2022 年以降は、新しい都市環境を考える会において「投資不動産販売員」資格制度の創設に向けて試験問題作成や公式テキストの執筆を行い、不動産投資会社の人材育成にも力を入れています。
2023 年以降は、明海大学大学院　不動産学研究科において不動産投資理論や ESG 不動産投資について研究し、同大学不動産学部論集にて「ESG　不動産投資と融資制度」について論文を寄稿しています。
《執筆書籍》
・「これで合格宅建士シリーズ」（Ken 不動産研究）
・「これで合格賃貸不動産経営管理士シリーズ」（Ken 不動産研究）
・「サクッとうかる宅建士テキスト」（ネットスクール出版）
・「うかるぞ宅建士シリーズ」（週刊住宅新聞社）
・「パーフェクト賃貸不動産経営管理士」（住宅新報社）
・「楽学賃貸不動産経営管理士」（住宅新報社）
・「宅建士登録実務講習公式テキスト」（Ken 不動産研究）
・「投資不動産販売員公式テキスト」（Ken 不動産研究）　他多数

(本書の内容のお問合せにつきまして)
本書の記述内容に関しましてのご質問事項は、文書にて、下記の住所または下記のメールアドレス宛にお願い申し上げます。著者に確認の上、回答をさせていただきます。
お時間を要する場合がございますので、あらかじめご了承くださいますようお願い申し上げます。また、お電話でのお問合せはお受けできかねますので、何卒ご了承くださいますようお願い申し上げます。

本書の正誤表の確認方法
Ken ビジネススクール HP 内の以下の公開ページでご確認下さい。
https://www.ken-bs.co.jp/book/

本書の内容についてのお問合わせは、下記までお願いいたします。
Ｋｅｎ不動産研究

(ご郵送先)〒160-0022 東京都新宿区新宿 5-1-1-3F
株式会社Kenビジネススクール内

（メールアドレス） question@ken-bs. co. jp

2024 年版　これで合格賃貸不動産経営管理士　一問一答問題集

令和 5 年　6 月　30 日　初版発行
令和 6 年　7 月　29 日　2024 年版発行

著　　者　Kenビジネススクール　田中嵩二
発 行 者　田中嵩二
発 行 所　Ken不動産研究
〒160-0022　東京都新宿区新宿 5-1-1-3F　株式会社Kenビジネススクール内
電話03-6684-2328　https://www.ken-bs.co.jp
印 刷 所　株式会社キーストン

ISBN　978-4-910484-16-7